# 해외투자자를 위한
# 투자협정
# 길라잡이

박영사

# 들어가는 말

　이 시대의 세계경제질서는 바야흐로 대변혁의 전조를 목도하고 있습니다. 글로벌 무역과 투자의 자유화를 구가하던 시대는 이제 경제안보의 기치하에 자국 우선주의, 신기술 패권 장악, 안전한 공급망 확보 등이 강조되는 흐름에 길을 내주고 있습니다. 그간 효율성의 원칙에 의지하여 무역과 투자로 해외진출을 활발히 모색해온 우리 기업인들도 정치적 불확실성이 지배하는 낯선 환경에 적응해 나가면서 해외에 투자한 자신의 경제적 이익을 지킬 법적 장치로 무장해야 할 필요성이 점차 커지고 있습니다. 우리 기업인들의 해외투자활동에 필수적인 법적 안정성을 제공하는 장치가 바로 투자협정입니다. 그럼에도 불구하고, 해외에서 투자활동을 수행하고 있는 우리 기업인들이 자신이 투자 진출한 국가와 우리나라가 체결한 투자협정에 대하여 얼마나 알고 있을까요? 많은 분들이 투자보호협정이나 투자협정이라는 용어는 막연하게 들어봤지만, 이 협정이 실제적으로 우리 회사가 투자한 해외 자회사를 보호하고 필요하면 권리구제의 장치가 될 수 있다는 것, 우리 회사가

i

전개하고 있는 해외투자활동의 정치적 위험(political risk)에 대처하는 중요한 법적 장치라는 사실을 진지하게 인식하고 있는 것 같지 않습니다.

투자협정은 해외에서 투자활동을 하고 있는 우리 기업인들에게는 여전히 그 실체를 알 수 없는 괴물입니다. 물론 해외투자활동을 하는 과정에서 투자유치국 정부와 심각한 문제가 생기면 그 분야의 법률전문가의 조언을 받거나 그들에게 일처리를 맡기면 된다는 생각을 할 수 있습니다. 그러나 전문가를 가장 효과적으로 활용하기 위해서는 우리 기업인들이 해당 사안의 법적 프레임워크에 대한 기초적인 이해가 있어야 합니다.

우리 정부는 지난 수십 년 동안 여러 국가들과 '투자보장협정'이라는 조약을 열심히 체결해 왔으며 최근 30년 가까이 주요국가와 자유무역협정(FTA) 체결을 동시다발적으로 추진하여 왔습니다. 돌이켜 보니 저자 개인으로서도 1982년 공직을 시작하여 2023년 초 퇴직할 때까지 40년간 외교관으로서 대부분 경제통상외교 분야에서 일하게 되었는데, 특히 투자협정 체결 업무와 인연이 많았던 것 같습니다. 외교통상부의 FTA 심의관, 다자통상국장, FTA 정책국장, 통상교섭본부장 특별보좌관으로 아세안(ASEAN), 호주, 튀르키예 등과의 FTA 협상의 수석대표나 차석대표로 협상현장을 경험하였고 한-인도 CEPA, 한-미 FTA와 한-EU (유럽연합) FTA에 대한 국내비준절차의 실무책임을 맡았습니다. 경제외교조정관으로서는 우리나라의 모델 투자보장협정을 업데이트하여 개정판을 내는 것을 지휘하고 우리 정부가 체결한 몇몇 투자보장협정의 국내비준절차에 관여하였으며, 주제네바대사로 부임하여서는 투자분야의 세계 최고권위인 유엔무역개발회의(UNCTAD)의 투자기업국과 깊은 업무관계를 가지게 되었습니다.

우리 정부의 투자보장협정이나 FTA의 체결 노력은 정부로서 늘 해오던 것이고 앞으로도 지속될 것입니다. 그러나 협정의 실수요자인 우리 기업인들이 이러한 협정의 내용을 제대로 이해하고 해외 투자자로서 자신의 권리가 무엇이며 어떠한 방식으로 자신의 권리를 보장받을 수 있는지를 알리려는 정부 측의 노력은 부족했다고 생각합니다. 이러한 문제의식을 평소에 갖고 있었으나 현직에 있을 때에는 시간적 제약으로 못하고 있다가 공직을 마감한 직후부터 몇 개월의 시간을 할애하여 이 책을 집필하게 되었습니다.

정부 내의 경제통상전문 공무원들끼리나 협상장에 나선 다른 나라 전문가들과는 일상적으로 전문용어와 영문약자를 많이 사용합니다. 비전문가의 입장에서 보면, 내용이 전문적인데다가 용어나 개념마저 복잡하고 생소해서 그 내용을 제대로 아는 데 진입장벽이 꽤 높은 것이 경제통상분야입니다. 이번에 비전문가인 기업인들을 독자로 염두에 둔 이 책을 내면서 가급적 전문용어는 풀어서 설명하고 구체적인 협정 조문 해석보다는 투자협정의 큰 구조를 제시하는 데 초점을 두었습니다. 국제 투자규범에는 학술적으로 견해가 엇갈리는 부분들이 아직도 많지만, 가급적 주류적인 의견에 따르기 위해 노력하였습니다. 전문학술서적이 아닌 만큼, 주석은 최소화하여 미주형태로 달았습니다. 독자가 이미 체결된 투자협정을 활용하는데 일차적인 관심을 가진 민간 투자자가 될 것이라는 점을 감안하여, 협상 관점에서는 중요하나 실제적인 활용에는 큰 관련이 없는 입법론적인 이슈나 실무적인 조문화관련 문제들을 과감하게 생략하였습니다.

이 자리를 빌려 그간 투자보장협정이나 FTA의 투자 장(章) 협상에 직접 참여한 경험을 토대로 협상 실무 서적들이나 중재판정례 요약서들을 펴낸 공무원 저자들이 쏟아 놓은 지적 노력에 감사와 경의를 표합니다. 그리고 현재 우리나라의 투자보장협정과 FTA 투자 장 체결 업무를 맡아 세계적인 조류를 우리가 맺는 협정문에도 반영하기 위한 노력을 경주하고 있는 정부 내 관련부서의 관계관, 특히 이 책의 원고를 읽고 귀중한 논평을 해준 외교부의 류호권 국제경제국 심의관, 김혜원 경제협정규범과 서기관과 산업통상자원부 권혜진 FTA 교섭관에게 감사를 드립니다. 마지막으로 이 책을 집필하고 있다는 소식을 듣고 도움과 격려를 전해준 유엔무역개발회의(UNCTAD) 투자기업국의 James Zhan 국장에게도 사의를 표합니다.

저자의 공직생활 내내 지근거리에서 앞길을 밝혀주시고 이번에 출판을 손수 주선해 주신 최석영 대사님(광장 고문)께 존경과 함께 심심한 감사의 말씀을 드립니다. 또한 이 책이 세상에 나오도록 도와주신 노현 박영스토리 대표님과 전채린 차장님과 조영은 님을 비롯한 박영사 편집진 여러분께도 감사의 말씀을 드립니다. 그간 공직생활을 통해 습득한 전문지식을 사회에 도움이 되는 방향으로 되돌려 주는 것이 평생 국가를 위해 봉직할 기회를 준 국가에 보답하는 길이라는 것을 끊임없이 일깨워주면서 이 책의 집필을 독려한 아내 박정하에게 이 책을 바칩니다. 아무쪼록 이 책이 해외투자를 기획하고 있거나 해외투자활동을 활발히 전개하고 있는 우리나라 기업인들이 외국인투자에 대한 국제법적 보호규범의 기본 틀을 이해하는데 조금이나마 도움이 되기를 고대합니다. 한편으로는 이 책이 경제통상 분야를 공부하고 있는 후배 세대들을

iv

투자규범 분야로 이끄는 입문서 역할도 할 수 있게 된다면 저자로서는 더할 나위 없이 행복한 일이 될 것입니다.

2023년 6월 15일
법무법인(유) 광장 23층 사무실에서
이태호

CONTENTS

# 차례

PART **3** 투자자-국가 분쟁해결절차

해외투자자를 위한
# 투자협정
길라잡이

# PART
# 01

## 기본 개념

# 투자협정이란?

외국인 직접투자(FDI, foreign direct investment)는 세계화 시대에 각 국의 경제성장을 이끌고 국제경제관계를 설정하는 주요 동인이 되어 왔다. 해외투자는 기업의 입장에서는 안정적인 공급원 확보, 생산비 절 감, 시장 확보 등의 혜택을 가져다 줄 수 있고, 투자유치국 입장에서는 기술 또는 경영기법의 전수, 외화 유입으로 인한 외환보유고 증가, 수 출 촉진, 국내 고용 창출 등을 통해 경제성장에 기여할 수 있다. 해외투 자의 이러한 미시·거시적인 이점이 주목을 받게 되면서 해외투자의 중 요성에 대한 인식이 높아져 왔다. 반면, 해외투자는 그 속성상 투자유 치국의 정치적 위험에 고스란히 노출되어 있다. 투자자 입장에서 보면, 자국의 주권이 미치지 않는 투자유치국의 영역에 있는 자신의 투자를 투자유치국의 선의에만 맡겨둘 수는 없다. 이에 따라 각국은 직접투자 를 유치하거나 해외에 진출시켜 그로부터 경제발전과 성장의 혜택을 누리려는 노력을 계속하는 한편, 해외투자를 보호하기 위한 규범을 정 립하려는 노력도 경제외교의 중요한 요소로서 지속적으로 추진하게 되

— 유엔무역개발회의(UNCTAD)가 소재하고 있는 스위스 제네바 유엔 사무소

었다. 유엔무역개발회의(UNCTAD)는 1995년 세계무역기구(WTO) 출범으로 20세기 후반이 국제무역법 체제의 정립으로 특징지어졌다면, 21세기 전반부는 국제투자법 체제의 정립으로 특징지어질 것이라고 내다봤다.[1] 투자보장협정은 물론이고 투자부문이 포함된 자유무역협정(FTA) 등 호혜적 지역무역협정들, 그리고 이중과세방지협정(double taxation treaty)들이 다층적으로, 때로는 상호보완적으로 발전해 나가고 있다. 다자무역체제를 떠받쳐 온 세계무역기구(WTO)가 2004년 투자규범 제정을 더 이상 협상 주제로 다루지 않기로 결정함에 따라,[2] 투자규범은 더욱 양자적·지역적 규범체제를 향해 계속 진화해 나가고 있다.

투자협정은 주로 두 나라 사이에 외국인 투자 보호규범을 정한 조약을 말한다. 투자협정은 투자유치국으로서는 자국 내로 외국인 투자를 유치하는 데 도움이 되는 법적 안정성을 제공하고 투자자의 모국으로서는 투자유치국에 진출한 자국 투자자에 대한 보호를 확보하는 데 유용한 법적 수단이 된다. 투자협정은 조약(treaty), 협정(agreement), 협약(convention) 등 그 명칭을 어느 것으로 사용하는지에 관계없이 외국인 투자의 보호와 증진이라는 목적을 가지고 국가 간에 체결되는 규범을 포괄적으로 지칭한다.

무역과 투자는 그 양태에 있어서 차이점이 있다. 무역, 특히 상품 무역은 생산수단 자체는 국경 간에는 이동하지 않고 생산수단을 가지고 생산활동을 한 결과물인 상품이 국경 간에 교환되는 활동이다. 반면, 투자는 자본이라는 생산수단 자체가 국경을 통과하여 이동한다.3 그렇기 때문에 일단 투자가 타국 내로 이동한 이후에는 투자자의 소유권은 진출한 그 나라의 영역 내에서 그 나라의 주권 행사의 대상이 된다. 투자자의 입장에서 보면, 자신의 소유권에 대한 외국의 주권적 권한 행사가 어느 정도까지 이루어질 수 있도록 하느냐 하는 문제가 중요해진다. 한편, 투자유치국의 입장에서 보면, 공적인 목적을 위해 행사하는 자신의 주권적 권한이 자국 기업에 대해서는 당연히 허용되는데 다른 나라 국적인이나 기업이 소유하고 있는 자국 내 재산에 대해서는 아무런 권한을 행사할 수 없다면 이는 받아들이기 힘들 것이다. 여기에서 투자자의 사적 이익과 투자유치국의 공적 이익 간에 균형을 맞춘 외국인 투자에 대한 보호규범이 정립되게 된 것이다.


### 투자협정의 역사

**(우호통상항해조약)** 오늘날과 같은 형태의 투자규범이 정립되기 전에는 '우호통상항해조약'(treaty on friendship, commerce and navigation)이라는 형태의 조약이 널리 체결되었다. 유럽의 선진 자본주의 국가들은 항해 시대의 도래, 자본주의 발흥, 식민지 쟁탈전으로 이어지는 제1차 세계 대전 이전의 초기 세계화 과정에서 자국과 식민지 등 자국의 영향권 안

에 있는 지역을 연결하는 교역을 활발히 진행하기 시작하였다. 이렇게
되면서 이들 국가들은 교역·항해·외국인에 대한 대우 등 국가 간 교
역 과정에서 발생할 수 있는 다양한 문제들을 안정적으로 처리하기 위
한 포괄적인 법적 토대를 확보하는 것이 중요하다는 것을 자각하기 시
작했다.4 이렇게 해서 탄생된 것이 '우호통상항해조약'이다. 우호통상항
해조약은 1778년 미국과 프랑스 사이에서 체결된 것이 최초로 알려져
있다. 우리나라도 조선 말기 개항 이후로 새로운 무역 상대국을 찾기
위해 아시아 지역에 눈을 돌린 서방 제국들과 우호통상항해조약을 맺
었다. 외교부 조약 데이터베이스 검색
결과, 우리나라가 체결한 조약 중 아
직도 유효한 우호통상항해조약으로
1957년 발효된 한-미 우호통상항해조
약이 있다.

    그 이후에 각국 간 상호 투자가
활발해지면서 우호통상항해조약은 투
자까지 포괄하게 되었다. 그런데, 제2

━ 한미 우호통상행해조약 체결 기념우표
(단기 4290년, 서기 1957.11.7.)
(출처: 한국우취연합)

차 세계대전 이후 과거 식민지로 있던 지역이 대거 독립하여 국가를
건설한 직후 이들이 자신의 영토 내에 있던 식민지 종주국과 제3국 투
자자의 자산을 국유화하는 사례가 많아지자, 기존의 우호통상항해조약
으로는 이러한 새로운 상황에 맞춰 투자자를 보호하기에는 역부족이라
는 것이 밝혀졌다.5 이렇게 해서 투자자 보호 내용에 초점을 둔 새로운
형태의 협정이 탄생하였는데, 이것이 바로 투자보장협정(investment
protection agreement)이다. 1959년 독일이 파키스탄과 체결한 투자보장
협정이 세계 최초인 것으로 알려져 있다. 투자보장협정은 투자유치국

에 이미 진출한 투자에 대한 내국민대우, 최혜국대우, 공정·공평 대우, 송금 보장, 수용 및 보상 등 투자보호와 관련된 거의 모든 내용을 포괄하는 국제투자규범으로 자리를 잡게 되었다. 특히 1990년대 세계화, 정보화가 가속화됨에 따라 외국인 직접투자가 대폭 확대되었는데, 이때부터 투자보장협정 체결 사례가 급속도로 증가하였다. 보통 투자보장협정의 명칭에는 투자의 '촉진과 보호'(promotion and protection)라는 용어가 들어간다. 투자보장협정이 체결되기 시작한 초기 단계인 1960년대에는 그 주된 관심사가 이미 이루어진 투자와 투자자의 권리를 보호하는 것이었기 때문에 협정의 명칭에 '보호'(protection)라는 용어만 들어가 있었다. 그러다가 1980년 초부터 외국인 직접투자의 효용성에 대한 인식이 높아지면서 투자보장협정 체결의 목적으로 양국 간 직접투자의 촉진이 중요해지게 되었으며, 이때부터 '보호'(protection)라는 용어와 함께 '촉진'(promotion)이라는 용어도 협정의 명칭에 삽입되기 시작하였다.6

(FTA의 등장) 투자보장협정은 1990년대 중반에 들어서면서 또 하나의 큰 변화를 겪게 된다. 이때부터 미국, 캐나다, 멕시코 간에 체결된 북미자유무역협정(NAFTA, North America Free Trade Agreement, 1994년 발효)을 필두로 자유무역협정(FTA, free trade agreement)이 우후죽순처럼 체결되기 시작했다. 그런데 이 FTA들은 무역 자유화뿐만 아니라 투자의 자유화와 보호에 관한 내용도 협정의 일부분으로 포함하게 되었다. 여전히 투자보장협정도 국가 간에 체결되고 있으나, 역시 무역과 투자가 융합되고 있는 국가 간 경제적 교류추세에 따라 많은 FTA가 투자에 관한 별도의 장(章, chapter)을 두고 투자의 자유화와 보호에 관한 내용을 그 일부로 포함시키는 현상이 확대되고 있는 것이다. 우리나라의 경우도

마찬가지이다. 예외적으로 한-아세안 FTA나 한-튀르키예 FTA와 같이 투자 협상이 본 협상과 별도로 진행되어 투자 문제가 본 FTA의 투자 장의 형태로 들어가지 못하고 별도의 투자협정의 형태를 갖는 경우가 있으나 해당 FTA의 일부라는 점에서 법적으로 큰 차이가 없다. 이렇게 볼 때, 오늘날에는 투자협정은 대표적으로 (i) 투자의 촉진과 보호를 주요 내용으로 하는 전통적인 의미의 투자보장협정, 좀 더 엄밀하게 말하자면 투자촉진·보호협정(IPPA, investment promotion and protection agreement) 외에도 (ii) FTA에 포함된 투자 장(章, chapter)도 포괄하는 개념이 되었다. 요즘에는 '투자협정'이라 하면 투자보장협정만 지칭하는 것이 아니고 FTA의 투자 장도 포함하는 것으로 이해해야 한다.7

양자투자조약(BIT, bilateral investment treaty)이라는 용어도 들어보았을 것이다. BIT는 예외적으로 투자 자유화 요소까지 포함한 투자보장협정을 가리키는 좁은 의미로 사용되는 경우가 간혹 있으나,8 일반적으로는 투자보장협정이 주로 2개국 간에 체결되는 것이기 때문에 '양자'라는 표현을 붙인 것이므로, 투자보장협정과 동일한 의미로 이해하면 된다. 학자들이나 정부 실무자 간에도 용어의 의미에 대해 정리가 되어 있지 않기 때문에 이 책에서는 혼란을 방지하기 위해 BIT라는 용어는 가급적 사용하지 않고 투자보장협정과 FTA의 투자 장을 아우르는 개념으로 '투자협정'이라는 용어를 일관성 있게 사용하고자 한다.

(투자협정 체결 추세) 1959년 독일이 파키스탄과 투자보장협정을 세계 최초로 체결한 이래 투자보장협정은 그 유용성이 인정되어 지속적으로 체결 사례가 확대되다가 1990년대에 들어서면서 그 수가 획기적으로 증가하였다. 유엔무역개발회의(UNCTAD)에 의하면, 1980년대 말에 세계

적으로 총 386개의 투자보장협정이 체결되었는데, 2002년 말에는 그수가 2,181개로 늘어났다고 한다.[9] 대부분의 투자협정들은 선진국과 개발도상국 간 체결되었으나 개발도상국끼리 체결된 투자협정의 수도 늘어가고 있는 추세다. 2023년 3월 현재 모두 2,856개의 투자보장협정이체결되어 2,244개의 투자보장협정이 발효 중에 있다고 한다.[10] 그사이만료되었거나 종료된 투자보장협정이 다수 있었을 것임을 감안하면, 1990년대만큼은 아니지만, 투자보장협정은 그간 지속적으로 체결되어왔다고 할 수 있겠다.

　　우리나라가 체결한 최초의 투자보장협정은 1964년 체결되어 1967년 발효된 한-독일 투자보장협정이다. 그 이래로 우리 정부는 외국인투자자의 국내투자를 촉진하고 해외에 투자 진출한 우리 기업을 보호하기 위해 투자보장협정 체결을 확대해 왔다. 외교부 자료에 의하면, 2023년 3월 현재 99개의 투자보장협정을 체결하였으며 이 중 83개가발효 중에 있다.[11]

●● 우리나라의 투자보장협정 체결 현황(2023년 3월 현재)

| 지역 | 국가 | 특기사항 |
|---|---|---|
| 유럽(34) | 독일, 영국, 프랑스, 이탈리아, 스위스*, 덴마크, 벨기에·룩셈부르크, 네덜란드, 오스트리아, 체코, 슬로바키아, 헝가리, 폴란드, 핀란드, 스웨덴, 리투아니아, 라트비아, 스페인, 포르투갈, 그리스, 튀르키예*, 알바니아, 크로아티아, 루마니아, 불가리아, 우크라이나, 아르메니아, 아제르바이잔, 러시아, 벨라루스, 카자흐스탄, 타지키스탄, 우즈베키스탄, 키르기스스탄 | • 스위스, 튀르키예는 각각 한-EFTA FTA, 한-튀르키예 FTA로 대체<br>• 독일, 프랑스는 ISDS 없음 |
| 아시아(18) | 일본, 중국, 한-중-일, 홍콩, 베트남, 말레이시아, 태국, 인도네시아, 필리핀, 라오스, 캄보디아, 브루나이, 미얀마, 인도*, | • 인도는 한-인도 CEPA로 대체<br>• 방글라데시, 파키스탄은 ISDS 없음<br>• 싱가포르, 호주, 뉴질랜드는 투자 |

| 지역 | 국가 | 특기사항 |
|---|---|---|
|  | 파키스탄, 스리랑카, 방글라데시, 몽골 | 보장협정 없이 FTA만 체결 |
| 아프리카 -중동 (28) | 사우디아라비아, UAE, 오만, 쿠웨이트, 카타르, 요르단, 레바논, 이스라엘*, 이란, 이집트, 리비아, 모로코, 알제리, 튀니지, 모리타니아, 세네갈, 가봉, 카메룬, 나이지리아, 남아공, 르완다, 짐바브웨, 케냐, 콩고민주공화국, 콩고공화국, 부르키나파소, 모리셔스, 탄자니아 | • 이스라엘은 한-이 FTA로 대체<br>• 탄자니아, 콩고민주공화국은 미발효 |
| 미주(19) | 멕시코, 파라과이, 칠레*, 페루*, 아르헨티나, 브라질, 과테말라, 엘살바도르*, 니카라과*, 코스타리카*, 온두라스*, 파나마*, 트리니다드토바고, 자메이카, 도미니카, 가이아나, 우루과이, 콜롬비아*, 볼리비아 | • 칠레, 페루는 각각 한-칠레 FTA, 한-페루 FTA로 대체<br>• 엘살바도르, 니카라과, 코스타리카, 온두라스, 파나마는 한-중미 FTA로 대체<br>• 미국, 캐나다는 투자보장협정 없이 FTA만 체결<br>• 콜롬비아는 한-콜롬비아 FTA 체결로 미발효<br>• 브라질은 미발효<br>• 볼리비아는 협정 종료 |

* 이후 FTA체결에 따라 FTA로 대체되어 종료된 투자보장협정

　　한편, 유엔무역개발회의(UNCTAD)에 의하면, 2023년 3월 현재 투자관련 규정을 포함한 FTA 등이 세계적으로 총 439개가 체결되어 그중에 360개가 발효 중에 있다고 한다.[12] 이제는 과거와 같이 투자 보호에만 초점을 둔 투자보장협정보다는 상품, 서비스 등을 포괄하는 전반적인 자유화 틀 내에 투자의 자유화와 보호에 관한 내용을 포함하는 FTA를 체결하는 것이 세계적인 대세가 되고 있는 것으로 보인다.

　　우리나라의 경우를 보면, 우리나라가 이미 체결하여 발효 중인 21개의 FTA[13]도 거의 대부분 투자에 관한 별도의 장(章, chapter)을 포함하여 투자 자유화와 투자 보호를 함께 다루고 있다. 이 중, 한-EU(유럽연합) FTA, 한-영국 FTA, 한-중 FTA, 한-캄보디아 FTA는 예외적인

케이스라고 할 수 있다. 한-EU FTA의 경우, 체결 당시 EU 집행위원회 (Commission)가 투자보장협정을 교섭할 권한을 갖지 못하여 투자 자유화에 관한 내용을 담은 장(chapter)은 있는 반면, 투자보장에 관한 내용은 없고 투자보장은 EU의 개별회원국이 한국과 맺은 투자보장협정에 의하도록 하였다. 한-영국 FTA는 2020년 1월 영국이 EU를 탈퇴(Brexit)함에 따라 한-EU FTA를 모태로 하여 체결된 협정이라 역시 투자보호 규정이 없고 기존에 체결된 한-영국 투자보장협정이 적용되게 된다. 한-중 FTA의 경우, 투자보호조항은 협정문에 포함되어 있으나 투자 자유화에 관한 내용은 포함하지 못하고 후속협상을 통해 추가하기로 하였다. 한-캄보디아 FTA는 투자 장이 없고 추후협상 과제로 남아 있다.

●● 우리나라의 FTA 체결 현황(2023년 3월 현재)

| 지역 | 국가 | 특기사항 |
| --- | --- | --- |
| 유럽(4) | EU, EFTA, 영국, 튀르키예 | • EU = EU 회원국 27개국<br>• EFTA = 스위스, 리히텐슈타인, 노르웨이, 아이슬란드<br>• EU, 영국과의 FTA는 투자보장 규정 없음 |
| 아시아(11) | 중국, 싱가포르, 필리핀, 인도네시아, 캄보디아, 베트남, 호주, 뉴질랜드, 인도, 아세안(ASEAN), 역내 포괄적 경제동반자 협정(RCEP) | • 아세안(ASEAN) = 아세안 10개국(인도네시아, 말레이시아, 필리핀, 싱가포르, 태국, 브루나이, 베트남, 라오스, 미얀마, 캄보디아)<br>• 역내 포괄적 경제동반자 협정(RCEP) = 아세안 10개국, 한국, 중국, 일본, 호주, 뉴질랜드<br>• 캄보디아는 투자 장 없음 (추후 협상 과제)<br>• 필리핀은 미발효 |
| 아프리카-중동(1) | 이스라엘 | - |
| 미주 (6) | 미국, 캐나다, 칠레, 페루, 콜롬비아, 중미 | 중미 = 중미 5개국(엘살바도르, 니카라과, 코스타리카, 온두라스, 파나마) |

유럽자유무역연합 EFTA
영국
유럽연합 EU
중국
대한민국
튀르키예
이스라엘
인도
베트남
캄보디아
RCEP
동남아시아국가연합 ASEAN
인도네시아
싱가포르
호주
뉴질랜드
캐나다
미국
중미
콜롬비아
페루
칠레

| 발효국가 | 서명/타결국가 | 협상중국가 | 재개, 개시, 여건조성 |

\_ 우리나라의 FTA 체결 현황 (출처: https://www.fta.go.kr/main/#)

**(투자보장협정과 FTA의 조화)** 우리 정부의 업무분장을 보면, 투자협정과 관련하여 여러 부처가 협력하는 가운데, 주무를 맡고 있는 부처가 제각기 다르다. 투자보장협정에 관한 협상은 외교부가, 투자 장이 포함된 FTA에 대한 협상은 2013년까지는 외교통상부 통상교섭본부가 맡아서 하다가 그 이후 통상교섭업무가 산업통상자원부로 이관되면서 산업통상자원부가 맡아서 하고 있고, 투자자-국가 분쟁해결절차(ISDS, investor-state dispute settlement)에서 정부를 대표하는 업무는 법무부가 맡아서 하고 있다. 이는 결코 바람직하다고 할 수 없다.

이렇다 보니 우리나라가 체결하는 투자보장협정과 FTA의 투자 장이 내용상 상호 정합성이 좀 부족한 것이 사실이었다. 투자보장협정은 1964년 독일과 첫 협정을 체결한 이래 오랜 기간 동안 여러 나라와 체결하여 온 반면, FTA는 2004년 칠레와 첫 협정을 체결한 만큼, 아무래도 투자보장협정은 그 내용면에서 보수적인 면이 강하고 FTA의 투자 장은 투자보장에 관한 최근의 국제적인 흐름을 비교적 신속하게 반영하는 경향이 있는 것으로 보인다. 다행히 우리나라가 FTA 체결 경험을 쌓아가면서 최근 들어 투자보장협정의 경우에도 FTA의 투자 장에 반영된 새로운 요소들을 도입함으로써 두 유형의 투자협정이 내용면에서 수렴하는 경향을 보이고 있다.

우리나라는 미국, 캐나다 등 선진국의 사례에서처럼, 표준문안을 담은 모델 투자보장협정문을 준비해 놓고 협상을 할 때 이를 기준으로 우리의 최초 입장을 제시한다. 외교부는 이 모델 협정문을 3~4년에 한 번씩 개정하여 우리가 체결한 FTA에 반영된 규범이나 국제적으로 채택된 새로운 규범을 추가해 나가고 있다. 그간 2009년, 2012년, 2014년, 2015년에 이어 가장 최근에는 2019년에 이 모델 협정문을 개정한 것으로 알려져 있다. 불행히도 이 모델 협정문이 대외비로 관리되고 있어 이 책에서는 그 전문을 공유하지 못하고 알려져 있는 일부 내용만 해당 부분에서 간략히 언급할 예정이다.

이와 관련하여 또 하나 언급할 사항은 우리나라가 종전에 투자보장협정을 체결한 국가와 FTA 협정을 체결하여 투자 보호에 관한 새로운 내용에 합의하게 되면, 종전의 투자보장협정은 종료시키고 새롭게 체결된 FTA의 투자 장으로 대체하는 정책을 써 왔다는 사실이다. 일반적으로 나중에 체결된 FTA가 기존에 있던 투자보장협정과 비교할 때 투자 보호에 관하여 보다 현대적인 규율을 담고 있고 적용범위도 보다 포괄적이기 때문이다. 칠레, 스위스, 인도, 페루, 튀르키예, 니카라과, 코스타리카, 온두라스, 엘살바도르, 파나마, 이스라엘과 맺은 기존의 투자보장협정은 해당국과의 FTA가 발효되는 시점을 기준으로 모두 FTA의 투자 장으로 대체되었다. 콜롬비아의 경우처럼 투자보장협정을 타결하여 발효를 위한 국내절차를 밟고 있던 중에 FTA가 먼저 발효되어 투자보장협정 발효를 위한 국내절차를 중단한 사례도 있다.

다만, 예외적으로 베트남의 경우처럼, 한-베트남 투자보장협정(전면개정)이 2004년 5월 발효된 이후 체결된 한-베트남 FTA가 2015년 12월에 발효되었지만, 종전의 투자보장협정이 FTA로 흡수되지 않은 채로 남아 있는 경우도 있다. 인도네시아의 경우에도 한-인도네시아 투자보장협정(1994년 3월 발효)과 한-인도네시아 CEPA(2023년 1월 발효, 포괄적 경제동반자협정으로 내용상 FTA와 동일)가 병존하는 형태이다. 중국의 경우에는 특이하게도 한-중 투자보장협정(개정)(2007년 12월 발효), 한-중-일 투자보장협정(2014년 5월 발효), 한-중 FTA(2015년 12월 발효)라는 3개의 협정이 병존하고 있다. 아무튼 이렇게 투자에 관하여 복수의 협정이 중첩되어 있을 때에는 해당 협정들이 모두 유효하게 적용되므로 법적인 명료성이 다소 떨어지는 단점이 있으나, 실제에 있어서는 투자자에게 유리한 협정 조문을 원용할 수 있으므로 큰 문제는 없다.[14]

## 투자협정의 구조

WTO 협정을 중심으로 하는 다자간통상협정과는 달리 아직까지는 보편적으로 적용되는 다자간투자협정은 없다. 1990년대 후반에 OECD를 중심으로 다자간투자협정(MAI, Multilateral Agreement on Investment) 제정을 위한 협상이 진행되었으나 실패로 끝났다. 여러 나라가 참여하는 FTA나 투자보장협정이 체결될 수는 있으나 WTO 협정처럼 보편적으로 모든 나라에게 적용할 것을 염두에 두고 체결된 투자협정은 아직 없는 것이다. 여러 나라가 체결한 투자협정은 그 협정에 참여하는 국가들 간에 적용되는 복수국 간 규범의 역할을 할 뿐이며, WTO에서와 같이 보편적으로 적용되는 다자 규범의 역할을 하지는 않는다. 이러한 측면에서 모든 투자협정은 그 내용과 규정이 서로 상이한 '양자성' 또는 '개별성'이라고 하는 특징을 갖고 있다고 할 수 있다.

그러나, 다행히도 투자협정이 지난 몇 십 년간 여러 국가 간에 체결되어 오면서 그 내용이 점차 서로 수렴하는 방향으로 발전해 오고 있다. 많은 국가들이 자신이 체결한 협정의 시행경험에 비추어 내용을 보완하고 규범면에서 앞선 다른 협정을 벤치마크하는 한편, 투자자-국가 분쟁해결절차(ISDS) 중재판정부의 판례도 참고하여 새로운 규정을 계속 도입해 왔기 때문이다. 이렇게 되어 전 세계적으로 3,000개에 달하는 투자협정들이 개별적으로는 협정마다 조문의 내용이 정확하게 동일하지는 않지만 대체로 큰 흐름에서 유사한 내용을 담게 됨으로써 이제는 하나의 국제적인 투자보호 체제(regime)가 형성되었다고 말할 수 있는 단계에 도달한 것 같다.[15]

이러한 상황을 감안하여 이 책에서는 투자협정에 일반적으로 포함되는 내용들과 우리나라가 체결한 대부분의 투자협정에 포함되어 있거나 향후 우리나라가 체결할 투자협정의 모델이 될 만한 대표적인 내용을 중심으로 설명해 나가고자 한다. 이런 설명방식은 독자들이 보편적인 투자협정의 짜임새를 이해하는 데에 도움이 될 것이다. 다만, 아직 투자협정 간 차이가 전혀 없다고 할 수 없으므로 개별적인 해외투자 문제에 대한 법적 해결책을 바로 제공하지는 못한다는 점에 유의하기 바란다. 그래서 외국에 투자한 자신의 자산을 보호하는 문제와 관련하여 실제적인 문제가 발생한 경우에는 이 책에서 설명한 내용을 기초로 하여 해당국과의 개별 협정이 구체적으로 어떻게 규정하고 있는지를 면밀히 살펴볼 필요가 있으며, 이 과정에서 불가피하게 이 분야에 정통한 법률 전문가의 조력을 받을 필요가 있다 하겠다.

투자협정은 대체로 일정한 구조를 지니고 있다. 협정상 형식은 다소 다르더라도 우선 실체적 규정을 담은 부분과 절차적 규정을 담은 부분으로 나누어 볼 수 있다. 실체적 규정을 담은 부분은 (i) 투자자, 투자 등 주요 개념이나 용어에 대한 정의를 규정한 후 (ii) 내국민대우, 최혜국대우, 공정·공평 대우, 충분한 보호 및 안전 제공, 이행요건 부과 금지, 고위경영진과 이사회 국적 제한 금지, 송금 보장, 수용 및 보상 등 투자 유치국이 자국에 투자한 협정상대국 투자자의 자산을 보호하기 위해 부담해야 할 실체적인 의무를 규정한다.

이어 절차적 규정을 담은 부분은 국가 간 분쟁해결절차와 투자자-국가 분쟁해결절차(ISDS, investor-state dispute settlement)를 포함하게 된다. 투자협정문이 외국인 투자자를 보호하기 위한 투자유치국의 의무를 아무리 완벽하게 규정하더라도 투자유치국이 투자협정상의 의무를 위반하여 투자자에게 손해를 끼칠 경우에 대처할 수 있는 권리구제절차가 법적으로 보장되어 있지 않으면 투자에 대한 효과적인 보호가 이루어지기 어려울 것이다. 특히 투자자-국가 분쟁해결절차(ISDS) 제도는 투자자가 투자유치국과 대등한 위치에서 직접 자신의 권리 구제를 추구할 수 있도록 하기 때문에 사후적 권리 구제뿐만 아니라 투자유치국이 자의적으로 투자협정을 시행할 여지를 미리 차단할 수 있는 예방적 효과도 있다고 할 것이다.[16] 따라서 투자협정이 실체적 규정과 함께 절차적 규정을 담고 있는 것은 유효한 협정 이행을 담보하는 열쇠가 된다.

앞에서 '투자협정'이라는 명칭은 투자보장협정과 FTA의 투자 장

(章, chapter)이라는 두 가지 형태의 협정을 포괄하는 개념으로 사용할 것이라고 하였다. 투자보장협정은 하나의 완성된 독립적인 조약(stand-alone treaty) 형태를 지니고 있기 때문에 앞에서 언급한 실체적 조항과 절차적 조항 외에도, 협정이 지향하는 목적과 가치 등을 담고 있는 서문(preamble)이 붙게 된다. 서문은 그 자체로는 당사국의 권리나 의무를 창설하지 않는 부분으로서 법적 구속력은 없으나 협정 본문에 포함된 각 조항의 해석에 있어서 가장 기본적이고 포괄적인 준거가 되기 때문에 매우 중요한 부분이다. 이 밖에 협정 이행을 위한 당사국 간 협의 및 의사결정 기구인 공동위원회(Joint Committee) 규정, 그리고 협정 전체를 아우르는 예외 규정과 협정의 유효기간이나 개정절차를 담은 최종조항 등을 포함하게 된다.

한편, FTA의 투자 장(章, chapter)은 상품 무역, 서비스 무역, 지적재산권, 무역원활화, 경쟁 등 여러 분야를 장(章)별로 다루고 있는 포괄적인 협정문에서 하나의 장을 차지하고 있기 때문에 투자 장에서는 투자와 관련된 핵심적인 실체적 조항 및 절차적 조항만 담고 있다. 앞에서 언급한 서문이라든지 최종조항, 그리고 예외 규정, 공동위원회 규정, 국가 간 분쟁해결절차 등은 FTA가 다루고 있는 전체 분야를 대상으로 하는 규정으로 다른 장에서 별도로 취급되지만 당연히 투자 장에도 적용되게 된다.

외국인 투자는 한 나라에서 다른 한 나라로 일방적으로 흐르는 것이 아니라 쌍방향으로 흐르는 것이기 때문에 투자협정을 체결하는 양 당사국은 투자유치국이 될 수도 있고 투자자의 모국이 될 수도 있어 외형상으로는 투자협정은 협정의 양쪽 당사국이 동등하게 상호 의무를 지는 것으로 규정된다. 그러나 양 당사국의 의무로 규정된 내용은 따지고 보면 투자유치국의 의무이고 이것은 결국 투자자의 권리로 귀착된다. 그렇다고 해서 투자협정이 투자자의 보호에만 치우친 나머지 투자유치국이 공공정책 목표를 달성하기 위해 정책을 시행할 수 있는 주권적 권리를 일방적으로 제한하는 협정은 아니다. 투자협정은 당초의 목적인 투자자에 대한 보호를 증진하는 한편, 투자유치국 정부의 정당한 규제와 정책을 시행할 권한을 보존하기 위해 규정을 보완해 나가면서 이 두 가지 목표를 균형적으로 달성하는 방향으로 지속적으로 진화해 왔다.

이 책에서는 해외에 투자하는 투자자가 어떻게 하면 투자협정을 통해 자신의 권리를 확실하게 확보할 수 있는지를 설명하는 것을 기본 목표로 한다. 실체적인 측면에서는 투자유치국의 의무, 즉 투자자의 권리에 대하여, 절차적인 측면에서는 투자자가 투자협정상의 자신의 권리를 확보하기 위해 이용할 수 있는 투자자-국가 분쟁해결절차(ISDS)에 대하여 투자자의 관점에서 집중적으로 다루어 나가게 될 것이다. 이런 목적에서 이 책에서는 투자보장협정이나 FTA의 투자 장에 전형적으로 규정된 조문을 순서대로 따라가면서 설명하기보다는 투자협정의 전체적인 체제 속에서 개념적인 큰 모듈을 중심으로 내용을 재구성하여 우선 투자협정의 적용범위를 다루고(제1부), 이어 투자유치국이 실체적으로 부담해야 할 투자자와 투자에 대한 보호 의무의 내용을 자세히 살펴본 후(제2부), 투자자와 투자에 대한 투자유치국의 의무를 실질적으로 담보하기 위한 장치인 투자자-국가 분쟁해결절차(ISDS)에 대해 설명을 하는 순서로(제3부) 진행해 나갈 것이다.

## 투자규범의 대상

**(투자규범의 적용범위)** 앞에서 투자협정은 어느 한쪽 당사국의 투자자와 이 투자자가 다른 쪽 당사국인 투자유치국에서 행한 투자에 대하여 투자유치국이 부담해야 할 의무를 규정한 조약이라고 하였다. 투자유치국 의무의 집합체를 투자규범이라고 한다면 이 투자규범의 적용범위 (scope)를 명확히 하는 것이 무엇보다도 중요하다.

일반적으로 투자규범의 대상은 (i) 인적 적용범위, (ii) 물적 적용범위, (iii) 공간적 적용범위, (iv) 시간적 적용범위 등 4가지 측면에서 살펴볼 수 있다.17 이러한 4가지 적용범위 중 어느 하나라도 충족되지 않는다면 투자규범은 해당 투자자나 투자에 대하여 적용되지 않을 것이다. 따라서 이러한 4가지 측면에서의 적용범위는 총체적으로 우리를 투자규범으로 인도하는 대문(gateway)이라고 할 수 있다. 인적 측면에서 본 투자규범의 적용범위는 다른 쪽 당사국의 투자자가 되며, 물적 측면에서 본 투자규범의 적용범위는 다른 쪽 당사국의 투자자가 투자유치국 내에서 행한 투자가 되는데, 물적 적용범위와 인적 적용범위는 제2장(투자와 투자자의 정의)에서 자세하게 다룰 예정이므로 나머지 두 가지 적용범위만 우선 살펴보고자 한다.

**(공간적 적용범위)** 투자규범의 공간적 적용범위는 투자유치국의 땅, 바다, 하늘을 포괄한다. 현대 사회에는 투자가 육지에만 이루어지는 것이 아니고 영해, 대륙붕 등 해저, 배타적 경제수역 등 인근 해역, 영공 등에서도 이루어질 수 있다. 바다에 위치한 유전 등 광물 탐사나 채굴 시설을 생각해 보기 바란다. 그래서 협정이 공간적 적용범위를 정의할 때

당사국의 주권이나 관할권이 미치는 땅, 바다, 하늘을 함께 묶어서 정의한다. 이렇게 영토, 영해(및 해저, 인근해역), 영공을 묶어 하나로 표현할 단어가 우리 국내법에는 없기 때문에 국문 조약문에서는 이를 모두 포괄하는 개념으로 일반적으로 '영역'이라고 표현한다.

(시간적 적용범위) 투자규범의 시간적 적용범위는 원칙적으로 협정 발효일을 시작점으로 하고 협정 종료일을 끝점으로 하는 기간이다. 소급효 금지에 관한 국제법상의 원칙에 따라, 일반적으로 투자협정은 '투자'에 대하여는 협정 발효 시점에 존재하거나 이후에 행하여지는 투자에 대하여 적용대상투자로 규정하는 한편, 협정 발효 전에 발생한 '행위 또는 사실'이나 존재하지 않게 된 '상황'에 관해서는 적용되지 않는다는 취지의 포괄적인 규정을 두고 있다. 즉, '투자'는 협정 발효 시점에 존재하는 한, 협정 발효 이전에 이루어진 투자도 적용대상이 되지만, 투자유치국의 '조치'(measure, action)와 그로 인해 발생한 '분쟁'(dispute)이 협정 발효 전에 이미 있었던 것이라면 협정의 적용에서 배제된다. 다만, 투자에 대해서 한-벨기에·룩셈부르크, 한-모리셔스 투자보장협정과 같이 일부 협정에서는 협정 발효 시점에 투자의 존재 여부에 대한 언급 없이 협정 발효 이전에 이루어진 투자도 협정의 적용을 받는다는 취지의 규정을 두는 수도 있는데,[18] 이렇게 규정될 경우, 협정 발효 이전에 이루어지고 이미 청산되어 더 이상 존재하지 않게 된 투자가 협정의 적용대상이 될지에 관하여 모호한 부분이 있어 요즘은 '투자'의 시간적 관할에 대하여는 "협정 발효 시점에 존재하거나 그 이후에 이루어진 투자에 대하여 적용된다."라고 규정하는 것이 일반적인 것으로 관찰된다.

그리고 협정 종료일 이후에 일어난 행위나 상황은 원칙적으로 협정의 적용대상이 아니다. 다만, 상당수의 투자협정은 '생존조항' (survival clauses)이라는 것을 두고 있다. 투자협정이 만료되거나 종료되었을 때에도 협정이 살아있는 동안 이루어진 투자에 대해서는 투자유치국의 의무와 투자자-국가 분쟁해결절차(ISDS)에 관한 규정이 협정 종료일로부터 일정기간, 예컨대 10년이나 15년 동안 유효하도록 하는 규정이다. 투자의 속성 중 하나가 일정한 기간성을 가지는 점에서 협정이 종료되기 전에 이루어진 투자에 대해서는 협정 종료 이후 일정한 시점까지는 보호해 줄 실익이 있기 때문이다. 예컨대, 우리나라가 인도나 인도네시아 등과 체결한 포괄적경제동반자협정(CEPA, 내용상 FTA와 동일)의 투자 장에도 이 규정이 있으며 우리 정부는 투자보장협정에서 이러한 생존조항을 포함하여 협상하는 것을 기본 방침으로 하고 있다.

(당사국의 조치) 투자유치국은 이렇게 4가지의 적용범위에 의하여 획정된 범위 내에 있는 투자(적용대상투자)에 관하여 자국이 채택하거나 유지하는 모든 조치(measure)에 있어서 투자협정이 정한 의무를 다해야 한다.

여기에서 '투자에 관하여'라고 하는 것은 특정 조치가 투자를 대상으로 하여 취해진 것뿐만 아니라 투자에 영향을 미치는 조치는 무엇이든 포함되는 넓은 개념으로 본다. '조치'란 모든 법규정·절차·요건 또는 관행을 포함하여 정부가 취하는 행동을 지칭하는 매우 광범위한 개념이다. 작위뿐만 아니라 경우에 따라서는 부작위도 포함될 수 있다.

투자유치국의 조치에는 중앙, 지역, 지방을 가리지 않고 정부 및 당국이 취한 조치를 말하는데, 그 기관이 입법적·행정적·사법적 기관인지에 상관없이 포함된다. 이는 국제법의 일반원칙이다. 유엔 국제법위원회(ILC, International Law Commission)가 2001년 제정한 '국제위법행

— 유엔 국제법위원회(ILC) 회의

위에 대한 국가책임 협정 초안'이라는 문서는 국제관습법을 성문화한
것으로 간주되고 있는데, 이 협정 초안은 다음과 같이 기술하고 있다.
"모든 국가기관의 행위는 국제법상 그 국가의 행위로 간주된다. 이는
그 기관이 입법, 행정, 사법 또는 기타 다른 기능을 수행하는지 여부,
그 기관이 국가조직상 어떠한 위치를 차지하고 있는지 여부, 그 기관의
성격이 중앙정부기관 또는 지방정부기관인지를 불문한다."(제4조 제1항)
　　또한 외견상 국가기관의 공적인 행위인 경우, 이것이 내부적으로
적절한 절차에 따라 승인되지 않았거나 법령 위반 등 권한을 넘어서는
행위라고 하더라도 그 국가의 행위로 간주되기 때문에 그 행위가 협정
을 위반하였을 때에는 국가책임에서 면제될 수 없다. 앞에서 언급한 유
엔 국제법위원회(ILC)의 국가책임 협정 초안은 "국가기관 또는 정부권
한을 행사하도록 권한을 위임받은 개인 또는 실체의 행위는 그 기관,
개인 또는 실체가 그 자격으로 행동하는 경우, 그 행위자가 특정한 사
례에서 자신의 권한을 넘어서거나 또는 지시를 위반한다 하더라도, 국

제법상 그 국가의 행위로 간주된다."(제7조)라고 하여 이 점을 분명히 하고 있다.

1974년 이집트 정부가 피라미드 인근 지역 등을 복합 관광 지구로 개발하기 위해 해외 관광지역 개발 전문회사 Southern Pacific Properties (SPP)를 유치하였으나 이 개발 사업이 시작되기도 전에 이 개발 사업이 피라미드 지역의 미발굴 유적 보호에 심각한 위협이 된다는 강한 반대 운동에 직면하여 그 전에 발급하였던 개발허가를 취소하였다. 투자자인 SPP사는 이에 반발하여 1984년 국제중재를 청구하였다. 중재과정에서 이집트 정부 측은 관광 지구 개발을 승인했던 대통령령이 기존의 이집트 국내법을 위반한 것으로 무효였기 때문에 처음부터 관광지로 개발하는 것이 법상 허용되지 않는 것이었다고 주장하였다. 그러나 중재판정부는 국가 기관의 외형상 공적인 행위가 내부적으로 인가되지 않았거나 월권이라고 하여 국가에 책임을 물을 수 없다고 한다면 모든 국가책임이라는 것은 허상이 될 수 있다고 지적하고 이러한 주장을 수용하지 않았다. (SPP(ME) 대 이집트 사건, ICSID ARB/84/3, 1992.5.20. 판정)

(민간기관) 투자유치국의 조치에는 국가기관의 조치뿐만 아니라 정부 또는 당국의 위임에 따라 권한을 행사하는 민간기관에 의한 조치도 포함된다. 그런데 '국가의 위임에 따라 규제적·행정적 또는 기타 정부적 권한을 행사하는'이라는 표현을 사용한 투자협정이 일부 있을 뿐, 어떤 민간기관의 행위가 그 책임을 국가에 귀속시킬 수 있는지에 대한 구체적 기준을 제시하고 있는 투자협정은 드물다. 앞에서 언급한 유엔 국제법위원회(ILC)의 국가책임 협정 초안에는 "국가기관에 해당되지 않으나 그 국가의 법에 의하여 공권력을 행사하도록 권한을 위임받은 개인 또

는 단체의 행위는 국제법상 그 국가의 행위로 간주된다. 다만, 이는 그 개인 또는 단체가 구체적 경우에 있어서 그러한 자격으로 행동하는 경우에 한한다."(제5조)라고 규정하고 있다. 이에 따르면, 민간기관의 행위가 국가에 귀속되기 위해서는 (i) 형식적으로 국내법에 의하여 공권력을 행사하도록 권한을 위임받아야 하며, (ii) 해당 기관이 행한 구체적인 행위가 실제로 공권력을 행사한 것이어야 한다. 이와 같은 맥락에서 중재판정부들은 유엔 국제법위원회(ILC)의 국가책임 협정 초안이 나오기 전부터 이 문제에 접근함에 있어서 해당 민간기관이 정부당국에 의해 설립되어 자본 소유 구조상 정부에 의해 직·간접적으로 소유 또는 통제되고 있는지 여부와 함께, 실제 특정 행위에 있어서 상업적 기초 위에서 활동하지 않고 일반적으로 국가에게 맡겨지는 공적 기능을 수행했는지 여부를 함께 검토하여 정부당국에 준하는 기관인지를 판단해 왔다.

실례를 한번 살펴보자. 아르헨티나인 Emilio Agustin Maffezini는 스페인 Galicia 지역산업개발공사(SODIGA)와 합작으로 화학제품 생산 및 판매 회사를 스페인에 설립하였는데, SODIGA가 제시한 공장 건설 비용 추계를 훨씬 초과하는 공장 건설 공사 비용과 환경평가에 따른 추가 비용이 나온 데 이어 자신의 동의 없이 현지 투자회사에 3천만 페소의 자금 이체가 이루어지는 등 이 투자와 관련한 손실이 발생하자 SODIGA 측의 각종 작위·부작위 행위의 책임이 스페인 정부에 있다고 주장하면서 1997년 국제중재를 청구하였다. 이때 SODIGA의 행위 책임을 정부에 귀속시킬 수 있는지가 중요한 쟁점 중의 하나로 떠올랐는데, 중재판정부는 SODIGA의 지위를 규정하기 위해서는 구조적인 측면(structural test)과 기능적인 측면(functional test)을 검토하여야 한다고 하였다. 중재판정부는 이러한 관점에서 구조적인 측면에 있어서는 지역개발 증진이라는 목적으로 설립된 SODIGA가 정부조직법상 전반적인 공공행정체제 밖에 온전히 놓여 있다고 보기는 힘들다고 하고, 기능면에 있어서 이 회사의 당초 설립 목적과 기능이 공적인 특성을 지니고 있었으나 상황변화에 따라 점차 정부 기능이 축소되고 많은 활동에서 상업적 성격의 기능을 수행하는 과도기에 있다고 판단하였다. 중재판정부는 이러한 상황에서 SODIGA의 특정행위를 정부의 책임으로 귀속시킬 수 있는지의 여부는 그 작위 또는 부작위 행위의 성격이 기본적으로 상업적인 것이 아니라 공적인 것인지를 살펴보아야 한다고 하고 청구인의 개별 주장에 대하여 차례대로 SODIGA의 특정행위의 성격을 분석하여 정부책임 귀속 여부를 판단하였다. 중재판정부는 SODIGA의 공장 건설 비용 추계 정보 제공은 상업적 성격의 업무였고 환경평가는 청구인도 인지한 국내법상의 요건이었으므로 스페인 정부에 책임을 지울 수 없는 사안인 반면, 현지 투자회사에 대한 청구인의 3천만 페소의 자금 이체에 관여한 SODIGA의 행위는 투자 진흥을 위한 공적인 성격을 지녔으므로 스페인 정부의 귀책사유가 된다고 판단하여 배상을 판정하였다. (Maffezini 대 스페인 사건, ICSID ARB/97/7, 2000.11.13. 판정)

한편, 해당 기관이 구조적인 측면에서는 정부 당국에 의해 설립되어 자본 소유 구조상 직·간접적으로 소유 또는 통제되고 있다 하더라도, 그 기관이 특정 사안에 있어서 일반적으로 국가에 맡겨지는 공적 기능을 수행한 것이 아니라 상업적 기초 위에서 행동하였다면 국가에 책임을 귀속시킬 수 없다는 판정을 한 사례를 보자. 네덜란드의 부동산 개발회사 Tulip Real Estate and Development B.V.사가 튀르키예의 부동산투자공사(Emlak)가 발주한 이스탄불 주상 복합 단지 개발 사업에 참여하였으나 여러 가지 사정으로 오랫동안 공기를 맞출 수 없게 되자 Emlak는 건설계약을 종료하였다. Tulip사는 Emlak의 계약 종료는 네덜란드-튀르키예 투자보장협정상의 공정·공평 대우 의무 위반이며 불법수용에 해당하는 것이라고 하면서 2011년 국제중재를 청구하였다. 튀르키예 정부 측은 Emlak의 행위는 튀르키예 정부에 그 책임이 귀속될 수 없으므로 중재 관할권이 없다고 주장하였다. 중재판정부는 Emlak의 지분 과반을 튀르키예 주택개발청이 소유하고 있고 이사회 과반수 투표권을 통제하는 등 튀르키예 정부의 통제하에 있는 것은 사실이나 문제가 된 계약 종료 행위는 공적인 목적 달성을 위한 주택개발청의 지시에 따른 것이 아니라 Emlak의 상업적 손실 최소화를 위해 이사회가 독립적으로 결정한 것임이 확인된다고 하고 국가책임 귀속성을 인정하지 않는 판정을 내렸다. (Tulip 대 튀르키예 사건, ICSID ARB/11/28, 2014.3.10. 판정)

# 투자와 투자자의 정의

## 투자협정상 투자의 정의

투자협정은 '투자'에 관한 협정이다. 투자의 범위를 정의하는 일은 투자협정에 규정된 보호규범의 물적 적용범위를 정하는 일이다. 따라서 투자의 정의는 협정의 기초를 쌓는 데 있어서 일종의 주춧돌이라고 할 수 있다.[1] 투자협정이 거의 예외 없이 '투자'에 대해 정의하고 있는 이유가 바로 여기에 있다.

보편적으로 적용되는 '투자'의 정의는 없다. '투자'를 어떻게 정의하느냐 하는 문제에 대해 객관적인 공식은 없다는 뜻이다. 따지고 보면, 투자의 정의 문제는 협정의 규범적 조항의 적용범위와 방식을 결정하는 것이기 때문에 원칙적으로 투자협정을 협상하는 당사국들이 정책적 목적에 따라 사안별로 결정해야 하는 영역이라고 봐야 한다.[2] 이론적으로는 투자의 정의 방식에는 투자를 한정적·폐쇄적으로 나열하는 방식과 예시적·개방적으로 포괄해서 정의하는 방식이 있을 수 있다.[3] 그러나 최근의 실무적 경향은 보호대상이 되는 투자를 한정적으로 나열하기보다는 모든 종류의 자산을 포괄하는 개방적 방식으로 투자를 정의하는 것이다. 우리나라가 최근에 체결한 거의 모든 투자협정도 이 방식을 택하고 있다. 즉, 투자를 어느 한쪽 당사국 투자자의 모든 종류의 자산(any kind of asset)이라고 일단 규정한 후, 이어 그 유형을 열거하는 방식이다. 이러한 방식이 최근의 투자협정에서 규정하는 투자에 관한 가장 일반적인 정의 방식이라고 할 수 있다.[4] 투자를 기업에 대한 경영 참여를 염두에 둔 지분 획득(직접투자)으로 한정하고 있는 한-덴마크 투자보장협정(1988년 발효)이 이에 대한 거의 유일한 예외인 것으로 생각된다.

세계화의 심화와 기술 발전에 따라 국가 간 자본 및 자산 이동이 더욱 활발해지고 복잡해져 가고 있을 뿐 아니라 새로운 영업 방식도 등장하고 있다. 이에 따라 보호해야 할 투자의 범위가 지속적으로 확대되고 다양해지고 있다. 그러나 투자협정 체결은 두 국가 간에 교섭을 시작해서 합의를 도출한 후 발효절차를 밟기까지 수년이 소요된다. 또한 투자협정을 개정하기도 쉽지 않을 뿐 아니라 시간도 마찬가지로 많이 소요된다. 이런 측면에서 투자협정이 투자양상의 다양화 추세에 부응하여 그 적실성을 지속적으로 유지하기 위해서는 투자협정에서 투자의 범위를 너무 좁게 규정하기보다는 개방적 방식으로 투자를 폭넓게 정의해 두는 것이 바람직하다고 할 것이다.[5]

**(투자 정의 규정)** 실제 관련 규정을 한번 보자. 다음은 한-미 FTA의 투자 정의 규정이다. 사실 요즘의 투자보장협정이나 FTA의 투자 정의 조항은 이와 크게 다르지 않다.

투자라 함은 투자자가 직접적 또는 간접적으로 소유하거나 지배하는 모든 자산으로서, 자본 또는 그 밖의 자원의 투입, 이득 또는 이윤에 대한 기대, 또는 위험의 감수와 같은 특징을 포함하여, 투자의 특징을 가진 것을 말한다.

투자가 취할 수 있는 형태는 다음을 포함한다.

가. 기업

나. 주식, 증권과 그 밖의 형태의 기업에 대한 지분 참여

다. 채권, 회사채, 그 밖의 채무증서와 대부

라. 선물, 옵션과 그 밖의 파생상품

마. 완성품인도, 건설, 경영, 생산, 양허, 수익배분과 그 밖의 유사한 계약

바. 지식재산권

사. 면허, 인가, 허가와 국내법에 따라 부여되는 유사한 권리, 그리고

아. 그 밖의 유형 또는 무형의 자산, 동산 또는 부동산, 그리고 리스·저당권·유치권 및 질권 같은 관련 재산권

이 협정의 목적상, 상품 및 서비스의 상업적 판매로부터만 발생하는 지급청구권은 그것이 투자의 특성을 가진 대부가 아닌 한, 투자가 아니다.

Investment means every asset that an investor owns or controls, directly or indirectly, that has the characteristics of an investment, including such characteristics as the commitment of capital or other resources, the expectation of gain or profit, or the assumption of risk.

Forms that an investment may take include:

(a) an enterprise;

(b) shares, stock, and other forms of equity participation in an enterprise;

(c) bonds, debentures, other debt instruments, and loans;

(d) futures, options, and other derivatives;

(e) turnkey, construction, management, production, concession, revenue-sharing, and other similar contracts;

(f) intellectual property rights;

(g) licenses, authorizations, permits, and similar rights conferred pursuant to domestic law; and

(h) other tangible or intangible, movable or immovable property,
and related property rights, such as leases, mortgages, liens,
and pledges.

For purposes of this Agreement, a claim to payment that arises
solely from the commercial sale of goods and services is not an
investment, unless it is a loan that has the characteristics of an
investment.

---

위 한-미 FTA상의 '투자' 정의에는 투자를 일단 모든 종류의 자산
(any kind of asset)이라고 한 다음, 투자의 형태에 관하여 '포함한다'
(include)라는 문구를 통해 그 다음에 나열된 투자의 종류가 예시적임을
나타내고 있다. 여기까지는 대부분의 투자협정이 거의 같거나 유사한
문구를 사용한다. 그 다음에 이어지는 투자로 예시되는 자산은 투자협
정마다 다소간의 차이가 있을 수 있으나 대체로 기업, 주식 및 증권 등
기업의 지분 참여와 관련된 권리, 채권 및 회사채 등 각종 채무 증서와
그로부터 파생되는 권리, 금전적 가치를 갖는 각종 계약상의 권리, 지
식재산권(상표권, 저작권, 특허권 등), 천연 자원의 개발과 관련된 개발권
및 채굴권, 각종 유형 자산(동산, 부동산)과 무형 자산(리스, 유치권, 질권,
영업권) 등이 포함된다.

이 예문에서는 기업(법인)이 첫 번째 투자 유형으로 열거되어 있다.
기업(법인)은 투자자이면서 투자가 될 수 있다. 여기에서 언급된 투자로
서의 기업은 투자유치국에 투자된 자산 형태의 기업, 즉 현지 기업을
말한다. 두 번째 유형은 주식, 증권 등 기업의 자본참여와 관련된 권리
이다. 여기서 투자자산은 기업의 실질적 경영참가를 목적으로 하여 해
당 기업과 어느 정도 영속적인 경제관계를 가지는 직접투자에 한정되

지 않는다. 외국인 직접투자(FDI, foreign direct investment)뿐만 아니라 배당 수익, 시세 차익, 이자 소득 등 단기 자본이득을 목적으로 한 포트폴리오 투자(간접투자)도 투자에 포함되어 투자협정의 보호대상이 된다. 세 번째 유형은 대부 참여이다. 네 번째, 유형의 재산권뿐만 아니라 금전적 가치를 갖는 각종 계약상의 권리도 투자에 포함된다. 다섯 번째, 상표권, 영업비밀, 특허권, 저작권과 같은 지식재산권이다. 여섯 번째, 개발권 및 채굴권을 포함한 양허도 투자에 포함된다. 특별한 행정적·입법적 조치를 통해 정부가 민간에게 부여한 특권과 권한도 투자에 포함되는 것이다. 마지막으로 각종 유형 자산(동산, 부동산)과 무형 자산(리스, 유치권, 질권, 영업권) 등이 투자에 포함된다.

이 모든 투자의 형태는 반드시 금전적일 것을 요구하지 않으며 현물도 당연히 포함된다. 그리고 여기에서 정의된 투자는 자본과는 의미가 다르다는 점에 유의할 필요가 있다. 경제학적 의미에서의 자본은 생산수단을 의미한다. 그러나 투자협정에서 정의된 투자는 그보다는 훨씬 넓은 범주의 자산을 의미한다.[6]

(투자 정의의 제한) 개방적 정의 방식은 투자를 광범위하게 정의하되, 그 범위가 불합리하게 확장되는 것을 방지하기 위해 두어 가지 중요한 장치를 둔다.[7] 우선은 투자를 모든 종류의 자산이라고 했지만, 정의에 포함되는 자산은 투자가 가진 장기적·지속적 거래관계의 특성을 지니도록 한정하는 것이다. 위 한-미 FTA에 포함된 투자의 정의를 자세히 보면 투자의 특성으로 (i) 자본 또는 그 밖의 자원의 투입, (ii) 이득 또는 이윤에 대한 기대, (iii) 위험의 감수 등을 투자의 특성으로 예시적으로 밝히고 있는 것(including such characteristics as)이 눈에 띈다. 이 부분은

제8장 투자자-국가 분쟁해결절차(ISDS)의 물적 관할을 설명할 때 자세히 다룰 예정이다.

두 번째 제한 방식은 투자에 포함되지 않는 자산을 열거하는 것이다. 앞에서 인용한 한-미 FTA의 경우에도 자금대여를 원인으로 하는 채무증서(자본거래)는 투자에 포함되지만, 단순한 상품과 서비스의 상업적 거래에서 발생하는 지급청구권(경상거래)은 원칙적으로 투자의 범주에 포함되지 않는다고 명시하고 있다. 경상거래는 상품 수출이나 서비스 제공에 대한 대가로서의 성질을 가질 뿐이고 그 자체에 대한 실질적인 이익창출을 위한 행위가 아니기 때문이다. 이 밖에 시장점유율, 시장접근, 기대이득, 이윤획득의 기회 등은 그 자체만으로는 투자가 아니라고 규정하는 경우도 있다.

세 번째, 예컨대 한-우루과이 투자보장협정과 같은 상당수의 투자보장협정에서 투자는 투자유치국의 법규에 따라서(in accordance with laws and regulations) 이루어져야 한다는 '적법성'을 투자 정의에 규정하는 경우가 있는데, 불법적인 투자는 협정에서 보호하지 않겠다는 것으로서 이것도 투자의 범위를 일정하게 제한하는 방식 중 하나이다.[8] 한-인도네시아 CEPA(포괄적경제동반자협정, 내용상 FTA와 동일) 같은 경우에는 적용대상투자 정의 조항에 적법성을 포함하는 한편, 사기성 허위 진술, 은폐 또는 부패를 포함한 불법 행위를 통하여 설립된 투자에 대해서는 ISDS를 청구할 수 없다고 규정하고 있다. 그간의 중재판정부들은 투자의 정의에 적법성 요건이 포함되어 있지 않아도 외국인 투자는 투자유치국의 관련 법규를 준수해야 하며 그렇지 않을 경우 투자협정상의 보호를 받을 수 없다는 입장을 보이고 있다. 이런 중재판정례를 하나 들어보겠다.

스페인 회사 Inceysa Vallisoletana S.L.는 엘살바도르 정부가 입찰한 자동차 및 배기가스 검사소 설치 운영 사업에 낙찰되어 양허계약을 체결하였으나, 동 회사가 입찰서류로 제출한 회사 재정 보고서가 실제와 다르게 조작한 것이 발견되어 엘살바도르 정부 측이 본격적인 계약 이행을 지연하자 분쟁이 발생하였다. 회사 측은 2003년 국제중재를 신청하였다. 엘살바도르 정부 측은 청구인의 투자는 허위 서류를 제출하여 부당하게 낙찰 받은 것이므로 불법 투자로서 투자협정의 보호대상이 아니라고 주장하였다. 당시 근거 협정이었던 스페인-엘살바도르 투자협정에서는 보호대상 투자는 투자유치국의 법령에 의거한다는 명시적 규정이 없었다. 그럼에도 불구하고, 중재판정부는 투자유치국의 법령을 위반한 투자는 협정의 보호 범위에서 제외하려는 당사국의 의사가 명백하다고 판단하면서 불법적인 투자에 대해서는 중재 관할권이 없다고 판정하였다. (Inceysa 대 엘살바도르 사건, ICSID ARB/03/26, 2006.8.2. 판정)

(적용대상투자) 지금까지 일반적인 '투자'의 정의에 대해 살펴보았다. 이런 투자가 투자협정의 보호를 받기 위해서는, 즉 '적용대상투자(covered investment)'가 되기 위해서는 투자유치국의 영역 내에서 투자협정의 발효일 이후에 존재하는 투자협정 상대국의 투자자(자연인 또는 기업)의 투자라야 한다. 일반적인 '적용대상투자'의 정의 규정을 한번 보겠다.

---

적용대상투자라 함은, 어느 한쪽 당사국에 대하여, 이 협정의 발효일에 존재하거나 그 이후 설립·인수 또는 확장된 그 당사국 영역 내에서의 다른 쪽 당사국 투자자의 투자를 말한다.

Covered investment means, with respect to a Party, an investment in its territory of an investor of the other Party that is in existence as of the date of entry into force of this Agreement or established, acquired, or expanded thereafter.

---

투자라는 물적 적용범위, 협정상대국 국민이라는 인적 적용범위, 투자유치국의 영역이라는 공간적 적용범위, 협정발효일 이후 존재하는 투자라는 시간적 적용범위, 이렇게 4가지의 적용범위가 한 문장에 아름답게 포함되어 있다. 투자보호의 대상범위는 이처럼 4가지의 적용범위가 결합될 때 비로소 완성된다.

## 투자협정상 투자자의 정의

끝으로 투자규범의 인적 적용범위인 협정상대국의 투자자는 어떻게 정의되는지 살펴보겠다. 투자자는 투자를 하는 사람이나 기업을 말하는데, 투자의 대상물을 직·간접적으로 소유하거나 통제하는 실체이다. 투자자가 투자협정을 통해 투자유치국의 보호를 받기 위해서는 '협정상대국의 투자자'라야 한다. 외국 투자자 중 투자유치국에 위치한 투자를 직·간접적으로 소유·통제하는 협정상대국의 투자자가 이에 해당된다. 물론, 투자유치국의 투자자는 자국민이므로 투자협정과는 상관없다.

(직·간접적 소유·통제) 여기서 직접적 또는 간접적으로 소유하거나 통제한다는 것은 무엇을 뜻할까? 이론적으로는 정량적 기준이나 정성적

기준을 생각해 볼 수 있다. 서비스 무역에 관한 WTO 일반협정(GATS, General Agreement on Trade in Services)에서는 '소유'나 '통제'에 대하여 의결권 있는 주식의 과반을 소유하고 있는 경우라든지 이사회의 과반 수를 임명할 수 있는 권한 등 정량적인 기준을 적용하고 있다. 한-이스 라엘 FTA 투자 장은 이러한 정량적 기준에 따라 소유와 통제를 정의하 고 있다. 다른 방법은 정성적인 기준을 적용하는 것이다. 소유권의 상 당한 부분을 보유하고 있다거나 회사의 경영에 결정적인 영향력을 행 사할 수 있는 상태를 지칭하는 식이다. 이 경우에는 특정의 양적인 기 준이 요구되지 않을 것이다. 주식의 과반보다 훨씬 적은 수의 지분을 소유하고도 효과적으로 회사를 통제할 수 있는 것이 현실이기 때문에 정성적 기준이 보다 실용적인 것처럼 보인다.9 그러나 대부분의 투자협 정은 '소유'나 '통제'의 구체적 의미에 관하여 규정하고 있지 않기 때문 에 실제 국제중재에서 이 문제가 제기되었을 때에는 여러 사정을 종합 적으로 감안하여 판단해야 할 것이다.

한편, 간접적으로 소유·통제하는 경우란 지분관계를 통해 제3의 개인이나 회사를 통해 소유·통제하고 있는 것을 말한다. 초국적 기업 간 지분관계가 날로 복잡해지고 있는 현대사회에는 이런 사례가 많을 것으로 생각된다. 실제 사례를 보자. 미국의 쓰레기 처리 업체인 Waste Management사는 멕시코 내 자회사를 통해 멕시코 지방 당국과 쓰레기 수거·처리 및 매립장 건립·운영을 골자로 하는 양허계약을 1995년 체 결하였으나 운영과정에서 시 당국과 분쟁이 발생하여 수익 확보에 실 패하게 되자 대우의 최소기준 위반 및 수용을 주장하며 2000년 국제중 재를 청구하였다. 청구인 Waste Management사는 미국 회사가 케이만 군도의 회사를 통해 소유하고 있었는데, 멕시코 정부 측은 청구인의 법적인 소유자가 케이만 군도의 회사이므로 NAFTA상의 당사국 투자자가 아니라고 주장하였다. 그러나 중재판정부는 미국 회사가 페이퍼 컴퍼니인 케이만 군도 회사를 경유하여 간접적으로 Waste Management사를 소유하고 있기 때문에 미국 투자자, 즉 당사국 투자자로 인정된다고 판정하였다. (Waste Management 대 멕시코 2차 사건, ICSID ARB(AF)/00/3, 2004.4.30. 판정)

**(기업(법인))** 투자자는 자연인도 될 수도 있지만 기업(법인)이 되는 경우가 더 흔하다. 여기서 주의할 점이 하나 있다. 투자협정상 투자자(investor)로서의 기업은 투자유치국에 그 기업이 투자한 자본으로서의 법인인 투자(investment)와 구분된다.[10] 예컨대, 한국 기업 'k'사가 미국 현지에 'k 아메리카'라는 회사를 설립하였다면 k사는 투자자이고 k 아메리카는 투자인 셈이다.

한-베트남 FTA 투자 장에 포함된 투자자로서의 '기업'과 '당사국 기업'의 정의 조항을 살펴보자.

---

기업이란 회사 · 신탁 · 파트너십 · 1인 기업 · 합작투자 또는 협회 그리고 기업의 지점을 포함하여, 영리목적인지 여부와 민간이나 정부가 소유하거나 지배하고 있는지 여부에 관계없이, 적용 가능한 법 및 규정에 따라 구성되거나 조직된 모든 실체를 말한다.

당사국의 기업이란 당사국의 국내 법 및 규정에 따라 구성되거나 조직된 기업과 당사국의 영역에 소재하고 그 곳에서 영업 활동을 수행하고 있는 그 기업의 지점을 말한다.

Enterprise means any entity constituted or organized under applicable laws and regulations, whether or not for profit, and whether privately or governmentally owned or controlled, including any corporation, trust, partnership, sole proprietorship, joint venture, or association, and a branch of an enterprise;

Enterprise of a Party means an enterprise constituted or organized under the domestic laws and regulations of a Party, and a branch located in the territory of a Party and carrying out business activities there.

---

기업의 형태로 회사, 주식회사, 합명회사 등 다양한 형태가 있을 수 있는데, 투자자인 기업은 특정 형태의 법인만을 지칭하지 않는다. 위의 조문 예처럼 모든 법적 실체를 투자자에 포함시키는 것이 투자협정의 통상적인 관례이다. 이는 업종에 따라서 선호되는 법인의 형태가 있기 때문에 특정한 형태의 법인만 투자자가 될 수 있다고 할 경우 다른 분야가 투자협정의 보호를 받지 못할 위험이 있기 때문이다.[11] 그리고 비영리 법인을 투자자로 볼 수 있느냐의 문제가 있는데, 자선단체나 교육 단체 등 비영리 법인도 재원운용 차원에서 상업적 기업에 포트폴리오 투자를 하는 등 다양한 형태의 투자를 실행할 수 있기 때문에 영리법인과 비영리 법인을 구분하여 달리 취급할 실익이 없다 할 것이다.[12] 마지막으로 협정상대국 정부 자체나 그 공기업도 투자유치국의 영역에 투자할 수 있으므로 이 경우에는 투자자로 인정받을 수 있을 것이다.

기업의 지점(branch office)은 별도의 투자자가 될 수 있을까? 한-베트남 FTA를 예로 들어 미국의 기업이 우리나라에 지점을 설립하고 그 지점이 베트남에 투자를 한 경우 그 투자가 한-베트남 FTA의 보호대상이 될 수 있느냐의 문제이다. 우리나라가 종전에 체결한 여러 투자협정에서 이 부분을 명확하게 규정하지 않은 사례가 있었으나, 지점은 별도의 법인격이 없는 실체로서 영업의 장소에 불과하고 그 모국 본점에 의해 전적으로 소유·통제되는 조직이므로 이 경우처럼 협정 당사국내 제3국의 지점은 투자협정의 보호대상에서 배제되는 것이 원칙이라고 할 것이다. 실제로 한-베트남 FTA 투자 장은 제3국 법인의 지점은 당사국의 기업으로 간주될 수 없다고 앞에서 인용된 조항의 각주에서 명문화하고 있다.

(투자자의 국적) 앞에서 언급한 대로, 투자자가 자연인이든 기업(법인)이든 그냥 외국의 투자자가 아니라 해당 투자협정 상대국의 투자자로 인정받아야 보호대상이 될 수 있기 때문에 그 국적이 중요하다. 협정에 따라서는 협정상대국에 거주하거나 주소를 가질 것, 영주할 것 등을 요구하는 등 국적 이외의 요소를 협정상대국의 투자자가 되기 위한 추가적 또는 대체적 요건으로 규정하는 경우도 있다.[13] 이스라엘과 같이 해당국에 거주하지도 않고 직접적인 연관도 없으면서 그 나라의 국적을 가진 디아스포라가 상당한 수에 달하는 국가의 경우 이들을 협정 적용에서 배제할 필요가 있을 수 있다. 반대로 호주, 미국 등 이민으로 형성된 국가들과 같이 인구의 상당 비율을 차지하는 사람들이 시민권은 없으나 그 나라에서 경제적으로 활발한 활동을 하고 있는 경우, 이들에게도 협정상 혜택을 주려면 국적보다는 영주 요건을 부과하는 것이 바람직할 수도 있다.[14] 그러나 대부분의 경우, 가장 중요한 기준은 역시 국적 요건이다.

(자연인 국적) 투자자인 자연인의 국적은 해당 국가의 국적에 관한 국내

법에 따라서 결정된다.[15] 우리나라의 경우 '국적법'에 따라 우리나라 국민의 국적이 정해진다. 자연인인 투자자가 이중국적자일 경우는 어떨까? 여기서 이중국적이란 협정상대국 국적뿐만 아니라 투자유치국의 국적이나 제3국의 국적을 동시에 가지고 있는 경우를 말한다. 이중국적 자연인 투자자의 국적 결정에 대한 규정을 포함하지 않고 있는 투자협정이 상당수 되지만, 협정에 따라서는 이중국적자에 대해 국적을 판정하는 기준을 규정하는 경우도 있는데, 대체로 '지배적이고 유효한' (dominant and effective) 국적이 어느 국가의 것이냐에 따라 그 나라의 국민으로만 인정하도록 한다. 이를 지배적이고 유효한 국적 원칙 (dominant and effective test)이라고 한다. 예컨대, 아래와 같은 규정을 볼 수 있다.

---

이중국적자인 자연인은 그의 지배적이고 유효한 국적국의 국민으로만 본다.

A natural person who is a dual national shall be deemed to be exclusively a national of the State of his or her dominant and effective nationality.

---

'지배적이고 유효한' 국적 원칙은 국제사법재판소(ICJ)가 1955년 Nottebohm 사건에서 어느 국가의 국적법에 따른 국적이 국제적으로 인정받기 위해서는 그 국가의 국적법을 통해 특정 자연인을 법적으로 결부시키는 것만으로는 충분하지 않고, 당해 국가와 자연인 간에 사실상의 진정한 유대(genuine linkage)에 기초한 유효한 국적이어야 한다고 판단한 판결에 기초하고 있다. 그러나 '지배적이고 유효한'이라는 것이 구체적으로 어떤 기준인지에 대하여 사전에 투자협정에 규정하는 사례를 찾아보기 힘들며, 실제로 투자분쟁이 발생할 경우 중재판정

부가 사실관계에 기초하여 판단을 내리도록 하는 것이 현실적일 것으로 보인다.

이 원칙과는 반대로 과거 한-이스라엘 투자보장협정처럼 양 당사국의 국적을 가지고 있는 경우에는 각각 자국민으로 간주하여 협정의 적용을 배제하는 유형도 있긴 하다. 참고로 한-이스라엘 투자보장협정은 이제 한-이스라엘 FTA의 발효로 FTA 투자 장으로 대체되었다. 한-이스라엘 FTA 투자 장에서는 이제 이중국적자에 대해서는 지배적이고 유효한 국적 원칙에 따라 국적을 정하도록 하고 있다.

**(기업 국적)** 투자자인 기업(법인)의 국적에 대해서도 살펴보자. 투자협정상 한국 기업 'k'사가 미국 현지에 'k 아메리카'라는 회사를 설립하였다면 k사는 투자자로서 한국 국적의 기업이고 k 아메리카는 투자로서 미국 국적의 기업이 된다는 것은 자명해 보인다. 그런데, A국과 B국이 투자협정을 체결한 상태에서, (i) 제3국인 C국의 기업이 투자자로서 100%의 지분으로 한쪽 당사국 A국에 투자하여 설립한 법인(지점이 아니고 별도의 법인인 자회사를 세웠다) p사가 다른 쪽 당사국 B국에 다시 투자한 경우나 (ii) B국의 기업이 투자자로서 다른 쪽 당사국 A국에 투자하여 설립한 법인 q사가 다시 B국에 투자한 경우, (iii) 한쪽 당사국 A국의 기업이 제3국인 C국에 법인 r사를 설립하였는데, 이 법인이 다시 다른 쪽 당사국 B에 투자한 경우 등과 같이 복잡한 관계로 얽혀 있을 경우, 이 기업들의 국적을 어떤 기준에 따라 결정해야 하는지에 대해서는 문제가 그리 단순하지는 않다.

기업들의 국적을 정하는 데에는 여러 기준이 있을 수 있겠지만, 우리나라를 포함한 많은 국가들은 회사를 설립한 장소를 기준으로 투자자의 국적을 인정하는 '설립지 기준'을 원칙으로 채택하고 있다. 설립지란 장소적 개념이지만, 법적으로는 해당 국가의 법률과 규정에 따라 설립된 것을 말한다. 위 한-베트남 FTA의 경우처럼 당사국 기업에 대한 정의가 아래와 유사한 방식으로 규정되어 있다면 이는 설립지 기준을 채택한 것임을 알 수 있다.

---

당사국의 기업이란 그 당사국의 법 및 규정에 따라 구성되거나 조직된 기업을 말한다.

Enterprise of a Party means an enterprise constituted or organized under the laws and regulations of the Party.

---

이 설립지 기준으로 위 투자사의 국적을 판단컨대, p사는 당사국 A국 내에 설립되었으므로 A국의 기업으로서 이 투자협정상 당사국의 투자자가 되며, q사도 당사국 A국 내에 설립되었으므로 A국의 기업으로서 이 투자협정상 당사국의 투자자가 된다. 그러나 r사의 경우에는 비록 이 법인이 당사국의 회사에 의해 세워지고 소유되고 있지만 제3국인 C국에서 설립되었으므로 C국의 기업이고 이 투자협정상 당사국의 투자자가 될 수 없다.

(혜택의 부인) 설립지 기준은 명확하고 안정적인 방식으로 투자자 기업의 국적을 결정하는 장점이 있다. 회사가 어느 나라의 법규에 따라 설립되었는지는 식별이 쉬워 의문의 여지가 적고, 이렇게 해서 결정된 회사의 국적은 쉽게 바뀌지 않을 것이기 때문이다.[16] 그러나 이 기준에 따를 경우, 협정상대국의 법규에 따라 설립만 된다면 그 나라와 실질적인 연관

관계가 없는 투자자까지 보호대상이 됨으로써 협정의 혜택이 유출되는 무임승차 문제가 발생하게 된다.[17]

우선 투자유치국의 자국민이나 자국 회사가 협정상대국의 법규에 따라 협정상대국 내에 회사를 설립하여 이를 소유·통제하고 있으나 그 나라에서 아무런 실질적인 영업활동을 하지 않는다면 자국민의 이런 명목적인 회사를 협정상대국의 투자자로 인정하기 어려울 것이다. 그리고 유사한 상황의 제3국인의 경우도 보자. 위의 예에서 p사가 A국에서 설립되었지만 C국 회사가 이 회사의 지분을 100% 소유하면서 실질적으로 소유·통제하고 있고 A국 내에서 실질적인 경제활동을 하지 않는다면 이 법인이 비록 형식적으로 A국의 투자자이지만 A국과 B국 간에 체결된 투자협정상의 혜택을 향유하는 것은 부당하게 보인다. 또 이런 경우도 있을 수 있다. p사가 A국에서 설립되었지만 C국 회사가 실질적으로 소유·통제하고 있고 C국이 투자유치국 B국과 외교관계가 없어 서로 정상적인 경제관계가 없다면 투자유치국인 B국의 입장에서는 이 회사를 협정에 따라 굳이 보호할 유인이 없게 된다. 이와 유사한 상황인데 특히나 B국이 C국에 대하여 경제제재를 부과해야 하는 상황에 있는 경우는 더욱 그럴 것으로 보인다.[18]

이런 무임승차 문제를 해결하기 위해 설립지 기준을 사용할 때에는 협정상대국의 법령에 따라 설립되었으나 제3국의 투자자 또는 자국의 투자자가 소유하거나 통제하는 기업에 대해서는 설립지인 협정상대국에서 어떠한 실질적인 경제활동(substantial business activities)을 하지 않거나 그 제3국이 투자유치국과 정상적인 경제관계(normal economic relations)가 없는 국가인 경우에는 투자유치국이 해당 투자자 및 투자자의 투자에 대하여 협정의 혜택을 배제할 수 있도록 하고 있다. 이를 '혜택의 부인'(denial of benefit)이라고 한다. 다른 협정의 예도 많지만, 표준적인 규정으로 볼 수 있는 한-미 FTA 투자 장의 규정을 살펴보자.

---

1. 당사국은, 비당사국의 인(人)이 다른 쪽 당사국의 기업을 소유하거나 지배하고 있는 경우로서 혜택부인 당사국이 다음에 해당하는 경우, 그러한 기업으로서 다른 쪽 당사국의 투자자와 그 투자자의 투자에 대하여 이 장의 혜택을 부인할 수 있다.

가. 그 비당사국과 정상적인 경제관계를 유지하고 있지 아니하는 경우, 또는

나. 그 기업과의 거래를 금지하는 조치 또는 이 장의 혜택이 그 기업이나 그 기업의 투자에 부여될 경우 위반되거나 우회될 조치를 그 비당사국 또는 그 비당사국의 인(人)에 대하여 채택하거나 유지하는 경우

2. 당사국은, 다른 쪽 당사국의 기업이 다른 쪽 당사국의 영역에서 실질적인 영업활동을 하지 아니하고 비당사국의 인(人) 또는 혜택부인 당사국의 인(人)이 그 기업을 소유하거나 지배하는 경우, 그러한 기업으로서의 다른 쪽 당사국의 투자자와 그 투자자의 투자에 대하여 이 장의 혜택을 부인할 수 있다.

1. A Party may deny the benefits of this Chapter to an investor of the other Party that is an enterprise of such other Party and to investments of that investor if persons of a non-Party own or control the enterprise and the denying Party:

(a) does not maintain normal economic relations with the non-Party; or

(b) adopts or maintains measures with respect to the non-Party or a person of the non-Party that prohibit transactions with the enterprise or that would be violated or circumvented if the benefits of this Chapter were accorded to the enterprise or to its investments.

2. A Party may deny the benefits of this Chapter to an investor of the other Party that is an enterprise of such other Party and to investments of that investor if the enterprise has no substantial business activities in the territory of the other Party and persons of a non-Party, or of the denying Party, own or control the enterprise.

---

이 조문에서는 협정상대국의 기업을 소유하거나 지배하고 있는 투자자의 모국인 제3국이 혜택부인 당사국과 정상적 경제관계가 없는 경우가 제1항에, 협정상대국의 투자자가 협정상대국 내에서 실질적 경제활동이 없는 경우가 제2항에 규정되어 있다. 문장이 복잡하고 당사국(Party)이라는 단어가 여러 번 나와 이해가 쉽지 않지만, 한쪽 당사국(A Party)은 혜택을 부인하려고 하는 투자유치국, 다른 쪽 당사국(the other Party)은 협정상대국으로 생각하고 읽어 보면 이해가 용이하다.

협정상대국 내에서 실질적인 영업활동을 수행하지 않고 있는 기업을 '명목회사', 흔히들 '페이퍼 컴퍼니'(paper company)라고 부른다. 이런 페이퍼 컴퍼니에 대해서는 투자협정상 혜택부인 조항이 있으면 투자유치국이 이 조항을 원용하여 해당 투자자에 대해 협정상의 보호를 거부할 수 있다. 예컨대, 형식적으로는 미국(협정상대국)의 법률에 따라 설치되어 있어 미국의 기업이라고 할 수 있겠으나 사우디아라비아인(비당사국의 인) 또는 한국인이 소유·통제하고 있고 미국에서는 실질적인 영업활동을 하지 않는 이 기업이 한국에 투자한 경우, 한국 정부는 한-미 FTA의 혜택부인 조항에 따라 해당 기업을 미국의 투자자로 인정하지 않음으로써 이 기업이 한-미 FTA의 혜택을 무임승차하는 것을 방지할 수 있다.

우리나라가 체결한 투자협정을 보면, 과거에는 상당수의 투자보장 협정에 혜택부인 조항이 없었다. 그러나 그 후, 페이퍼 컴퍼니에 의한 무분별한 ISDS 제소 방지를 위해 혜택부인 조항을 둘 필요성이 있다는 인식이 생기면서 우리 정부는 2012년부터는 이 조항을 투자협정에 포함한다는 입장을 갖고 협상에 임하고 있다. 그 결과, 아르메니아, 미얀마, 우루과이, 카메룬, 케냐, 르완다, 일본, 한-중-일 투자보장협정과 모든 FTA 등 비교적 최근에 체결된 투자협정에는 혜택부인 조항이 포함되었다.

여기서 '혜택'이란 투자협정에서 이 조항의 취지상 일반적으로 '협정상의 혜택'으로 규정되기 때문에 실질적 권리(투자협정상의 투자자와 투자에 대한 각종 보호 규범)와 절차적 권리(ISDS 제도 활용) 모두를 지칭하는 것으로 해석된다. 또한 투자협정은 이러한 상황하에 있는 기업에 대해 투자유치국이 혜택부인을 '할 수 있다'(may)라고 규정하는 것이 일반적이므로, 이 기업이 원천적으로 협정상의 보호 밖에 놓이는 것이 아니라 투자유치국이 이 기업에 대하여 혜택부인을 하고자 하는 의사표시를 하였을 때 비로소 혜택의 부인이 발생하는 것으로 이해하는 것이 옳을 것이다.

특정 투자자가 협정상대국에서 실질적인 영업활동을 하고 있는지 여부는 투자유치국이 평소에는 알기 어렵기 때문에 현실적으로 혜택부인 문제는 ISDS 심리과정에서 투자유치국이 알게 되어 원용하는 경우가 많다. 그러므로 혜택부인 조항은 투자유치국이 ISDS 피청구국이 된 경우 청구인 투자자의 자격에 관한 항변사유로 이용되는 것이 일반적이다. 이 경우 피청구국은 가능한 한 사전에 다른 쪽 당사국에게 자신이 혜택부인 조항을 원용코자 함을 통보하는 절차를 취하도록 하고 있다.

혜택부인 조항에 따라 중재 관할권이 부인된 사례 하나를 살펴보자. 미국 광산 지주회사 Pac Rim Cayman LLC사는 엘살바도르에 현지 법인을 설립하여 다수의 광산 채취·가공사업을 하던 중 새로운 광구의 채굴허가와 환경허가 신청을 하였으나, 엘살바도르 정부가 허가를 거부하여 손해가 발생하였다며 2009년 국제중재를 제기하였다. 엘살바도르 정부 측은 Pac Rim Cayman LLC사가 미국에서 어떠한 실질적인 영업 활동을 하지 않았고 Pac Rim Cayman LLC사를 소유·통제한 회사는 Pacific Rim Mining Corporation이라는 캐나다 국적의 회사임에 비추어 자국이 이 회사에 대하여 혜택부인 조치를 취했으므로 이 사건은 미-중남미 FTA(DR-CAFTA)상 관할권이 없다고 주장하였다. 중재판정부는 Pac Rim Cayman LLC사가 당초 케이만 군도에서 미국으로 국적을 옮긴 이후에도 미국 내에서 이사회도 없고 은행구좌도 열지 않는 등 지주회사로서의 전형적인 활동이 거의 전무한 형태가 유지되었으므로 그 활동의 수준을 실질적(substantial)이라고 하기 어렵다고 하면서 DR-CAFTA의 당사국이 아닌 캐나다의 회사가 청구인 Pac Rim Cayman LLC사를 소유하고 있으므로 혜택 부인 조치의 요건을 충족하였다고 판단하였다. 중재판정부는 나아가 피청구국이 중재절차가 진행 중인 시점에서 혜택부인 조치를 취한 것은 시기를 놓친 것이라고 한 청구인의 주장에 대해서는 협정상 혜택부인 조치를 취하는 데는 시한이 없으므로 중재절차상의 서면입장 제출 일정을 지키는 한, 문제될 것이 없다고 하면서 결국 투자유치국의 혜택부인 조치로 인해 이 사건에 대해서는 관할권이 없다고 판정하였다. (Pac Rim 대 엘살바도르 사건, ICSID ARB/09/12, 2012.6.1. 관할권 판정)

(기업 국적에 대한 다른 기준) 앞에서 투자자로서의 기업(법인)의 국적 판단 기준은 설립지 기준이 가장 많이 채택되지만 다른 기준도 있다고 언급했는데, 이들 기준을 참고로 잠시 보도록 하자.19 우선 누가 법인을 소유·통제하고 있는지에 따라 법인의 국적을 구별하는 기준이 있을 수 있다. 이를 '소유통제'(ownership or control) 기준이라고 한다. 이 기준은 회사의 국적이 당사국과 실질적인 관계가 있는지 여부를 판단하는 데 가장 적합하다는 장점이 있는 반면, 특히 상장기업의 경우 소유·통제하는 자가 수시로 바뀔 수 있기 때문에 하나의 확정적 기준으로 삼기에 어려움이 있다.20 또 하나의 기준은 회사의 실질적인 경제활동이 이루어지고 최종 의사결정을 하는 최종 의사결정권자가 어디에 있는지를 기준으로 구분하는 것이며, '본부'(seat) 기준이라고 한다. 투자협정에 따라서는 이런 기준을 채택할 수도 있고 경우에 따라서는 세 가지 기준을 적절히 혼합하여 사용할 수도 있으므로, 해외 투자자 입장에서는 투자한 나라와 우리나라가 맺은 투자협정의 혜택을 향유하려면 해당 투자협정에서 투자자 회사의 국적 기준을 어떻게 정하고 있는지 면밀히 살펴볼 필요가 있다.

## 설립 전 투자와 설립 후 투자

투자는 진출 단계별 관점에서 볼 때 설립 전 단계의 투자(pre-establishment investment)와 설립 후 단계의 투자(post-establishment investment)로 구분할 수 있다. 설립 전 투자란 외국의 투자자가 투자유치국에 투자하려고 시도하는 단계에 있는 투자를 말하는 것이다. 아직 실제로 사업체를 설립하지 않았는데, 무슨 투자라고 인정한다는 것인지 그 개념이 모호해서 얼른 다가오지 않을 수 있다. 그런데 실제로 해외 투자를 하기 위해서는 사전 준비단계에서 해야 할 일들이 많다. 최근의 일반적인 경제활동 양상을 볼 때 외국인 투자 진입에 대한 투자유치국의 규제 정도와 상관없이 최종 투자에 이르기까지 임시사무소 개설, 사전 타당성 조사 등에 막대한 시간과 자금이 투입되는 것이 현실이다. 이것들을 통틀어서 설립 전 투자라고 부르는 것이다. 그런데 투자를 실제로 실행하기 위한 준비 작업이 어느 정도까지 진척되었을 때 설립 전 투자로 인정할 수 있을 것인가 하는 문제가 대두된다. 외국 투자자가 투자유치국에 투자를 하기 위한 목적으로 사전에 자원을 동원하는 구체적인 행동을 취하는 경우나 투자유치국 정부에 신고하거나 승인을 받기 위해서 절차를 개시하기 위한 구체적인 행동을 취하는 경우 등을 설립 전 투자로 보는 것이 대표적인 예가 될 수 있다. 실제로 한·미 양국은 2018년 한-미 FTA를 개정하여 투자자가 투자 사업을 전개하기 위해 자원이나 자본을 동원하거나 투자 설립 허가를 신청하는 등과 같은 구체적인 행동(concrctc actions)을 취하여야 설립 전 투자로 인성받는다는 것을 명시하여 그 기준을 명확하게 하였다.

설립 전 투자와 설립 후 투자라는 두 가지 개념의 구별이 중요한 이유는 투자유치국이 투자를 허용, 보호해야 하는 시점이 투자협정의 유형에 따라 서로 다르기 때문이다. 앞에서 투자협정은 외국인 투자를 보호하기 위한 전통적인 조약인 투자보장협정과 근래 체결하기 시작한 FTA의 투자 장(章)이라는 두 가지 유형이 있다고 하였다. 그런데 이 두 가지 유형의 투자협정은 설립 전 투자와 설립 후 투자를 보호하는 방식이 서로 다르다.

**(투자보장협정이 보호하는 투자의 범위)** 우선 투자보장협정부터 살펴보자. 우리나라가 체결한 투자보장협정은 원칙적으로 설립 후 투자에 대해서만 투자유치국의 각종 투자자 및 투자 보호 의무를 규정하고 있다. 우리가 아는 대로 어느 국가든 외국인의 입국을 조건 없이 허용해야 한다는 국제법적 의무를 지고 있지는 않다. 이것이 국제관습법이다.[21] 그래서 비자(사증) 제도가 있는 것이다. 비자는 특정 외국인이 자국에 입국하는 것을 허가하는 행위이다. 외국인 투자도 마찬가지이다. 대부분의 국가는 외국인 또는 외국 기업이 자국의 영역 내에서 투자하는 것을 무조건적으로 허용하지는 않는다. 특히 통신·전력·방송 등 사회적으로 중요한 부문, 방위산업 등 국가 안보에 중요한 산업, 영화·출판·신문 등 문화적 가치와 관련된 분야에서는 외국인 투자자에게 선별적으로만 자국 내 투자를 허용한다.[22] 투자보장협정은 외국인 투자자의 투자 진출을 허용할 것인지, 허용한다면 어느 조건에서 허용할 것인지의 여부(설립 전 투자)는 전적으로 투자유치국이 재량권을 가지고 자국의 국내법에 따라 결정하도록 하는 대신, 일단 이렇게 해서 투자유치국에 진출한 투자(설립 후 투자)에 대해서만 협정에 정한 여러 보호 의무를 지도록 한다. 달리 말하자면, 투자보장협정은 진입 단계에 있는 외국인 투자에 대한 자유화 문제는 다루지 않고 투자유치국의 국내법에 따라 이미 허가되어 설립된 외국인 투자에 대해서만 내국민대우 등 여러 의무 사항을 규정한다. 이 경우 대개 '투자'의 정의에 '일방 체약국의 법률과 규정에 따라 이루어진' 투자라는 표현이 붙는다.

　우리나라가 체결한 투자보장협정 중 설립 후 투자 보호뿐만 아니라 투자 자유화까지 포괄적으로 규정하여 설립 전 투자까지 보호토록 한 협정은 한–일 투자협정이 유일하다. 한–일 투자협정은 그래서 '대

한민국 정부와 일본 정부 간 투자의 자유화·증진 및 보호에 관한 협정'
이라는 독특한 이름이 붙는다. 미국 모델 투자협정문도 설립 후 투자
보호뿐만 아니라 투자 자유화까지 포괄하고 있다. 한-미 FTA를 체결하
기 전인 1990년대 말에 한-미 투자협정 체결이 추진된 적이 있었는데,
이 협정도 미국의 모델 투자협정문에 따라 투자 자유화까지 포괄하는
것을 상정하고 있었다. 결국 스크린 쿼타 문제 등 여러 가지 사정으로
협상이 실패로 끝났는데, 그 후 투자 자유화까지 포괄하는 한-미 FTA
가 체결됨으로써 자연스럽게 설립 전 투자가 보호되게 되었다.

    이렇듯 투자보장협정에서는 설립 전 투자에 대한 투자유치국의
의무가 규정되지 않는 것이 일반적인데, 외국인 투자자가 설립 전 투
자에 대한 투자유치국의 의무 위반을 주장하면서 ISDS 청구를 하여 결
국 패소한 실제 사례를 들어 보겠다. 미국 기업 Mihaly International
Corporation사는 스리랑카의 어느 한 주 정부가 전력공급 부족 문제를
해결하기 위해 발주한 발전소 건설 사업 입찰에 참여하여 우선협상 대
상자로 선정되고 투자의향서를 체결한 후 계약조건에 관한 협상에 돌입
하였다. 여러 차례 협상기간을 연장하면서 협상을 진행하였으나 양측은
공급 전력의 가격 문제에 대한 이견을 좁히지 못하고 결국 전력 공급
계약 체결에 실패하였다. Mihaly 사는 미-스리랑카 투자보장협정을 근
거로 스리랑카 정부를 상대로 2000년 국제중재에 회부하였다. 스리랑카
정부는 Mihaly 사가 최종 계약 이전에 투입한 자금은 설립 전 투자에
해당하며 당시의 미-스리랑카 투자보장협정에서는 설립 전 단계의 투
자는 적용대상투자가 아니므로 이 협정의 보호범위 밖에 있다고 지적하
였는데, 중재판정부는 스리랑카 정부의 손을 들어주면서 중재 관할권이
없다는 판정을 내렸다. (Mihaly USA 대 스리랑카 사건, ICSID ARB/00/2,

2002.3.15. 판정)

**(FTA가 보호하는 투자의 범위)** 그럼, FTA는 어떨까? FTA는 투자 자유화를 전제로 하고 있으므로 설립 후 투자에 대한 보호는 물론, 설립 전 단계의 투자에 대한 보호를 포함한다. 투자보장협정이 설립 후 투자만 보호하는 반면, FTA의 투자 장은 설립 후 투자는 물론, 설립 전 투자까지 당사국이 합의한 범위 내에서 원칙적으로 보호하는 것이다. 설립 전 단계의 투자를 원칙적으로 보호한다는 것은 투자 진입 허용 여부를 전적으로 투자유치국의 재량권에 맡기지 않고 FTA 당사국들이 협상을 통하여 내국민 투자자와 외국인 투자자 간의 차별 등을 하지 못하도록 한다는 뜻이다. 이것이 전통적인 투자보장협정과 크게 구별되는 측면이라고 할 수 있다.

   그렇다고 해서 FTA 체결 시에서는 설립 전 투자를 아무 조건 없이 모두 허용해야 한다는 뜻은 아니다. 다른 쪽 당사국 투자자에게 허용되는 투자 진입의 범위에 대한 구체적인 약속은 FTA 협상 당시 당사국 간의 협상을 통해 정해지게 된다. 즉, FTA의 투자 장은 설립 후 투자에 대한 보호 의무는 물론, 특정 산업 진입에 대한 외국인 투자를 제한하거나 금지하는 것을 투자유치국의 재량에 두지 않고 투자 진입의 허용(자유화) 내용과 폭을 협상에 의해 확정한 후 이를 FTA 내에 규정하게 되는 것이다. 이 경우 '투자'의 정의에는 '일방 당사국의 법률과 규정에 따라 이루어진' 투자라는 표현이 붙지 않게 된다. 따라서 외국 투자자 입장에서는 투자유치국의 법령의 내용을 굳이 따져보지 않고도 FTA에서 투자유치국이 약속한 내용을 보면 어느 분야가 투자 진입이 가능한 분야인지를 판단할 수 있다. 그만큼 투자 진입 환경의 불확실성이 제거되는 효과가 있는 것이다. 이런 이유로 FTA는 투자보호 이외에도 투자 자유화 요소를 다룬다고 하는 것이다.

**(투자협정문 조항 표현)** 그런데, 사실 투자협정문에서는 설립 전 투자나 설립 후 투자라는 표현을 명시적으로 포함하는 경우가 많지 않다. FTA의 투자 장에서 정의 조항을 보면, '투자하고자 시도하는'(attempt to make an investment, seek to make an investment), '투자를 설립하거나 인수하는'(establish or acquire an investment), 또는 '설립, 인수, 확장' (establishment, acquisition, expansion)이라는 표현들이 자주 보인다. 투자 유치국 내에 처음으로 법인을 세우는 행위(설립), 투자유치국 기업의 주 식을 취득함으로써 새로운 투자 진출을 하는 행위(인수), 새로운 분야로 투자를 넓히는 경우 그 부분에 대한 투자(확장) 등은 모두 설립 전 투자 를 지칭하는 표현이다. 한편, 설립 후 투자에 대해서는 협정문에서 일 반적으로 기존의 투자를 '경영, 영업, 운영, 매각 또는 그 밖의 처분' (management, conduct, operation, sale or other disposition of investment)하 는 행위로 표현한다.

**(유보)** 앞서 FTA에서는 원칙적으로 설립 전 투자를 적용대상으로 하는 것을 전제로 하여 외국인 투자가 투자유치국 내에 진입할 수 있는 내용 과 폭을 협정문에 기재한다고 설명하였다. 외국인 투자의 투자유치국 진출 허용 내용과 폭은 투자협정상의 4가지 의무에 제한을 두면서 결정 된다. 여기에서 4가지 의무란 제2편에서 설명할 (i) 내국민대우 의무, (ii) 최혜국대우 의무, (iii) 이행요건 부과 금지 의무, 그리고 (iv) 고위 경영진 및 이사회 국적 제한 금지 의무를 말한다. 투자유치국은 보통

FTA 체결을 위한 교섭과정에서 투자 부문별로 이 4가지 의무에 대한 각 당사국의 제한 내용을 서로 협상하여 정하고 이를 협정문 부속서에 당사국별로 따로 기재한다. 이를 전문용어로 '비합치조치의 유보'라고 부른다. 특정 산업부문에 이 4가지 의무에 배치되는 내용이 현재 시행되고 있어 이를 유지하겠다고 하거나, 이 의무와 다른 내용을 미래에 채택하게 될 가능성이 있어 이들 부문에서는 해당 의무에 제한을 둘 수 있다는 것을 사전에 투자협정에 명시해두는 것이다. 그렇지 않으면 협정 위반이 되기 때문이다.

또한 현재 시행되고 있는 조치로서 이렇게 각국이 유보한 내용은 향후 추가적으로 자유화하는 방향으로, 즉 유보내용을 축소하여 의무 이행을 확대하는 방향으로 국내 법규를 개정할 수는 있어도 종전보다 후퇴하는 방향으로, 즉 유보내용을 확대하는 방향으로 개정하는 것은 허용되지 않는다.23 무역·투자 자유화를 지향하는 FTA다운 장치이다. 끝으로 주목할 점이 하나 있다. FTA에서 이렇게 유보할 수 있는 의무는 위 4가지 의무에 한정되고, 대우의 최소기준(공정·공평 대우 의무, 충분한 보호 및 안전 제공 의무 포함)이나 수용 및 보상 조항은 유보할 수 없는 의무사항이라는 점이다. 이들 의무들은 어떠한 경우에도 투자유치국으로서 준수하지 않으면 안 된다는 것이다.

**(유보방식)** 다소 기술적인 사항으로 생각되지만, FTA 협정문에서 비합치조치를 유보하는 방식에는 두 가지가 있다. 첫 번째 방식은 외국인 투자에 대하여 4가지 의무를 적용하는 분야를 열거하는 목록을 작성하는 방법(허용분야 열거방식, positive list approach)이다. 이 방법에 따를 경우, 이렇게 명시된 분야에만 4가지 의무가 기재된 내용대로 적용되고 그 밖

의 분야에는 의무가 적용되지 않는다. 두 번째 방식은 외국인 투자에 대하여 4가지 의무를 적용하지 않는 분야를 열거하는 목록을 작성하는 방법(제한분야 열거방식, negative list approach)이다. 이렇게 되면, 목록에 달리 언급되지 않는 한, 원칙적으로 외국인 투자에 대해 4가지 의무가 적용되는 것이다. 달리 말하자면, 전자의 방식은 외국인 투자에 대하여 투자유치국의 재량권을 존중하여 4가지 의무를 인정하지 않는 것을 기본 세팅(default)으로 하여 예외적으로 4가지 의무를 적용하는 분야를 기재하는 것이고, 후자의 방식은 외국인 투자에 대해 4가지 의무를 인정하는 것을 기본 세팅으로 하여 예외적으로 4가지 의무를 적용하지 않는 분야를 기재하는 것이다. 목록 작성 범위에 따라 다르기 때문에 어느 방식이 4가지 의무를 더 많은 분야에서 제공하는 방식이라고 일률적으로 말할 수는 없지만, 일반적으로 보다 높은 자유화를 추구하는 FTA에서는 후자인 제한분야 열거 방식(negative list approach)을 택하는 경향이 있다. 참고로 한-EU FTA와 서비스무역에 관한 WTO 일반협정인 GATS(General Agreement on Trade in Services)은 전자의 방식이, 한-미 FTA를 비롯한 상당수의 FTA는 후자의 방식이 사용되었다.

다시 정리하자면, 투자협정에는 투자보장협정과 FTA의 투자 장이 있는데, 투자보장협정은 설립 후 투자에 대한 보호 의무만 있고, FTA의 투자 장은 설립 후 투자뿐만 아니라 설립 전 투자도 다룬다. 그런데 FTA에서 투자유치국이 설립 전 투자에 대하여 FTA에 정한 의무를 전면적으로 부담해야 하는 것은 아니어서 그 부담범위를 기재한 유보 목록이라는 것을 작성하여 협정문에 포함시킨다. 투자보장협정은 애초에 설립 전 투자를 다루지 않기 때문에 유보 목록이라는 것이 있을 수 없다. 아무튼 이 '설립 전 투자'와 '설립 후 투자'라는 용어는 앞으로 투자자 및 투자의 보호를 다루게 될 제2편과 권리구제절차를 설명하는 제3편에서 지속적으로 언급될 것이다. 지금 단계에서 그 개념을 확실하게 잡아두기 바란다.

# PART
# 02

## 투자 및 투자자의 보호

# 일반적 대우 의무 / 상대적 기준

## 보호기준

협정상대국의 투자자와 그 투자자가 행한 투자를 투자유치국이 보호할 의무가 투자협정의 실체적 내용인데, 앞으로 이러한 의무를 개별적으로 하나씩 살펴보기에 앞서 이러한 의무들이 개념적으로 위치하고 있는 큰 그림을 우선 그려보고자 한다.

투자유치국의 투자보호 의무는 크게 상대적인 보호기준에 따른 것과 절대적인 보호기준에 따른 것으로 나눌 수 있다.[1] 내국민대우(NT, national treatment)와 최혜국대우(MFN, most-favored-nation treatment)는 비교대상이 되는 자국민과 제3국민에 비해 불리하지 않은 대우를 협정상대국 투자자나 투자에 부여해야 한다는 원칙으로서 상대적인 보호기준에 따른 의무이다. 한편, 공정·공평 대우(FET, fair and equitable treatment)와 충분한 보호 및 안전의 제공(full protection and security)을 포함한 대우의 최소기준, 이행요건(performance requirements) 부과 금지,

고위경영진 및 이사회 국적 제한 금지, 자유로운 송금 보장, 수용 및 보상 등과 같은 의무는 절대적 보호기준에 따른 의무라고 할 수 있다. 절대적 보호기준이란 자국민이나 제3국민에게 어떤 수준의 대우를 부여하는지에 상관없이 협정에 정한 일정 수준의 보호를 부여해야 한다는 의미이다.

투자협정에 내국민대우나 최혜국대우 의무만 있을 경우, 외국 투자자 및 투자에 대한 보호가 투자유치국이 자국민이나 제3국인에 대해 대우하는 수준의 종속변수가 될 것이다. 이렇게 되면 외국인 투자를 보호하는 데 필요한 일정 수준의 법적 확실성을 제공하기가 어려울 수 있다. 따라서 투자유치국이라면 국내법 체제에 따라 보호수준이 달라질 수 없는 어떤 일반적인 수준의 투자보호를 하도록 하기 위한 최소한의 장치가 있어야 하는데, 이것이 바로 절대적 보호기준에 따른 의무이다.

또한, 투자협정에서 정하는 이러한 절대적 보호기준에 따른 의무를 개념적으로 일반적 대우 의무와 특정적 대우 의무로 나누어 볼 수 있다.[2] 공정·공평 대우와 충분한 보호 및 안전의 제공을 포함한 대우의 최소기준은 보다 포괄적인 일반적 대우 의무에 속하고, 여타 의무는 구체적 상황과 연계된 특정적 대우 의무라고 할 수 있다.

---

상대적 보호기준에 따른 의무 = 내국민대우 + 최혜국대우

절대적 보호기준에 따른 의무 = 일반적 대우 의무(대우의 최소기준) + 특정적 대우 의무(이행요건 부과 금지, 고위경영진 및 이사회 국적 제한 금지, 자유로운 송금 보장, 수용 및 보상 등)

---

투자유치국은 상대적 보호기준뿐만 아니라 절대적 보호기준을 유지할 의무가 있다. 투자유치국이 내국민대우와 최혜국대우에 따라 외국

인 투자자 및 투자에 대하여 자국민이나 제3국의 투자자 및 투자보다 불리하지만 않다면 어떠한 대우를 해도 괜찮은 것은 아니다. 내·외국인 간의 비교에 관계없이 외국인 투자에 대해서 준수해야 할 최소한의 절대적 기준에 따른 대우를 부여했을 때 투자유치국이 비로소 협정상의 의무를 다했다고 할 수 있다.

**(보호 의무의 비적용)** 투자협정은 일반적으로 정부조달과 보조금에 대해서는 투자유치국의 협정상 의무가 적용되지 않는다고 규정하는 경우가 많다. 협정에 따라서는 이 분야에서 적용되지 않는 의무로 내국민대우, 최혜국대우, 고위경영진 및 이사회 국적 제한 금지 규정 등을 명시하는 경우도 있다. 정부조달 분야는 상품무역을 관장하는 WTO에서도 일반적인 무역자유화와 다르게 취급하고 있다. 대외적으로 달리 약속하지 않는 한, 정부가 물품이나 서비스를 정부의 용도로 구매할 때에는 내국민대우나 최혜국대우 의무와 상관없이 자국 회사가 생산한 물품 또는 서비스나 특정 외국회사가 생산한 물품 또는 서비스만 구매하는 것이 허용된다. 보조금의 경우에도 외국인 투자자에게는 주지 않고 내국민에게만 주는 것이 허용된다.

　　캐나다 회사 ADF Group Inc.는 미국 연방정부가 발주한 고속도로 인터체인지 건설 공사에 건설업자로 참여하였는데, 특정 연방기금을 사용하는 하도급 업체들은 미국산 자재를 일정비율 이상 사용하도록 강제하는 Buy America 정책을 미국 정부가 시행하고 있어, 이 회사는 100% 미국에서 생산되고 가공된 철재만 사용해야 했다. 이 회사는 이 정책이 국산부품 사용을 강제하는 이행요건을 부과하지 못하도록 한 NAFTA 규정에 배치된다고 주장하면서 국제중재를 청구하였다. 미국은

Buy America 정책이 이행요건 부과인 것은 맞으나 정부조달은 NAFTA의 적용대상이 아니므로 이 이행요건 부과 금지 의무가 정부조달에는 적용되지 않는다고 반박하였는데, 중재판정부는 해당 공사가 정부조달임을 확인하고 NAFTA상의 이행요건 부과 금지 의무는 정부조달에는 적용되지 않음을 근거로 미국의 손을 들어 주었다. (ADF 대 미국 사건, ICSID ARB(AF)/00/1, 2003.1.9. 판정)

(비합치 조치의 유보) 이처럼 정부조달과 보조금은 원천적으로 투자협정에서 제외되는 분야이다. 이와는 별도로 제2장에서 설명한 바 있는 유보 분야도 각 당사국에 대하여 자신이 유보한 한도에서 투자협정에서 제외된다는 것을 상기하시기 바란다.

지금까지 설명한 각종 의무가 투자협정에서 차지하는 위치를 정리하자면, 아래와 같다고 할 수 있다.

| 투자협정 의무 범위 | | 제외 |
|---|---|---|
| 상대적 기준 의무 | 절대적 기준 의무 | |
| 내국민대우 | 일반적 의무(대우의 최소 기준 = 공정·공평 대우 + 충분한 보호·안전 제공 등) | |
| 최혜국대우 | | 보조금 |
| | 특정적 의무(이행요건 부과금지, 고위경영진 및 이사회 국적 제한 금지, 송금 보장 등) | |
| | | 정부조달 |
| 제외 | 유보분야 | |

## 내국민대우 의무

상대국의 투자자나 투자에 대해 자국의 투자자나 투자에 비해서 불리하지 않은 대우를 제공해야 한다는 원칙이 내국민대우(NT, national treatment) 원칙이다. 이 원칙은 달리 말하면 국적에 기초한 차별을 해서는 안 된다는 원칙이다. 내국민대우 원칙은 최혜국대우 원칙과 함께 무역·투자규범의 근간을 이루는 비차별 원칙의 두 기둥이라고 할 수 있다. 내국민대우 원칙은 원래 12~13세기경 한자동맹 국가들이 외국 무역업자와 자국 무역업자 간 차별을 해서는 안 된다는 관념을 협정에 조문화한 사례까지 거슬러 올라간다고 한다.3 이렇듯 내국민 대우는 무역협정의 기본원칙으로서 상품무역에 관한 WTO 일반협정인 GATT (General Agreement on Tariffs and Trade) 제3조와 서비스 무역에 관한 WTO 일반협정인 GATS(General Agreement on Trade in Services) 제17조에 규정되어 있다.

상품무역 분야에서 내국민대우 원칙이 1947년 GATT에 반영되게 된 경위를 살펴보면 내국민대우의 경제적 의의를 보다 분명히 이해할 수 있다.4 1947년 GATT가 출범한 이후 국가들이 국제무역을 증진하기 위한 목적으로 진행한 여러 차례의 무역협상 라운드의 기본적 초점은 국제 상품무역을 제한하는 관세 등 국경조치를 점진적으로 자유화하는 것이었다. 국내산업에 비교우위를 부여하는 국경조치의 주요한 수단이 수입상품에 부과하는 관세였기 때문이다. 관세는 수입되는 상품의 가격을 높이게 되므로 수입상품은 국산품보다 가격경쟁력에서 열위에 있게 된다. GATT 체약국들은 이렇게 협상을 해서 각국의 관세를 인하토록 한 후 그 수준으로 묶는 약속을 서로 하게 되었다. 이렇게 묶은 관세약속을 전문용어로는 bound tariff 또는 tariff concession이라고 하는데 우리말로는 '양허관세', '관세양허'라고 부른다. 그런데 이렇게 서로 약속한 낮은 관세를 내고 국내시장으로 수입된 상품에 대하여 수입국이 국산품에는 없거나 낮게 부과하는 내국세를 높게 부과한다든지 여러 가지 추가적인 규제를 가하면 관세인하의 효과가 상쇄된다. 그래서 GATT 체약국들은 일단 국경을 넘어 들어온 상품, 즉 수입된 외국 상품에 대해서는 국산품과 차별되는 이러한 조치를 하면 안 된다는 원칙에 미리 합의를 해 두었다. 이것이 바로 내국민대우이다. 즉, 내국민대우라는 것은 관세 약속이라든지 여타 관세 이외의 국경조치에 대한 국제적 약속이 국내조치에 의해 상쇄되거나 무효화되는 것을 막는 장치인 것이다. 이것이 무역에 있어서 내국민대우가 갖는 경제적 의미이다.

투자 분야에 있어서도 마찬가지이다. 외국인 투자가 투자유치국 내로 진입하는 데에는 국내법에 따라 여러 가지 장벽이 있을 수 있다. 단순하게 말하자면, 이러한 장벽은 국내 투자자를 외국 투자자와의 경쟁에서 차단하기 위한 것이다. 그런데, 투자유치국이 무슨 이유에서든 일단 이러한 장벽을 걷어내어 외국인 투자의 국내 진입을 허용했다면, 이 외국인 투자자와 투자에 대해서는 유사한 상황에 있는 내국인 투자자와 투자와 비교했을 때 이보다 불리하지 않은 보호를 부여하여 상호 경쟁관계가 저해되지 않도록 해야 한다는 것이다. 내국민대우는 결국 투자유치국 내에서 내·외국인 투자자 및 투자에 공정한 경쟁의 장, 즉 기울어지지 않은 운동장을 보장하는 장치인 것이다.

내국민대우는 투자협정상 외국인 투자자와 투자에게 부여하는 가장 기본적인 의무 중의 하나이다. 외국인을 내국민과 동일한 수준으로 대우해야 한다고 하는 이 원칙은 지난 수백 년 동안 내·외국인 간 차별을 당연시해 온 역사적 사실에 비추어 볼 때 이론적으로는 정치·경제적으로 민감한 이슈일 수가 있다. 그러나 현실적으로는 대부분의 국가들이 세제상의 혜택이나 부지 제공 등의 혜택을 부여하면서 외국인 투자를 유치하기 위해 애쓰고 있어 어떤 경우에는 외국인 투자자가 내국민보다 더 많은 특혜를 받고 있다고도 볼 수 있다. 이러한 사실을 상기해 볼 때, 오늘날에 와서는 내국민대우는 외국인 투자 유치를 위한 충분조건이기는커녕, 가장 기초적인 필요조건밖에는 되지 못한다고 할 것이다.[5] 만약 어떤 나라가 내국민대우를 투자협정에 포함하는 것에 반대한다면 이는 외국인 투자 보호를 정면으로 거부하는 것이 될 것이기 때문이다. 내국민대우는 외국인 투자 보호를 위한 가장 기초적인 조건으로서 투자협정상의 기본 중의 기본인 원칙이라고 하겠다.

(차별의 내용) 내국민대우는 그 취지에 비추어 볼 때 협정상대국 투자자와 내국민을 법률상(de jure) 차별하지 않는 것은 물론이고 사실상(de facto)으로도 차별하지 않아야 한다는 뜻을 포함하고 있다.[6] 법령에 근거한 차별은 물론이고 겉으로 보기에는 차별적이지 않으나 실질적으로는 상대국 투자자나 투자에 차별적인 대우가 초래된다면 이 또한 내국민대우의 위반이라고 할 수 있다. 내국민대우를 둘러싸고 투자자와 투자유치국 간에 분쟁이 발생하여 국제중재에 회부되는 경우를 보면, 법률상의 차별이 있었느냐에 대한 다툼보다는 사실상으로 차별이 있었느냐 하는 문제가 더 많다. 여기에서 차별은 실제로 발생하는 결과에 주목하는 것이기 때문에 애초에 투자유치국이 국적에 기초하여 차별할 의도가 있었는지의 여부는 따질 필요가 없다. 다시 말해, 차별이 실제로 있으면 그것으로 차별이 있는 것이며 국제중재과정에서 투자자가

투자유치국이 실제로 차별하려는 의도를 가지고 있었다는 것을 증명해 보일 필요가 없다는 것이다.[7]

**(협정문)** 투자협정상의 내국민대우 규정을 잠시 보자. 투자협정에 따라서는 내국민 대우와 최혜국대우를 함께 규정하는 경우도 있지만, 여기에서는 내국민대우만을 따로 규정한 사례를 보도록 하겠다.

---

각 당사국은 자국 영역 내 투자의 설립 · 인수 · 확장 · 경영 · 영업 · 운영과 매각 또는 그 밖의 처분에 대하여 동종의 상황에서 자국 투자자 및 자국 투자자의 자국 영역 내 투자에 부여하는 것보다 불리하지 아니한 대우를 다른 쪽 당사국의 투자자 및 다른 쪽 당사국 투자자의 적용대상투자에 부여한다.

Each Party shall accord to investors of the other Party, and to their covered investments, treatment no less favorable than that it accords, in like circumstances, to its own investors and invest- ments in its territory of its own investors with respect to the es- tablishment, acquisition, expansion, management, conduct, oper- ation, and sale or other disposition of investments in its territory.

---

투자유치국이 협정상대국 투자자에 대해 그리고 협정상대국의 투자자가 자국에 행한 투자에 대해 내국민대우를 부여해야 한다는 내용이 명쾌하게 기술되어 있다.[8] 물론 비교는 비슷한 상황에서 할 수 있는 것이므로 '동종 상황' 또는 '유사한 상황'(in like circumstances)이라는 표현이 포함되어 있음에 주목할 필요가 있다. 우리나라가 과거에 체결한 투자보장협정에서는 '유사한 상황'이라는 문구가 들어가 있지 않은 경우도 많았으나 내국민대우나 최혜국대우는 그 성격상 상대적 기준에 따른 대우이기 때문에 그러한 문구가 들어가 있지 않아도 해석상 큰 차

이는 없는 것으로 보인다.[9]

(내국민대우 의무 위반 판단 기준) 투자유치국이 내국민대우를 위반하였는지에 대하여 분쟁이 있어 국제중재가 청구된 경우, 개념상 3단계의 분석이 필요하다. (i) 우선, 문제가 된 대우가 투자(경우에 따라 설립 전 투자, 설립 후 투자인지 구별하여 검토)에 관련된 것인지를 확인하여야 한다. 내국민대우의 적용대상이 되는 투자의 범위에 대하여는 조금 후 자세히 살펴볼 예정이다. (ii) 그리고는 외국인 투자자나 투자와 유사한 상황에 있는 투자유치국내의 비교대상을 식별해야 한다. (iii) 마지막으로 양자 간에 차별이 있었는지, 좀 더 정확하게 말하자면, 외국인 투자자나 투자가 투자유치국 내의 비교대상에 비하여 국적 기준에 따라 불리한 대우를 받았는지를 분석해야 한다. 이 분석은 투자유치국이 비교대상이 되는 두 실체에 대하여 서로 다른 대우를 했다고 할 때 이러한 차별이 국적이 아닌 다른 정당한 근거에 따른 것인지를 따져보는 것도 포함된다.[10] 유사한 상황에 있는 투자자들 간 차별을 할 정당한 근거가 없다고 할 때 서로 다르게 부여된 대우는 결국 투자자 국적의 차이에 의한 것일 개연성이 높게 될 것이기 때문이다.

　3단계의 분석과정에서 역시 가장 중요하고 어려운 작업은 국내의 비교대상이 과연 외국인 투자자나 투자와 유사한 상황에 있었느냐 하는 두 번째 문제이다. 실제 국제중재 심리과정에서는 비교대상이 되는 내·외국인 투자자나 투자가 서로 유사한 상황(like circumstances)에 있었느냐가 시비의 관건적 문제로 떠올라 분쟁당사자 간 치열한 논쟁의 대상이 되는 경우가 많다. 유사한 상황에 대한 판단기준은 일률적으로 정해진 것은 없으므로 케이스마다 개별적으로 사업영역, 경영여건, 규모, 경쟁관계, 규제환경 등 모든 복합적인 관련 상황을 종합적으로 검토하여 판단하여야 할 것이다.

프랑스인 Renée Rose Levy de Levi는 자신의 부친으로부터 주식을 양도받은 페루 내 은행 Banco Nuevo Mundo(RNM)이 페루 금융당국의 자의적인 개입으로 인해 해체·청산과정을 밟게 되었다면서 2010년 국제중재를 청구하였다. 청구인은 페루 정부 측의 내국민대우 의무 위반 등을 주장하였다. 그러나 중재판정부는 청구인이 RNM과 동종의 상황에 있어 비교대상이라고 제시한 몇몇 페루 국내 은행과 비교하여 RNM에 대한 페루 금융규제당국의 조치가 차별적이었다면 RNM이 국내 은행들과 업무영역뿐 아니라 국내 금융체제 내 위상, 주 고객층과 시장점유율 등에 있어서 유사한 상황에 있음을 설득력 있게 증명해야 할 것이나 그렇게 하지 못하였다고 지적하였다. 그러면서 중재판정부로서는 만약 서로 다른 대우가 있었을 때에는 정당화할 수 있는 상황이 존재했기 때문이라고 추정할 수밖에 없다고 하며 내국인대우 의무 위반이 없다고 판시하였다. 나중에 제9장에서 ISDS 심리절차를 살펴보면서 입증책임 문제를 설명하겠지만, 중재 심리에서는 어떤 주장을 하는 쪽이 자신의 주장을 뒷받침할 입증책임을 일차적으로 부담한다. 즉, 투자유치국의 내국민대우 의무 위반을 주장한 쪽이 청구인 투자자이므로 청구인이 국내 비교대상으로 제시한 국내 기업의 상황이 왜 '유사한 상황'에 있다고 보는지를 설득력 있게 먼저 입증해야 하는데 이 작업이 결코 쉽지 않음을 보여준 사례이다. (Renée Rose Levy de Levi 대 페루 사건, ICSID ARB/10/17, 2014.2.26. 판정)

또 다른 중재사건 케이스는 유사한 상황을 판단하는 요소로 경쟁관계를 강조한 사건이다. 무역 분야를 관장하는 GATT에서의 내국민대우 원칙은 내국상품과 수입상품이 동종인지를 판단하는 데 있어서 수입상품에 대한 시장접근을 제한하는 조치가 경쟁관계에 있는 내국상품을 보호하는 결과를 초래하기 때문에 두 상품이 같은 경제부문에서 상호 경쟁관계에 있는지, 서로 대체재관계에 있는지가 중요한 판단기준이 된다. 투자 분야에 있어서는 국내 비교대상과 외국 투자자나 투자가 경쟁관계에 있는지가 동종 상황인지 여부를 판단하는 데 항상 중요한 전제요건은 아니나, 투자유치국의 조치가 경쟁관계에 있는 국내 투자자나 투자에 보호효과를 초래한다면 그것은 결과적으로 국적에 기초한 우대가 될 가능성이 많을 것이므로 경쟁관계 여부도 유사 상황에 있는 비교대상을 식별하는 기준이 될 수 있다.

고과당 옥수수 시럽(HFCS, high fructose corn syrup)을 생산하는 미국회사 ADM사와 TLIA사는 멕시코에 HFCS 제조 및 판매 회사를 공동으로 설립하였다. 멕시코 정부는 2002년 세법을 개정하여 사탕수수 당을 첨가한 음료에는 물품세를 부과하지 않고 음료 가당제로서 사탕수수 당과 대체관계에 있는 HFCS를 첨가한 음료와 관련 유통 서비스에는 20%의 물품세를 부과하는 조치를 취했다. 물품세를 부과할 당시 멕시코 내에서 HFCS를 생산하는 내국회사는 없었다. 국제중재를 청구한 미국 회사들은 자신의 투자회사를 포함하여 HFCS를 제조·판매하는 외국회사와 멕시코산 사탕수수 당을 생산하는 산업이 동종 산업인데 이러한 물품세 부과는 이들 동종 산업 간 차별조치로서 멕시코의 내국민대우 의무 위반을 구성한다고 주장하였다. 중재판정부는 정부의 조치가 국내·외국인 투자자 간의 경쟁관계를 저해하지 않도록 하는 것이 내국민대우의 취지임을 지적하면서, 국내시장에서 활동하는 내·외국 투자 간의 경쟁관계에 초점을 맞출 필요가 있다고 강조하였다. 이러한 논리에 근거하여 중재판정부는 HFCS를 제조·판매하는 미국인의 투자회사와 멕시코의 설탕 산업은 동일 산업분야의 생산자는 아니지만 멕시코내 청량음료 생산자와 가공식품 회사에 당을 공급하는 동일한 시장에서 얼굴을 맞대고 경쟁하는 사이로서 전반적인 상황에 비추어 양자가 유사한 상황에 있다는 결론을 내릴 수 있다고 하면서, 이 두 부류의 생산자 간 경쟁에 영향을 미치게 될 서로 다른 내국세 부과 조치는 내국민대우 의무를 위반한 것이라고 판정하였다. (ADM & TLIA 대 멕시코 사건, ICSID ARB(AF)/04/5, 2007.11.21. 판정)

**(적용대상투자)** 내국민대우의 적용대상이 되는 투자의 범위는 해당 협정이 투자보장협정이냐, FTA 협정이냐에 따라 다르다. 앞에서 투자협정 중 투자보장협정은 설립 후 투자만 대상으로 하고, FTA의 투자 장은 설립 후 투자뿐만 아니라 설립 전 투자까지 대상으로 하고 있다고 하였다.

대부분의 국가에서는 주요 기간산업, 방위산업, 문화산업 등을 포함하여 자국에 중요하다고 생각되는 산업분야에서 외국인에 의한 소유와 경영참여를 허용하고 있지 않다. 따라서 이 분야에서의 외국인 투자 진입에 대해서는 자연스럽게 내국민과 차별을 두게 된다. 이러한 상황을 투자협정에 그대로 반영한 것이 투자보장협정이다. 투자보장협정은 일단 투자의 진입과 설립에 관한 모든 권한을 국가가 보유한다는 전제하에 체결되기 때문에 투자의 진입과 설립은 투자유치국의 법령에 따른다. 즉 투자유치국이 재량권을 가진다고 규정한다. 이렇게 되면 투자의 진입 전, 즉 설립 전 투자 단계에서는 내국민대우가 원천적으로 배제되는 결과가 된다. 그래서 투자보장협정에서는 내국민대우는 설립 후 투자에만 한정된다고 할 수 있다. 투자보장협정에서도 설립 후 투자에 대해서는, 즉 일단 외국인 투자를 허용한 이후에는 그 외국인 투자에 대해 조건 없이 내국민대우를 부여토록 하는 것이 원칙이다. 해외투자를 활발하게 하고 있는 우리나라도 투자보장협정에서 상대방 투자유치국이 설립 후 투자에 대해서는 투자유치국이 조건이나 예외 없이 일률적으로 내국민대우를 부여하도록 명문화해야 한다는 입장으로 투자보장협정의 협상에 임하고 있다.

FTA의 투자 장의 경우에는 투자보호 요소와 함께 투자 자유화 요소를 협정문에 담는다고 하였다. 그래서 설립 후 투자에 대한 내국민대우는 말할 것도 없고, 투자유치국이 특정 유보를 하지 않는 한, 투자 진입 단계에 대한 투자유치국의 재량권을 인정하지 않고 투자유치국이 외국인 투자 진입을 원칙적으로 허용하도록 규정하게 된다. 결과적으로 설립 전 투자에 대해서도 원칙적으로 차별 없이 내국민대우를 부담하도록 하는 것이다.

이제 구체적인 예를 들어 설명해 보겠다. 한-베트남 FTA의 투자 장에서는 투자보장협정과는 달리 설립 전 단계의 투자도 적용대상이 된다. 따라서 이 내국민대우 원칙에 따라 베트남은 FTA 상대국인 한국의 투자자(자연인 또는 기업)에 대하여 원칙적으로 외국인 투자 실행행위 이전의 모든 단계에서 투자자의 경제활동에 대한 권리를 자국민과 동일하게 보호하여야 한다. 물론 해당 산업 부문에 대하여 베트남 정부가 유보를 하지 않았다는 전제하에서 이야기를 전개해 보도록 하겠다. 베트남 정부가 국영기업을 민영화하기 위해 정부가 보유하고 있는 지분을 매각하기로 한 방침을 발표하였다고 하자. 국영기업 매각 계획 소식을 들은 한국의 k사가 해당 기업 지분 매입을 위해 상당한 자금을 들여 현지 임시 사무소 개설, 타당성 조사, 현장 방문 조사 등 준비를 하였다. 그런데 시간이 제법 지난 후 베트남 정부가 뒤늦게 입찰자격을 국내기업에만 부여하겠다고 발표를 하였다고 하면 어떻게 될까? 한국의 이 기업이 투자를 준비하기 위해 투입한 비용을 고스란히 버리게 되어 큰 손실을 입게 될 것이다. 이 경우 한국의 k기업은 아직 실제 투자행위를 한 것은 아니지만, 설립 전 단계 투자에 대한 내국민대우를 보장한 한-베트남 FTA의 투자 장의 해당 조항을 근거로 국제중재 청구를 하여 베트남 정부의 내국민대우 의무 위반을 다툴 수 있을 것이다.

앞에서 인용한 내국민대우에 관한 규정을 다시 보겠다. 이 규정은 우리나라가 2015년에 체결한 한-베트남 FTA의 투자 장에서 인용해 왔다. 자세히 보면 내국민대우의 대상으로(with respect to) "management, conduct, operation, and sale or other disposition of investments in its territory"(설립 후 투자)가 나와 있고 그 앞에 "establishment, acquisition, expansion"(설립 전 투자)이라는 표현이 들어가 있음을 알 수 있다. 설립 후 투자뿐 아니라 설립 전 투자도 모두 대상이 된다는 뜻이다. FTA는 투자 보호뿐만 아니라 투자 자유화까지 그 내용으로 하고 있어 설립 전 투자에 대해서도 내국민대우를 하도록 규정한 것이다.

한편, 한-일 양자투자협정(투자보장협정의 형태를 띠고 있으나 예외적으로 투자 자유화 내용까지 포함하고 있음)을 제외하고 우리나라가 맺은 투자보장협정에는 위 표현과 같이 "establishment, acquisition, expansion"라는 표현은 없이 "management, conduct, operation, and sale or other disposition of investments in its territory"와 유사한 표현만 들어가 있어 설립 후 투자에만 내국민대우를 부여토록 함을 분명히 하고 있다.

**(유보: 내국민대우 의무 배제)** 끝으로 FTA의 경우에 설립 전 투자도 적용대상이 되는 것이 원칙이지만, 국가 정책상 목적에 의하여 일정한 산업부문에 대해서는 외국인 투자 진입을 제한해야 할 필요성이 있을 수 있기 때문에 이 경우에는 투자유치국은 외국인의 투자 진입을 자동적으로 허용하지 않고 내국민대우 적용 부문의 범위를 협정문 부속서에 명시하게 된다. 이를 '비합치조치의 유보'라고 부른다고 제2장에서 설명하였음을 다시 한 번 상기하기 바란다.

## 최혜국대우 의무

최혜국대우(MFN, most-favored-nation treatment)란 A, B, C라는 세 나라가 있을 때 A국이 B국에 주는 것보다 유리한 혜택이나 대우를 C국에 부여하는 경우, B국에 대해서도 C국에 부여한 것과 동일한 혜택이나 대우를 자동적으로 부여하도록 하는 원칙이다. 최혜국대우는 내국민대우와 마찬가지로 무역협정의 기본원칙으로서 상품무역에 관한 WTO의 기본 협정인 GATT(General Agreement on Tariffs and Trade) 제1조와 서비스 무역에 관한 WTO의 기본 협정인 GATS(General Agreement on Trade in Services) 제2조에 규정되어 있다. 최혜국대우는 어떤 나라가 제3국에게 어떤 혜택을 주었다면 다른 쪽 나라에 대해서도 동일한 혜택을 주도록 하는 원칙이기 때문에 무역 분야에서 개방과 자유화를 확장하는 데 중요한 수단이 되어 왔다. 거의 모든 투자협정에도 최혜국대우 원칙이 포함되어 있으며, 무역 분야와 마찬가지로 투자 분야에 있어서도 최혜국대우는 보다 높은 보호를 광범위하게 확산하도록 하는 효과가 있다. 투자협정의 경우에는 혜택이나 대우가 다른 쪽 협정당사국의 투자자나 투자에 부여되는 것이므로 협정문에서는 국가가 아닌 투자자나 투자에 대하여 최혜국대우 부여 의무를 규정한다. 최혜국대우는 워낙 중요한 개념으로 이제 일상용어가 된 것 같다. 영어로 그냥 MFN대우라는 용어를 써도 웬만한 식자층에서는 다 알아듣는 것 같다.

투자협정에 따라서는 이 최혜국대우를 앞에서 설명한 내국민대우와 함께 규정하는 사례도 있다. 투자유치국은 두 가지 대우를 동시에 협정상대국의 투자자나 투자에 부여해야 하므로 결국 내국민대우와 최혜국대우 중 더 나은 대우를 제공해야 하는 결과가 된다.[11]

**(협정문)** 최혜국대우를 투자협정에서 구체적으로 어떻게 규정하는지 살펴보자. 아래 규정은 한-콜롬비아 FTA의 투자 장에서 인용하였다.

---

1. 각 당사국은 자국 영역 내 투자의 설립 · 인수 · 확장 · 경영 · 영업 · 운영과 매각 또는 그 밖의 처분에 대하여 동종의 상황에서 비당사국의 투자자에게 부여하는 것보다 불리하지 아니한 대우를 다른 쪽 당사국의 투자자에게 부여한다.
2. 각 당사국은 투자의 설립 · 인수 · 확장 · 경영 · 영업 · 운영과 매각 또는 그 밖의 처분에 대하여 동종의 상황에서 비당사국 투자자의 자국 영역 내 투자에 부여하는 것보다 불리하지 아니한 대우를 적용대상투자에 부여한다.

1. Each Party shall accord to investors of the other Party treatment no less favorable than that it accords, in like circumstances, to investors of any non-Party with respect to the establishment, acquisition, expansion, management, conduct, operation, and sale or other disposition of investment in its

territory.

2. Each Party shall accord to covered investments treatment no less favorable than that it accords, in like circumstances, to investments in its territory of investors of any non-Party with respect to the establishment, acquisition, expansion, management, conduct, operation, and sale or other disposition of investment in its territory.

---

이번에는 앞에서 인용한 내국민대우에 관한 조항과는 달리 투자자와 투자에 대한 경우를 분리하여 규정하였다. 이렇게 분리하나 같은 조항에 규정하나 내용상 차이는 없다. 첫 번째 항은 다른 당사국의 투자자에 대해 최혜국대우를 부여해야 한다는 조문이고, 두 번째 항은 다른 당사국의 투자자가 자국에 한 투자에 대해 최혜국대우를 부여해야 한다는 조문이다. 물론 여기에서도 '동종 상황' 또는 '유사한 상황'(in like circumstances)이라는 표현이 포함되어 있음에 주목할 필요가 있다. 유사한 상황에 대한 판단 기준은 내국민대우와 마찬가지로 일률적으로 정해진 것은 없으므로 사업영역, 경영여건, 규모, 경쟁관계, 규제환경 등 모든 관련 상황을 종합적으로 검토하여 판단하여야 할 것이다.

노르웨이 회사 Parkerings Compagniet A.S.사는 리투아니아 내 자회사를 통해 리투아니아 수도 빌뉴스 시 당국과 주차장 건설·관리에 관한 양허계약을 체결하였으나 국내 법규 개정으로 사업을 진행할 수 없게 되자 2005년 국제중재를 제기하였다. 쟁점사항 중 청구인은 구시가에 주차시설을 건설하려는 청구인의 계획은 기각된 반면, 경쟁사인 제3국 회사는 주차장 건설이 허가되는 등 불리한 대우를 받았으므로 최혜국대우 의무 위반임을 주장하였다. 중재판정부는 2개 회사가 경쟁관계에 있고 차별이 있었다는 점은 인정하였으나, 2개 회사가 진행하는 주차 시설 건설이 미치는 문화유산 보전에 대한 위험도가 서로 다르기 때문에 정책목표 면에서 다른 환경에 있어 차별을 합리화할 수 있다고 판단하여 청구인의 주장을 기각하였다. (Parkerings 대 리투아니아 사건, ICSID ARB/05/8, 2007.9.11. 판정)

이 판례는 정책목표도 영업환경의 일부로서 동종 상황인지 여부를 판단하는 데 있어서 고려요소임을 나타내는 하나의 실마리를 제공한 것으로 평가된다. 같은 맥락에서 우리 정부는 2018년 한-미 FTA를 개정할 때 내국민대우나 최혜국대우의 비교기준인 동종 상황을 판단할 때 투자유치국의 조치가 정당한 공공복지 목적에 기초하여 허용되는 차별인지 여부를 포함하여 전체적인 상황을 종합적으로 고려하도록 하는 규정을 포함하였다. 우리 정부는 앞으로 체결할 투자보장협정에도 이 규정을 포함하는 방향으로 협상해 나갈 방침으로 알려져 있다.

한편, 협정 운영과정에서 최혜국대우를 무조건적·자동으로 부여하는 것은 미래의 불확실한 상황에 비추어 부담이 될 수 있으므로 협정문에 명시적으로 최혜국대우 의무를 포함하기보다는 어느 한쪽 당사국이 미래에 제3국에 대해 보다 나은 대우를 제공하는 경우 협정상대국이 요청하면 그에 대해 협상을 하겠다고 약속하는 경우도 있다. 한-베트남 FTA가 그 한 예이다.

(보다 나은 대우의 이전) 최혜국대우와 관련하여 중요한 점은 양국 간 주고받는 특혜사항이 다른 국가에게 이전되는 효과가 발생하게 된다는 것이다. 투자협정을 열심히 체결하는 투자유치국이 있다고 하자. 이 나라가 어떤 나라와 투자협정을 맺은 이후 또 다른 나라와 투자협정을 맺

었다. 이 나라가 나중에 맺은 투자협정에서 다른 쪽 당사국의 투자자나 투자에 대해 그 전에 맺었던 투자협정에서 정한 것보다 더 높은 수준의 보호를 부여하겠다고 약속하게 되면 최혜국대우 원칙에 따라 이러한 높은 수준의 보호 의무를 처음 맺었던 투자협정의 상대방 국가의 투자자나 투자에도 부여해야 한다. 결국 최혜국대우 원칙은 높은 수준의 보호를 확대시키는 효과가 있게 된다. 이와 관련하여 B국의 투자자 k의 입장에서 볼 때, 투자유치국 A국이 B국과 체결한 투자협정에는 없거나 낮은 수준의 보호 의무만 규정되어 있지만, 투자유치국 A국이 C국과 체결한 투자협정에 높은 수준의 보호 의무가 있다면 이 높은 수준의 보호를 최혜국대우 조항을 이용하여 어느 정도까지 차용해 와서 자신에게 적용할 수 있는지가 큰 관심사가 아닐 수 없다. 이 문제에 대하여 여러 관점에서 살펴보려고 한다.

**(협정의 적용범위)** 우선 투자협정의 적용범위를 정하는 4개 기준 중 물적 범위와 시간적 범위를 최혜국대우에 따라 다른 협정으로부터 차용해 올 수 있는지를 살펴보겠다. 먼저 협정 적용의 물적 범위를 정하는 투자의 정의 조항의 경우는 어떨까? 예컨대, 우리나라에 투자 진출하고자 하는 파키스탄의 투자자가 있다고 하자. 파키스탄은 우리나라와 투자보장협정을 체결한 국가이다(1990년 발효). 그런데, 한-파키스탄 투자보장 협정상의 적용대상투자 정의는 설립 후 단계에 있는 투자만 포함하고 있는 반면, 우리나라가 일본과 2002년 체결한 투자협정에는 우리나라가 체결한 FTA가 아닌 투자협정으로서 유일하게 설립 전 단계의 투자도 투자의 범위에 포함하고 있다. 과연 파키스탄의 이 예비적인 대 한국 투자자는 최혜국대우 원칙에 따라 자신에게도 한-일 투자협정에 규

정된 설립 전 투자를 보호해 달라고 주장할 수 있을까? 불행히도 받아들이기 어려운 주장으로 보인다. 한-파키스탄 투자보장협정의 경우는 적용범위가 설립 후 투자에 한정되어 있어 투자 진입 문제 자체가 협정의 적용대상이 아니기 때문이다. 즉, 협정의 물적 적용범위를 최혜국대우 원칙을 근거로 확장해 달라고 주장할 수는 없다는 것이다.[12]

이와 관련, 최혜국대우 조항은 각 협정이 정의한 투자에 부여되는 '대우'에 적용되는 것이지 정의 그 자체에 적용되는 것은 아니라고 본 중재판정례가 주목된다. 이스라엘 광업회사 Metal-Tech Ltd는 2000년 우즈베키스탄 국영 광업회사와 합작회사를 설립하였는데 경영상의 이견과 수익 배분 문제로 분쟁이 발생하여 결국 합작회사를 청산하게 되었고 2010년 국제중재를 제기하였다. 우즈베키스탄 정부 측은 청구인의 투자는 우즈베키스탄 정부 관리에 대한 뇌물 제공 등 우즈베키스탄 법령을 위반하였으므로 적법 절차를 투자의 정의에 규정한 이스라엘-우즈베키스탄 투자협정의 보호대상이 아니라고 주장하였다. 이에 대하여 청구인이 최혜국대우 조항에 따라 투자의 정의에 적법성 요건을 적시하고 있지 않은 그리스-우즈베키스탄 투자협정을 원용코자 하였으나, 중재판정부는 최혜국대우 조항은 각 투자협정이 정의한 투자에 부여되는 '대우'에 적용되는 것이지 정의 그 자체에 적용되는 것은 아니라고 지적하고, 청구인의 주장을 수용하지 않았다. (Metal-Tech 대 우즈베키스탄 사건, ICSID ARB/10/3, 2013.10.4. 판정)

다음으로는 협정의 시간적 적용범위와 관련하여 소급효 차용 가능성에 대한 중재판정례를 살펴보겠다. Tecnicas Medioambientales(Tecmed)라는 스페인 회사는 멕시코의 어느 시 당국이 입찰한 폐기물 매립장 운영 면허를 낙찰받아 이 사업을 운영하고 있었는데, 도시 인근에 위치한

이 폐기물 매립장에 대해 시민들의 항의가 거세지자 멕시코 당국이 매립장 운영 허가 갱신을 거부하였고, 이 회사는 2000년 국제중재를 청구하였다. 청구인이 멕시코-스페인 투자보장협정의 발효 전에 멕시코 정부가 취한 조치가 협정 적용대상이 될 수 있는지에 관하여 협정의 소급효를 규정한 것으로 보이는 멕시코-오스트리아 투자보장협정을 최혜국대우 조항에 따라 원용할 수 있다고 주장하였다. 중재판정부는 협정의 시간적 적용범위에 관한 문제는 외국 투자자에 적용될 실질적인 보호체제에 직접 관련된 것으로 당사국들이 해당 협정 수용 여부를 결정하는 결정적인 요인이 될 만큼 중요한 사항임을 지적하고, 이 문제는 협정당사국이 구체적인 교섭을 통해 결정할 핵심사안으로서 최혜국대우 원칙에 의해 영향을 받을 수 없다고 판시하였다. (Tecmed 대 멕시코 사건, ICSID ARB(AF)/00/2, 2003.5.20. 판정)

(절차적 규정의 차용) 또 하나의 문제는 투자유치국이 제3국과 맺은 투자협정 내용 중 ISDS 등 절차 규정에 투자자에게 유리한 내용이 있을 때 최혜국대우 원칙에 따라 이를 차용할 수 있는가하는 문제이다. 예컨대, 우리나라가 1995년 스웨덴과 체결한 투자보장협정문을 보면 협정상대국의 투자자가 투자유치국 내에 행한 투자의 결과인 현지법인에게 국제중재 제소권을 인정하였는데(제9조 제4항), 이를 인정하지 않은 다른 대부분의 투자협정에서도 최혜국대우 원칙에 따라 이러한 제소권을 인정할 수 있느냐 하는 문제가 제기될 수 있다.

이러한 절차 규정의 차용 문제에 대해서는 국제적으로 아직 일반화된 법리가 명확하게 형성되어 있지는 않은 상태로 보인다. ISDS 조항과 같은 절차적 규정도 차용 가능하다는 중재판정례도 있고, 분쟁해결절차에 대한 최혜국대우 조항의 적용을 명시적으로 거부한 판정례도 있다.

어떤 논리로 ISDS 조항과 같은 절차적 규정도 최혜국대우 조항에 따라 차용가능하다고 하였는지를 보기 위해 이를 옹호한 중재판정례를 하나 들어 보겠다. 제1장에서 언급된 사건이다. 아르헨티나인 Emilio Agustin Maffezini가 스페인 Galicia 지역산업개발공사(SODIGA)와 합작으로 화학제품을 생산·판매하는 회사를 스페인에 설립하였는데, SODIGA가 제시한 공장 건설 비용 추계를 훨씬 초과하는 공장 건설 공사 비용이 나오는 등 손실을 입자 1997년 국제중재를 청구하였다. 청구인은 아르헨티나-스페인 투자보장협정에 정한 것과는 달리 스페인 법원에 먼저 분쟁을 제소하는 절차를 거치지 않고 국제중재를 청구하였는데, 이 협정상의 최혜국대우 조항을 원용하여 국내법원 선 이용 의무 조항이 없는 칠레-스페인 투자보장협정에 근거하여 국제중재 절차를 바로 진행할 수 있다고 주장하였다.

중재판정부는 몇 개의 국제사법재판소(ICJ)의 판례를 검토한 후, 해당 최혜국대우 조항의 적용대상이 "이 협정의 적용을 받는 모든 사안들"이라고 하여 협정당사국들이 분쟁해결절차 자체를 최혜국대우 조항에 포함한다는 것을 명시적으로 규정하지 않고 있으므로 협정당사국들의 정확한 의도를 외국 투자자 및 자국 투자자들을 대우함에 있어서 취하고 있는 관행으로부터 합리적으로 유추할 수 있는 것인지를 살펴볼 필요가 있다고 하였다. 중재판정부는 종전에는 투자송출국이었으나 이제는 투자유치국의 입장이 되기도 하는 스페인이 여타 국가들과 맺은 투자보장협정에는 국내법원 선 이용 의무 조항을 두지 않는 것이 대세인 것으로 보아 스페인도 이러한 사전 절차를 요구하지 않는 것을 협정

교섭 정책으로 해 온 것으로 보인다고 지적하면서, 투자자 보호를 핵심으로 하는 투자협정의 대상과 목적에 비추어 분쟁해결절차도 실체적 규정과 함께 투자자 보호를 위한 중요한 조항이라고 하고, 이 사건에 있어서 이러한 절차적 규정에 대해서도 최혜국대우 조항을 적용하여 칠레-스페인 투자보장협정에 근거하여 국내법원에 먼저 제소하지 않고 국제중재 청구를 할 수 있는 것으로 판시하였다. 또한 흥미롭게도, 중재판정부는 구체적인 근거를 제시하지 않은 채 (i) 국내절차 소진을 조건으로 한 국제중재 동의, (ii) 국내 절차 포기 요건, (iii) 특정 중재 채널 선택, (iv) 특정 중재 절차 채택 등 당사국들이 공적 정책 목표에 따라 협정문에 반영한 절차규정은 최혜국대우 조항을 통해 우회할 수 없을 것으로 본다는 의견을 부언하였다. (Maffezini 대 스페인 사건, ICSID ARB/97/7, 2000.1.25. 관할권 판정)

그러나 앞의 중재판정례에도 불구하고, 실체적인 권리 조항, 예컨대 공정·공평 대우 등 투자자 보호와 직접적으로 관련되는 실질적인 보호 조항만 최혜국대우 조항을 통해 차용하는 것이 가능하고[13] ISDS와 같은 절차 규정은 차용할 수 없다는 중재판정부들의 판례가 대체적으로 우세한 것으로 보인다.

ISDS와 같이 투자협정의 절차적 규정에는 최혜국대우 원칙에 따른 조문 차용이 허용되지 않는다고 판시한 중재판정부의 판례 하나를 보겠다. 노르웨이 무선통신회사 Telenor Mobile Communication사는 헝가리 통신회사의 지분을 취득하여 헝가리에서 무선통신사업을 하게 되었는데, 헝가리 정부가 무선통신사업자의 수익 공제, 가격 통제 정책을 취함에 따라 수익이 감소되었다고 하면서 수용, 공정·공평 대우 의무 위반 등을 주장하며 2004년 국제중재를 제기하였다. 헝가리-노르웨이 투자보장협정은 국제중재는 수용에 관한 청구에 국한된다고 명시되어 있었는데, 헝가리 정부 측은 수용에 관한 청구인의 주장이 근거가 없으므로 관할권이 성립할 수 없다고 주장하였다. 이에 대해 청구인은 최혜국대우 조항에 따라 국제중재 청구 범위에 제한이 없는 헝가리와 여타 국가 간의 투자협정에 근거하여 이 사건에 대한 중재 관할권이 성립될 수 있다고 주장하였다.

중재판정부는 최혜국대우의 의미를 절차상의 권리 차용을 허용하는 것으로 폭넓게 해석할 수 없다고 하면서, 그 근거로 4가지를 제시하였다. 중재판정부는 (i) 협정에 명시적 규정이 없는 한, 투자자의 실체적 권리에 있어 제3국과의 투자협정에서보다 불리하지 않도록 대우받아야 한다는 것이 최혜국대우의 원래 의미인 점, (ii) 최혜국대우를 넓게 해석하게 되면 투자유치국을 불특정 투자협정을 대상으로 한 투자자의 조약 쇼핑(treaty shopping)에 노출시키게 될 것이라는 점, (iii) 폭넓은 해석은 불확실성과 불안정성을 초래할 것이라는 점, (iv) 노르웨이가 체결한 다수의 협정 중 수용에 대해서만 국제중재가 가능하도록 제한을 두고 있는 협정은 헝가리-노르웨이 협정이 유일하고 헝가리가 체결한 다수의 협정 중 약 절반 정도의 협정에 이러한 제한이 있는 것으로 볼 때, 헝가리-노르웨이 협정상의 이러한 제한은 당사국의 의도적 선택이라고 보는 것이 합당하다는 점을 근거로 최혜국대우 조항에 따른 분쟁해결절차 조항의 차용을 허용하지 않고 중재 관할권이 없다고 판정하였다. (Telenore 대 헝가리 사건, ICSID ARB/04/15, 2006.9.13. 판정)

또 다른 논리로 절차규정의 차용을 허용하지 않은 중재판정례를 보겠다. 한국의 안성주택산업은 2006년부터 중국에 골프장과 휴양시설을 건설·운영하기 위한 투자를 하였으나 인근 골프장 건설로 인해 수익성이 악화되고 인접 토지를 중국당국과 사전에 합의한 가격 이상으로 매입해야 하는 등 손실이 발생하자 골프장 지분을 헐값으로 매각하게 되어, 2014년 국제중재를 신청하였다. 청구인은 분쟁발생 후 3년 후에는 ISDS를 제기할 수 없도록 한 한-중 투자보장협정상의 제척기간이 초과되어 중재 관할권이 없다고 판단될 경우에 대한 대체 주장으로 3년의 기한이 규정되어 있지 않은 다른 투자협정의 분쟁해결절차 조항을 최혜국대우 조항에 따라 차용할 수 있다고 주장하였다. 그러나 중재판정부는 제척기간은 국제법에 관한 문제이고 최혜국대우는 국내법의 적용에 관한 것으로 범주를 달리한다고 해석하고 최혜국대우 조항을 통해 다른 협정의 분쟁해결관련 조항을 차용할 수 없다고 하였다. (Ansung 대 중국 사건, ICSID ARB/14/25, 2017.3.9. 판정)

최근에는 분쟁해결절차 조항과 같은 절차 규정에 대해 최혜국대우 조항을 원용할 수 있는지에 대한 그간의 다양한 중재판정부의 판정이 가져올 혼란을 방지하기 위해 투자협정의 절차적 규정에는 최혜국대우가 적용되지 않는다고 아예 명문화하려는 시도도 관찰되고 있다.[14] 우리나라도 2002년에 체결한 일본과의 투자협정에서 국내 사법·행정 절차 이용에 대해서는 내국민대우와 최혜국대우를 부여함을 명시하는 한편, ISDS 절차관련 규정은 최혜국대우가 적용되지 않는다는 데 대해 양측이 인식을 공유하고 있음을 협상 토의기록에 명기한 사례가 있다.[15] 한-콜롬비아 FTA, 한-인도네시아 CEPA(포괄적경제동반자협정, 내용상 FTA와 동일) 등은 최혜국대우 조항에 각주를 달아 ISDS 절차관련 규정은 최혜국대우가 적용되지 않는다고 명시하고 있다. 우리 정부는 2018년 한-미 FTA를 개정하면서 ISDS 절차에는 최혜국대우 원칙이 적용되지 않는다는 취지의 규정을 협정문에 삽입한 바 있다. 우리 정부는 앞으로 체결할 투자보장협정에서도 ISDS와 관련한 절차 규정에 대해서는 최혜국대우 조항이 적용되지 않는다는 규정을 삽입하는 것을 원칙으로 할 방침인 것으로 알려지고 있다.

**(유보: 최혜국대우 의무 배제)** 결국 실질적인 보호 조항의 경우 최혜국대우 원칙에 따라 협정당사국의 의도하지 않은 제3국에도 전이될 가능성이 항상 있기 때문에, 특별히 전략적인 관계에 있는 특정 국가의 투자자나 투자에 타국에는 주지 않는 특혜를 주고자 의도하거나, 항공 · 해운 · 철도 · 어업 · 위성방송 · 시청각 제작 등 국내적으로 중요한 산업에 대하여 특정 국가에 부여한 특혜가 제3국에 의도치 않게 주어질 가능성을 차단하고자 할 때는 그러한 최혜국대우 의무 배제의 뜻을 투자협정문에 명기하는 것이 안전한 길이다. 이러한 최혜국대우 의무 배제는 제2장에서 설명한 비합치조치의 유보라는 방식으로 하게 된다.

이와는 별도로 FTA, 관세동맹, 공동시장, 통화통합 등 소위 지역경제통합협정(regional economic integration agreement)에 규정된 특혜사항은 최혜국대우를 통해 제3국의 투자자가 차용할 수 없다는 뜻을 투자협정문에 명기하는 것이 일반적이다. 지역경제통합협정은 소수의 국가끼리 광범위한 분야에서 상호 무역 · 투자 장벽을 허물어 지역경제통합을 이루고자 하는 목적을 가진 협정인데, 이와는 상관없는 제3국이 투자협정의 상대국이라고 해서 최혜국대우 조항을 적용하여 지역경제통합협정상의 특혜를 차용할 수 있게 된다면, 그 나라는 아무런 추가적인 의무를 부담하지 않았는데 그 나라의 투자자가 지역경제통합협정상의 투자 자유화 혜택을 향유하게 되는 무임승차의 문제가 생기기 때문이다.[16]

# 일반적 대우 의무 / 절대적 기준

투자협정에 규정된 내국민대우와 최혜국대우가 비교 대상이 되는 자국민과 제3국민에 비해 불리하지 않은 대우를 협정상대국의 투자자와 투자에 제공해야 한다는 상대적인 보호기준에 따른 의무인 반면, '대우의 최소기준'(minimum standard of treatment)은 투자유치국으로서 국가라면 응당 외국인 투자자에게 최소한 보장해야 하는 절대적 보호기준에 따른 의무이다. 일반적으로 대우의 최소기준은 (i) 공정하고 공평한 대우(FET, fair and equitable treatment)와 (ii) 충분한 보호 및 안전(full protection and security)의 제공이라는 두 가지 의무를 포함한다.

국제법상 국가가 외국인의 신체와 재산을 어느 정도까지 대우해야 하는지에 대하여는 전통적으로 두 가지 상반되는 주장이 있어 왔다. 주로 라틴아메리카 제국을 중심으로 주장한 '칼보 원칙'(Calvo doctrine)은 외국인과 그 재산은 주재하고 있는 국가가 자국법에 따라 자국민에게 부여하는 정도의 대우를 해 주면 된다는 입장이다. 이 원칙은 자국민의 보호수준이 아주 낮을 때 외국인의 신체와 재산을 보호하는 데 한계가 있을 수 있다. 한편, 주로 선진국에 의해 제기된 국가책임 이론은 국제관습법에는 최소기준이라는 것이 있어서 내국민에게 부여되는 대우 수준과 상관없이 일정한 최소수준의 대우를 외국인과 그 재산에 대해 부여해야 한다고 하는 입장을 취하여 왔다.[1] 최근의 투자협정은 당초 선진국에 의해 주장되었던 대우의 최소기준에 관한 규정을 포함하고 있는 것이 일반적이다.

우리나라가 과거에 체결한 투자협정을 보면, 공정·공평 대우 의무와 충분한 보호 및 안전 보장 의무를 규정하는 방식이 제각각인 경우가 많았다. 특히 국제관습법이나 대우의 최소기준에 대한 언급 없이 외국인 투자자 또는 투자에 대하여 공정·공평 대우와 충분한 보호 및 안전을 보장하여야 한다는 원칙적 내용만 규정한 경우가 많았다.[2]

(NAFTA 해석 선언) 그런데 미국, 캐나다, 멕시코 간에 체결되어 1994년부터 발효된 북미자유무역협정(NAFTA)은 제11장, 즉 투자에 관한 장(章)에서 '대우의 최소기준'(Minimum Standard of Treatment)이라는 조문 제목 아래 "각 당사국은 공정·공평 대우와 충분한 보호 및 안전을 포함하여 국제법에 따른 대우를 상대방 당사국 투자자의 투자에 부여한다."(제1105조)라는 규정을 두었다. 그런데 NAFTA의 시행과정에서 여러 건의 국제중재가 제기되었는데, 일부 중재판정부들은 이 규정에 나오는 공정·공평 대우와 충분한 보호 및 안전 제공 의무가 국제관습법에 의해 요구되는 최소한의 대우를 넘어 당사국들이 NAFTA를 체결함으로써 추가로 준수해야 하는 독립적인 기준으로 해석하는 판정을 내놓게 되었다. 중재판정부들의 이러한 확대된 해석에 동의하지 않던 당사국들은 2001년 NAFTA 자유무역위원회(3개 당사국의 통상장관으로 구성된 위원회

로서 NAFTA 조문의 해석을 포함하여 협정 이행과 관련된 제반 문제를 다루는 최고 의사결정기구)를 통해 이 조문에 대한 당사국의 해석을 담은 해석선언을 발표하였다. 이 해석선언은 이후 세계적으로 투자협정의 관련조항을 표준화하는데 지대한 영향을 끼쳤는데, 해당 문구는 아래와 같다.

---

NAFTA의 제11장하에서 진행된 분쟁해결절차의 작동을 검토한 후, 자유무역위원회는 그 일부 조항의 의미를 분명히 하고 재확인하기 위하여 제11장에 대한 아래와 같은 해석을 채택하는 바이다.

B. 국제법에 따른 대우의 최소기준

1. 제1105조 제1항은 외국인의 대우에 대한 국제관습법상 최소기준을 다른 쪽 당사국 투자자의 투자에 부여하여야 할 대우의 최소기준으로 규정한다.

2. "공정하고 공평한 대우"와 "충분한 보호 및 안전"이라는 개념은 외국인의 대우에 대한 국제관습법상 최소기준이 요구하는 것에 추가적인 또는 이를 초과한 대우를 요구하지 아니한다.

3. NAFTA의 다른 규정 또는 별도의 국제협정에 대한 위반이 있었다는 판정이 제1105조 제1항에 대한 위반이 있었다는 것을 입증하지는 아니한다.

Having reviewed the operation of proceedings conducted under Chapter Eleven of the North American Free Trade Agreement, the Free Trade Commission hereby adopts the following interpretations of Chapter Eleven in order to clarify and reaffirm the meaning of certain of its provisions:

B: Minimum Standard of Treatment in Accordance with International Law

1. Article 1105(1) prescribe the customary international law minimum standard of treatment of aliens as the minimum standard of treatment to be afforded to investment of investors of another Party.

2. The concept of "fair and equitable treatment" and "full pro-

tection and security" do not require treatment in addition to or beyond that which is required by the customary international law minimum standard of treatment of aliens.
3. A determination that there has been a breach of another provision of the NAFTA, or of a separate agreement, does not establish that there has been a breach of 1105(1).

---

NAFTA의 제1105조 제1항은 당초 '국제법'에 따른 대우라고 규정하고 있었는데 NAFTA 3국은 해석선언을 통해 이는 모든 '국제법'이 아니라 '국제관습법'에 따른 최소기준 이상의 대우를 요구하는 것이 아니며 기타 추가적인 의무를 부여하는 것이 아님을 분명히 하였던 것이다. 2004년 미국 모델 투자협정문은 이러한 해석선언을 반영하였으며 그 후 많은 국가들이 이를 벤치마크하여 대우의 최소기준이 의미하는 바를 보다 구체화하기 위한 노력을 경주하여 왔다. 우리나라도 NAFTA 시행 경험을 가진 미국의 모델 협정문을 수용한 많은 나라들과 FTA를 체결하기 시작하면서 미국의 모델 협정문과 동일한 일관성 있는 규정을 도입하게 되었다.

이러한 경위로, 우리나라가 체결한 FTA의 투자 장은 '대우의 최소기준'(Minimum Standard of Treatment)이라는 조문 제목하에 공정·공평 대우 의무와 충분한 보호 및 안전 제공 의무를 포함하여 국제관습법에 따른 대우를 적용대상투자에 부여할 것을 규정하고 있다. 한-미 FTA 제11.5조 제1항이 대표적인 예라고 하겠다.

---

각 당사국은 공정하고 공평한 대우와 충분한 보호 및 안전을 포함하여, 국제관습법에 따른 대우를 적용대상투자에 부여한다.

Each Party shall accord to covered investments treatment in accordance with customary international law, including fair and equitable treatment and full protection and security.

---

대우의 최소기준은 국제중재에서 가장 많이 원용되는 조항 중 하나이다. 대우의 최소기준을 지나치게 확대할 경우 투자자 보호는 증진될지 모르겠으나 국가의 정당한 규제권한이 훼손될 수 있다. 우리 정부는 정부의 정당한 규제권한 확보 차원에서 앞으로 체결할 투자협정에서 한-미 FTA에서와 같이 대우의 최소기준을 엄밀하게 규정하는 방향으로 협상을 추진해 나갈 방침으로 알려지고 있다.

**(국제관습법)** 그러면 대우의 최소기준이라는 맥락에서 국제관습법의 의미와 범위가 무엇이냐 하는 문제가 남게 된다. 원래 국제관습법이라는 것은 세계 주요 국가를 포함하여 다수 국가들이 일반적이고 일관된 행위를 반복적으로 행하는 것으로서 이러한 행위를 하는 것이 의무적이라는 법적 확신을 가질 때 성립한다. 즉, 국제관습법의 성립은 국제관행이 반복되는 것(관행의 존재)과 이에 대해 점차로 법적 확신이 형성되어 그것이 다수 국가의 실행에 의해 확인되는 것(법적 확신)이라는 두 가지 요소를 필요로 한다. 한편, 그냥 국제법이라고 하면, 2개 이상의 국가가 조약 등을 통해 어떤 사안에 대해 합의한 것을 통칭하는 것이다. 단순화의 위험이 있겠지만, 쉽게 이해하자면 국제법 중 최대공약수가 되는 것이 국제관습법이라고 할 수 있겠다. 2004년 미국 모델 투자협정문과 이후 여러 나라가 체결한 대부분의 투자협정도 같은 취지에서 국제관습법에 따른 보호는 국가라면 준수해야 되겠다는 의무감을

갖고(법적 의무감) 오랜 기간 동안 시행한(일반적이고 일관된 관행) 수준의 보호에 한정된다는 규정을 두고 외국인의 대우에 대한 국제관습법상 최소기준은 외국인의 경제적 권리와 이익을 보호하는 모든 국제관습법상 원칙을 지칭한다고 하고 있다. 다만, 국제관습법도 특정시점으로 고정된 관념은 아니고 느리지만 지속적으로 진화하는 것이기 때문에, 일부 중재판정부들은 국제관습법에 기초한 대우의 최소기준에 대하여도 국제관습법의 이러한 진화적 특성에 개방적인 태도를 취하는 경우도 있어 보인다.[3]

이와 함께 최근의 많은 투자협정들은 2001년 NAFTA 해석선언에 따라 투자협정의 다른 규정이나 별도의 국제협정에 대한 위반이 있었다는 판정이 곧바로 대우의 최소기준 의무에 대한 위반이 되는 것은 아니라는 규정도 포함하고 있다. 2001년 NAFTA 해석선언이 나오기 전에는 투자협정에 별도의 의무로 규정된 내국민대우나 투명성 의무가 위반되었다는 사실을 근거로 공정·공평 대우 위반이라고 판정한 중재판정부의 판결이 더러 있었는데, 이 규정을 통해 공정·공평 대우 의무 위반 여부에 대해서는 그 자체로 별도 검토하여 판단해야 함을 분명히 한 것이다. 이 조항은 특히 당사국들이 체결한 투자협정이 아닌 다른 협정, 예컨대 WTO 협정상의 의무 위반이 있을 경우, 그 협정으로는 투자자가 투자유치국에게 손해배상을 직접 청구할 수 없는 상황에서 투자자가 이를 이유로 투자협정상 투자의 최소기준 위반임을 주장하면서 ISDS 절차를 청구하는 것을 제한하는 장치가 될 수 있다.[4]

## 공정하고 공평한 대우 의무

투자협정은 거의 예외 없이 투자유치국 영역 안에서 이루어진 상대국 투자자의 투자에 대해 '공정하고 공평한 대우'(FET, fair and equi-table treatment)를 부여할 것을 규정하고 있다.

그러나 공정·공평 대우가 구체적으로 무엇을 의미하는지, 투자유치국 정부의 행위가 어떤 요건을 충족하지 못하면 이 의무를 위반하게 되는 것인지에 대해 구체적으로 규정한 투자협정은 거의 없었다. 공정·공평 대우가 내국민대우나 최혜국대우 의무와는 달리 절대적 기준에 따르는 의무로서 그 자체의 규범적 내용을 가진다는 것에 대하여는 이견이 없으나, 이 의무가 구체적으로 어떤 규범적 내용을 포함하는지에 대해서는 법적으로 모호한 상태로 남아있다고 하겠다. 투자협정에서는 투자유치국의 여러 가지 의무를 규정하게 되는데, 아마도 공정·공평 대우와 충분한 보호 및 안전 제공 의무만큼 모호하게 규정된 의무는 없을 것이다. 앞에서 살펴본 대로 내국민대우나 최혜국대우를 위반하기 위해서는 투자유치국의 자국민이나 제3국인과 비교하여 차별이 존재하여야 한다. 앞으로 다루게 될 이행요건 부과 금지 의무를 위반하기 위해서는 이행을 강제하는 요건이 존재해야 하고, 고위경영진 국적관련 의무를 위반하기 위해서는 고위경영진의 국적을 제한하는 조치가 있어야 하고, 송금 의무를 위반하기 위해서는 자유로운 송금을 방해하는 행위가 있어야 한다. 수용의 경우에는 수용이 인정되는 공공목적, 비차별적, 보상, 적법절차라는 요건이나 신속·적정·효과적인 보상 요건을 위반해야 한다. 반면, 공정·공평 대우 의무는 그 실체를 가늠하기가 대단히 어렵다.

상황을 더욱 복잡하게 하는 것은 투자협정마다 공정·공평 대우를 규정한 형태가 제각각이라는 것이다. 드물지만, 공정·공평 대우 의무 규정이 아예 없는 경우도 있고, 국제법 또는 다른 기준에 대한 언급 없이 공정·공평 대우 의무를 규정한 경우, 국제법에 따른 공정·공평 대우 의무를 규정한 경우, 국제관습법에 따른 대우의 최소기준의 일부로 공정·공평 대우 의무가 규정된 경우들이 있다.[5] 그간 우리나라가 체결한 투자보장협정도 마찬가지로 다양한 형태를 취하고 있다.

공정·공평 대우 의무가 그 내용과 구성요건 측면에서 구체적으로 확립되지 못한 의무가 되다 보니 투자자는 투자유치국의 어떤 조치가 위법이라고 주장하면서 국제중재를 제기하게 되면 그 내용이 무엇이든 투자유치국의 해당 조치가 공정하거나 공평하지 못하다고 일단 주장하게 되는 경우가 많았다. ISDS 중재 청구가 이루어지는 투자분쟁에서 투자유치국이 공정·공평 대우 의무를 위반하였다고 하는 사건이 가장 많이 차지하고 있을 정도이다. 이런 연유로 인해, 이 의무 위반을 둘러싸고 많은 국제중재 케이스가 생기고 중재심리 과정을 거치면서 점차 그 실체가 드러나게 되었으며 아직도 관련 법리가 진화 중에 있다고 할 수 있다. 결국 공정·공평 대우 의무는 그 자체의 내용을 확정적으로 갖고 있는 것은 아니며, 그 구체적 의미는 협정의 적용과정에서 실제 사실에 비추어 해석되어야 하고 일정한 정도는 각 사안별 상황에 맞게 유연한 해석이 요구되는 것으로 이해된다.

그런데 문제는 그간 중재판정이 축적되면서 이 의무의 구체적인 내용이 하나씩 식별되기는 하였으나, 한편으로는 앞에서 언급한 대로 중재심리 과정에서 청구인의 입장에 있는 투자자들이 이 모호한 의무를 자신에게 유리한 방향으로 확장적으로 해석하는 경향이 많았고 중재판정부에서도 이러한 확장적 해석에 동조하는 경우도 적지 않았다는 것이다. 그간의 중재판정부들의 태도를 보면, 투자협정이 공정·공평 대우 의무를 국제법이나 국제관습법에 대한 언급 없이 규정한 경우에는 국제관습법에 따른 대우의 최소기준의 일부로 규정한 경우보다 그 의무의 범위를 상대적으로 넓게 보거나 국제관습법이 요구하는 대우를 넘어서는 추가적인 내용까지 포함하는 것으로 해석하는 경향을 보여 왔던 것이 사실이다. 이러한 상황에 직면하여, 많은 국가들은 공정·공평 대우 의무에 대한 해석이 과다하게 확장되는 것을 방지하기 위해 2001년 NAFTA 해석선언과 이를 반영한 미국의 2004년 모델 투자협정문을 벤치마크하여 '공정하고 공평한 대우'를 국제관습법에 따른 대우의 최소기준의 하나로 규정하는 경향을 보여왔으며, 이제는 이러한 방식으로 공정·공평 대우 의무를 투자협정에서 기술하는 것이 세계적인 추세가 되었다. 다시 말하자면, 많은 국가들은 투자협정에서 공정·공평 대우 의무가 다름이 아니라 외국인의 경제적 권리와 이익을 보호하는 국제관습법상 최소기준이라고 못 박음으로써 그 이상 수준의 투자자 보호를 요구하는 별도의 실체적 의무가 아님을 분명히 하고 있는 것이다.

**(사법부인)** 많은 국가들은 여기에서 한 걸음 더 나아가 국제관습법에 따른 대우의 최소기준으로서의 공정·공평 대우는 구체적으로는 적법절차(due process) 위반이나 사법부인(denial of justice)을 하지 않아야 한다는 것을 포함한다는 취지를 투자협정문에 명시하고 있다.[6] 공정·공평 대우 의무가 여러 가지 요소를 포함할 수 있겠지만, 사법부인이 공정·공평 대우 의무 위반을 구성하는 대표적인 요소라는 것을 명문화하는 것이다. 우리나라도 최근의 투자보장협정과 대부분의 FTA의 투자 장에서는 이러한 규정을 택하고 있다. 우리 정부는 앞으로 체결하게 될 투자협정에서도 이

러한 방식에 따라 공정·공평 대우 의무를 국제관습법에 따른 대우의 최소기준의 일부로 규정하고 공정·공평 대우 의무의 한 요소로 적법절차와 사법부인 회피를 명시하는 방향으로 추진해 나갈 것으로 알려지고 있다.

우리 투자협정상 사법부인과 관련한 대표적인 규정으로 한-미 FTA의 관련규정(제11.5조 제2(a)항)을 보겠다.

---

… "공정하고 공평한 대우"를 제공할 의무는 세계의 주요 법률 체계에 구현된 적법절차의 원칙에 따라 형사·민사 또는 행정적 심판절차에 있어서의 정의를 부인하지 아니할 의무를 포함한다.

The obligation … to provide "fair and equitable treatment" includes the obligation not to deny justice in criminal, civil, or administrative adjudicatory proceedings in accordance with the principle of due process embodied in the principal legal systems of the world.

---

협정에 따라서는 적법절차를 '세계의 주요 법률체계에 구현된' 것으로 한정하는 규정을 두지 않는 경우도 간혹 있긴 하다. 공정·공평 대우 의무가 세계의 주요 법률체계에 구현된 적법절차(due process) 원칙에 따르는 의무라고 할 때, 주요 법률체계의 적법절차의 수준이 구체적으로 무엇인지가 협정상 문언으로 명약관화한 것은 아니지만 개발도상국 투자유치국이 자국의 후진적인 법률체계를 근거로 적법절차를 준수했다고 항변하는 경우를 배척할 수 있다는 점에서 투자자 입장에서 의미 있는 조항이라고 할 수 있겠다.

이렇게 적법절차나 사법부인 회피가 대표적인 공정·공평 대우 의무로 확립된 것은 분명해 보인다. 그러나 사법부인의 구체적인 내용과 구성요건을 명기한 투자협정문은 찾기 어렵다. 사법부인은 우선 투자유치국의 사법절차에 접근하지 못하거나 절차가 불합리하게 지연되는 등 절차상의 심각한 결함을 의미한다고 볼 수 있다. 재판 기회를 박탈하거나, 재판 절차를 부당하게 지연하는 것, 심각하게 부적절한 방식으로 사법 절차를 운영하는 것 등이 그 예가 되겠다. 넓은 의미에서는 이 사법부인은 국내법원의 사법 절차에만 한정되지 않고 모든 형태의 법적·행정적 절차에 있어서 절차적 보장이 결여된 것을 의미한다. 사족이지만, denial of justice를 사법부인으로 번역하는 것이 일반적이나, 이렇게 포괄적인 의미를 강조하기 위해 '정의부인'이라고 번역하여도 좋을 듯하다.

그런데 이와 같은 절차적인 사법부인 외에 실체적으로 국내 판결 내용상 결함이 있을 때 중재판정부들은 어떠한 태도를 취할까? 중재판정부들은 국제중재가 국내 사법 판결에 대한 상급심이 아니라는 점과 국제중재를 통해 사법부인으로 판정하는 것은 주권 국가의 사법 체제를 부정하는 결과가 초래된다는 점을 고려하여 실체적인 면에서 국내 판결의 정당성 여부를 판단하는 데에는 매우 조심스러운 입장을 취해 왔다.[7] 중재판정부들이 국내 판결 내용을 불가피하게 판단해야 하는 경우에는 판결 내용이 자격 있는 판사로 구성된 정상적인 재판부라면 도저히 내릴 수 없는 정도의 터무니없이 자의적인 수준일 경우에만 사법부인으로 판단하는 경향을 보여 왔다. 또한 1심 판결이 매우 부적절한 경우에도 상급심을 통해 이를 교정할 수 있는 합리적인 기회가 사법체제 내에 갖추어져 있으면 사법부인에 대한 최종 판정은 잔여 사법 절차가 종료되어야 내릴 수 있다고 보고 있다. 말하자면, 국제법상 일국의 사법부인을 판단하기 위한 임계치는 매우 높다고 할 수 있다.

이러한 엄격한 기준으로 사법부인을 판정하는 중재판정부들의 태도로 인해 사법부인으로 판정된 사례가 많지 않은 것 같다. 최근의 중재판정부 판정을 하나 보도록 하겠다.

일본의 미국 내 자회사로서 자동차 타이어를 생산·판매하는 회사인 Bridgestone Licensing Services Inc.(BSLS)는 같은 그룹 내의 Bridgestone America, Inc.(BSAM)에 파나마에서 Firestone과 Bridgestone이라는 상표로 타이어를 생산·판매하도록 라이선스를 주었는데, 2001년경 어떤 다른 회사가 Riverstone이라는 상표로 중국에서 생산된 타이어를 판매하면서 이 상표를 특허청에 등록하려고 하자 Bridgestone 그룹의 두 회사는 상표의 혼동가능성을 이유로 등록반대신청을 하였다. 이에 대하여 상대방 회사가 이 등록반대신청으로 인하여 손실을 입었다고 주장하면서 민사 배상청구를 하여 1, 2심에서는 패소하였으나 대법원에서 승소하자 Bridgestone 그룹의 두 회사는 이 대법원 판결이 터무니없는 판결로 사법부인에 해당한다고 주장하면서 미국-파나마 투자촉진협정상의 공정·공평 대우 의무 위반을 이유로 2016년 국제중재를 청구하였다.

중재판정부는 피청구국 측이 제시한 전문가의 의견을 토대로 사법부인의 요건으로 (i) 국가 법원의 잘못된 판결 하나가 국제법상 사법부인을 구성하는 것은 아니며 국제법상 사법부인은 국가의 사법처리에 있어서 시스템적인 실패가 있을 때만 발생한다는 점, (ii) 국제법은 국제중재자에게 국가 법원에 대한 상급 법원의 역할을 하는 권위를 부여하지 않았다는 점, (iii) 법원에 의한 선의의 잘못이 개별사건에 있어서는 심각한 불공정을 초래하더라도 국제법상 사법부인에 이르지는 않는다는 점, (iv) 국가법원의 잘못된 하나의 판결은 그 법원이 편견, 부정직, 공정성 결여, 심각한 무능 등에 빠져 있다는 사실을 증명할 수 있을 때에만 국제법상 사법부인으로 판정할 수 있다는 점, (v) 특정 사법 판결이 국제법상 사법부인에 해당하는 시스템적인 실패를 나타내는 것인지 여부를 판단하는 정확한 기준은 일반적으로 그 판결이 법적 적절성에 관한 인식에 충격을 주거나 적어도 놀라움을 주는 식으로 법의 적법절차를 의도적으로 무시한 것인지 여부가 될 것이라는 점을 적시하였다. 이러한 잣대에 따라 중재판정부는 증거 평가 등 일부 측면에서 파나마 대법원의 판결에 동의할 수 없는 부분이 있는 것은 사실이나 적법절차 무시나 부패 등의 증거가 없으므로 사법부인의 수준에 이른 것은 아니라고 판정하였다. (Bridgestone 대 파나마 사건, ICSID ARB/16/34, 2020.8.14. 판정)

사법부인이 법률체제가 미흡한 후진국에서만 문제가 되는 것은 아닌 듯하다. 결국 중재판정부에서 사법부인은 아니라고 결론이 났지만, 미국을 상대로 사법부인 주장이 제기되었던 케이스이다. 캐나다인 Loewen이 미국 남부에 장의업 회사를 설립하고 투자 진출하였는데, 현지 경쟁사가 이 회사를 공정거래법 위반혐의로 고발하여 미국 미시시피 주 법원에서 무려 5억 달러의 가혹한 배상판결을 받았고 항소요건이 하급심 판결 금액의 125%에 이르는 막대한 금액을 예치하도록 되어 있어 이를 인하해 줄 것을 요청했으나 법원에 의해 거부된 것에 대해 공정·공평 대우 의무 등의 위반이라고 주장하며 1998년에 국제중재를 청구하였다. 중재판정부는 미시시피 주 법원의 1심 판결이 어느 기준에서 보더라도 수치스러울 정도로 편향적이고 불공정하다는 점을 인정하였으나 이 판결이 미국 내 이용 가능한 전체 사법 심리과정의 일부분에 불과함을 지적하고 예치금액 인하거부 결정에 대한 항소와 미 대법원 상소를 포함하여 상급심 판결의 이용가능성이 열려 있는데도 이를 소진하지 않았으므로 이 상태에서 사법부인으로 판정할 수는 없다고 결론지었다. (Loewen 대 미국 사건, ICSID ARB(AF)/98/3, 2003.6.26. 판정)

**(합리적 기대)** 앞에서 언급했듯이, 공정 · 공평 대우는 사법부인에만 국한되는 개념은 아니다. '포함한다'(include)라는 표현이 사용된 위 조문이 시사하는 바와 같이 공정 · 공평 대우는 사법부인 외에도 그 밖의 다양한 요소를 포함할 수 있다. 사법부인과 같이 여러 투자협정에 조문화되는 단계에는 아직 이르지 않았으나, 그간 축적된 중재판정례를 토대로 공정 · 공평 대우가 어떤 다른 요소를 포함할 수 있는지를 살펴보도록 하겠다.

우선 투자자의 합리적 또는 정당한 기대(reasonable or legitimate expectation)를 침해한 것이 공정 · 공평 대우 의무를 위반한 것으로 보는 사례가 많이 발견된다. 투자자의 합리적 기대는 국가기간시설이나 사회간접자본 프로젝트와 같이 주로 장기적인 개발사업투자에서 특히 문제가 되는데, 투자자는 투자유치국 내에 투자를 하고자 결정할 때 당시의 법적 · 제도적 환경이 상당기간 안정적으로 유지될 것이라든가 투자유치국이 분명하게 밝힌 약속이 지켜질 것이라는 합리적 기대를 가질 수 있다. 다수의 중재판정부들은 투자자가 투자를 결정한 시점에서 여러 정황상 가질 수 있는 정당한 기대를 보호하는 것을 공정 · 공평 대우 의무의 핵심요소로 판단해 왔다. '합리적 기대'란 투자자의 주관적 기대가 아니라 신의 성실 원칙에 따라 투자 당시 기대했던 대로 투자유치국의 환경이 일관성, 안정성, 투명성에 기초한 예측가능성을 가지고 지속적으로 유지될 것이라고 기대하는 것을 말한다.

투자자의 합리적 기대를 침해한 것이 공정 · 공평 대우 의무를 위반한 것으로 보는 중재판정례는 제3장에서 언급한 스페인 회사 Tecmed가 멕시코를 상대로 제기한 국제중재 사건에서 중재판정부가 내린 판정이 선구적 역할을 하였다. 중재판정부는 우선 공정·공평 대우 의무는 국제법상 인정된 신의성실 원칙(bona fide principle)의 한 표현이자 그 일부라는 인식에서 출발하여, 국제법상 확립된 신의성실 원칙에 비추어 볼 때, 이 의무는 투자유치국이 투자자가 투자를 결정할 때 고려하였던 기본적인 기대에 영향을 주지 않는 대우를 외국인 투자자에게 부여할 것을 요구하는 것이라고 해석하였다. 중재판정부는 관련 정책 및 행정 관행이나 지침의 목표뿐만 아니라 투자를 규율하게 될 모든 법규들을 투자자가 사전에 숙지할 수 있도록 투자유치국이 일관되고 완전히 투명하게 행동하는 것이 요구된다고 하면서, 외국투자자는 자신의 상업적 활동을 계획하고 시행하는 데 기반을 두었던 투자유치국의 기존 결정이나 허가가 자의적으로 폐지되지 않을 것이라는 정당한 기대를 한다고 지적하였다. 중재판정부는 이러한 논리로 청구인이 투자를 결정할 당시 일정 기간 동안 존속될 것으로 기대하였던 매립장 운영 허가를 투자유치국인 멕시코가 자의적으로 취소한 것은 청구인의 정당한 기대를 깨는 것으로서 결국 공정·공평 대우 의무를 위반한 것이라고 판정하였다. (Tecmed 대 멕시코 사건, ICSID ARB(AF)/00/2, 2003.5.29. 판정)

또 하나의 중재판정례를 들어보자. 루마니아 출신 스웨덴 국적 기업가 Ioan Micula와 그의 쌍둥이 동생 등은 2000년대 초 고국인 루마니아에 식품 가공 회사를 설립하였다. 이들은 당시 루마니아 정부가 낙후지역 경제개발을 위해 실시하고 있던 10년간 세금면제 등 이 지역의 외국인 투자기업에 대한 각종 혜택 부여 정책에 따라 투자를 하였는데, 루마니아 정부가 2005년 EU 가입의 일환으로 동 면세 혜택을 중단하게 되자 국제중재를 청구하였다. 청구인은 면세 혜택이 10년간 계속될 것이라는 합리적 기대가 투자 결정의 핵심적인 요소였다고 주장하면서, 루마니아 정부가 관련 법규를 개정함으로써 안정적이고 예측가능한 영업적·법적 환경을 제공하지 못하였다고 주장하였다. 중재판정부는 모든 사실관계를 검토해 본 결과, 면세 혜택이라는 이 인센티브 제도가 당초 제안되었을 때와 실질적으로 동일한 형태로 이용 가능할 것이라는 기대를 투자자가 가질 수 있도록 하는 표시(representation)가 루마니아 정부 측으로부터 있었다는 점, 이 인센티브 제도가 EU의 보조금 정책과 불합치하지 않기 때문에 폐지되지 않을 것이라고 루마니아 정부와 함께 마지막 순간까지 믿고 있었다는 점, 루마니아 정부가 이 인센티브 제도가 조기에 폐지될 것이라는 것을 투자자에게 시의적절한 시점에 알리지 않음으로써 투명성 있게 행동한 것이 아니라는 점 등이 인정되므로 루마니아 정부가 이 제도의 지속성에 대한 청구인의 합리적인 기대를 침해함으로써 공정·공평 대우 의무를 위반한 것이라고 다수의견으로 판정하였다. (Micula 대 루마니아 사건, ICSID ARB/05/20, 2013.12.11. 판정)

물론 합리적 기대가 투자유치국의 투자환경이 일관성, 안정성, 투명성에 따른 예측가능성을 갖고 지속적으로 유지될 것이라고 믿는 것이라고는 하나, 그렇다고 해서 어떠한 상황에도 법적 체제를 바꿔서는 안 된다는 식으로 투자유치국의 법령 개정권을 부인하는 것은 아니다. 투자유치국의 법적·사회적·경제적 상황 변화에 따라 투자유치국은 이에 대처하기 위해 법규 개정 등 필요한 조치를 취할 수 있고 합리적인 투자자는 이러한 점을 예상할 수 있어야 한다. 이와 함께, 투자유치국이 투자협정의 운용에 영향을 미칠 수 있는 협정 가입, 법령의 제정·개정, 행정결정, 사법결정 등을 신속히 공포함으로써 투자자에게 가능한 한 투명성을 제공하도록 하여 투자자가 투자유치국의 환경 변화에 대처하도록 하는 것도 필요하다. 이렇게 함으로써, 투자유치국의 법령 개정권과 투자자의 합리적 기대 보호 간에 적절한 균형이 유지될 수 있다.

미국 회사 El Paso Energy International은 아르헨티나 발전 및 석유 · 가스 공급 회사의 소수 지분을 보유하고 있었다. 아르헨티나 정부는 민간 발전 업자로부터 구매하는 전기 가격을 달러로 책정해 주고 물가수준을 감안하여 가격을 정기적으로 조정할 수 있도록 하는 등 발전과 석유 · 가스 공급에 대한 특혜적인 규제 체제를 유지하고 있었으나, 2001년 극심한 경제위기에 봉착하자 이를 타개하기 위해 달러 : 페소 간 고정환율제를 폐지하고 달러로 책정되던 전기 등 공공 서비스 공급가격을 페소로 전환하는 등 대대적인 비상경제정책을 실시하였다. 청구인은 이렇게 되자 수익성이 낮아진 아르헨티나 회사의 자기 지분을 헐값에 매각하게 되었는데, 기존의 특혜제도가 유지되리라는 자신의 합리적 기대가 침해되었으므로 이는 공정 · 공평 대우 의무 위반에 해당된다고 주장하면서 2003년 국제중재를 청구하였다.

중재판정부는 합리적 기대란 투자자의 주관적인 기대가 아니고 투자수익에 대한 투자자의 정당한 기대와 공공의 이익을 위해 경제를 규제할 수 있는 투자 유치국의 권리 사이에 균형을 맞추어야 한다고 하고, 합리적인 투자자라면 환경이 격변하면 그에 따라 법규도 심하게 변하게 될 것이라고 기대해야 한다고 하면서, 정당한 이유 없이는 법규정이 변하지 않으리라고 기대할 수는 있으나 국가가 어떠한 상황에서도 국내 법규를 변경하지 않겠다고 포괄적으로 외국인 투자자에게 약속하라는 것은 아니며 아르헨티나의 당시 경제상황에서 국내 법규의 동결을 기대하는 것은 비이성적이라고 지적하면서 투자자에게 패소 판결을

내렸다. (El Paso 대 아르헨티나 사건, ICSID ARB/03/15, 2011.10.31. 판정)

또한 투자자의 기대를 침해하려는 투자유치국의 의도적 악의가 반드시 필요한 것은 아니라는 점에 대해서도 중재판정부의 판례로 확인된다.[8]

한편, 투자자의 합리적인 기대라는 개념에 대하여 위와 같이 객관화하기 위한 여러 가지 법리가 개발되고 있기는 하지만, 여전히 일정부분 주관적 요소를 걷어내기가 어려운 것이 사실이다. 이러한 점을 감안하여 우리 정부는 투자유치국의 작위나 부작위가 투자자의 기대에 미치지 못했다는 단순한 사실만으로는 설사 이로 인해 투자에 손실이나 손해가 발생했더라도 대우의 최소기준 위반을 구성하는 것은 아니라는 취지의 규정을 2018년 한-미 FTA의 개정을 통해 삽입하였다. 같은 맥락에서 우리 정부는 중재판정부가 투자자의 합리적 기대가 있었는지를 판단함에 있어서 투자유치국 정부가 투자를 유치하기 위해 구체적인 표시(representation)를 함으로써 투자자의 기대가 생겼는지와 투자자가 이에 기초하여 투자를 결정하였는지의 여부를 검토하도록 앞으로 체결할 투자협정문에 명문화하는 방향으로 교섭할 방침으로 알려져 있다. 이렇게 되면, 투자유치국이 투자자의 합리적 기대를 침해하여 공정·공평 대우 의무를 위반했다고 주장하기 위해서는 (i) 투자유치국이 약속이나 보장 등 구체적 표시가 있었을 것, (ii) 투자자가 이러한 약속이나 보장을 사실적으로 의지했을 것, (iii) 이러한 의지와 기대가 합리적이었을 것이라는 요건을 증명해야 할 것이므로 합리적 기대의 존재에 대한 투자자의 입증책임이 보다 무거워질 것으로 생각된다.

**(정부권한의 남용, 자의적 · 차별적 행사)** 그간의 중재판정부들은 사법부인이

나 합리적 기대 외에도 투자유치국이 정부권한을 지나치게 남용하거나 자의적·차별적으로 행사하여 총체적으로 불공정하고 부당하며 터무니없는 대우가 외국인 투자자나 투자에 초래되는 경우 공정·공평 대우 의무를 위반한 것이라는 판정을 많이 내렸다. 투자협정들이 투자유치국의 자의적이거나 차별적인 행위에 대한 보호를 별도의 독립된 규정으로 포함하는 경우도 있으나, NAFTA나 NAFTA 유형의 투자협정에서와 같이 이러한 규정이 없는 경우에도 중재판정부는 투자유치국의 비자의적 행위나 비차별적인 행위를 공정·공평 대우 의무의 요소로 해석한 사례가 많이 있다.9 여기에서도 이러한 부정적인 결과가 초래되었을 때 정부의 행위에 악의 또는 적의가 있어야 하는가에 대해서는 극히 예외적인 판례를 제외하고는 대체로 악의나 적의가 있었는지의 여부와 상관없이 그 정도가 심한 경우 공정·공평 대우 의무 위반을 구성한다고 보는 경향을 보여 왔다.

자의성의 기준에 대해서는 영국의 공항면세점 운영 전문회사인 EDF Service Ltd.가 루마니아 정부를 상대로 2005년에 청구한 국제중재에서 중재판정부가 채택한 기준이 특기할 만하다. EDF Service Ltd. 사는 1991년 루마니아 국영 공항공사 및 항공사와 합작하여 면세점 운영회사를 설립하여 상당한 실적을 내고 있었는데, 합작 파트너사와 지분매입을 둘러싸고 분쟁이 발생한 와중에 루마니아 정부가 이 회사의 기존 면세사업 면허를 취소하고 다른 회사에게 새로 인가를 내어주는 긴급명령과 함께 이 회사에 대해 세무조사를 실시하는 등의 조치를 취한 것이 이 회사가 국제중재를 청구하게 된 배경이다. 중재판정부는 루마니아 정부의 조치가 불합리하거나 차별적인 것인지를 검토하는 과정에서 청구인이 내세운 전문가가 제시한 자의성의 기준을 검토의 잣대로 삼았다. 이에 의하면, 자의성이란 어떠한 조치가 분명하게 정당한 목적 없이 투자자에게 손실을 입히거나, 법적 기준이 아닌 재량·편견 또는 개인적인 선호에 근거하거나, 결정권자가 제시한 것과 다른 이유에 근거하여 취해졌거나, 또는 적법절차를 알고도 무시하여 취해진 조치를 의미한다는 것이다. 중재판정부는 이러한 기준에 따라 루마니아 정부의 조치가 불합리하거나 차별적이라는 청구인의 주장을 배척하였다. (EDF (Services) Limited 대 루마니아 사건, ICSID ARB/05/13, 2009.10.8. 판정)

이러한 자의성 기준은 이태리 건설회사 Toto Construzioni Generali S.A.사가 레바논으로부터 고속도로 건설 공사를 수주하였는데, 레바논 측의 비협조로 공기가 연장됨에 따라 비용이 추가된 데 대해 이태리-레바논 투자보장협정상의 공정·공평 대우 의무 위반을 주장하면서 2007년 국제중재를 청구한 사건에서도 기준으로 활용되었다. (Toto Construzioni 대 레바논 사건, ICSID ARB/07/12, 2012.6.7. 판결)

최근에 나온 판례 하나를 더 보겠다. 미국 유한책임회사인 Gramercy Funds Management LLC(GFM)와 Gramercy Peru Holdings LLC(GPH)는 2006년에서 2008년 사이에 페루의 농지개혁채권을 다량으로 구입하였다. 이 채권은 페루정부가 1970년대 농지개혁의 일환으로 수용한 토지에 대한 보상 대신 토지소유자에게 장기채권 형식으로 배분한 것이었는데, 그간 페루의 초인플레이션으로 채권의 실질가치는 거의 제로에 가깝게 떨어진 상태였다. 페루 대법원의 2003년 판결과 이에 따른 재무부의 규정 공포로 농지개혁채권 가격산정 및 부채상환방식이 정해지자 이 미국 회사들은 이 가격산정 방식이 부당하다며 미국-페루 FTA상의 대우의 최소기준 위반 등을 주장하며 2018년 국제중재를 청구하였다. 중재 심리과정에서 여러 이슈들이 제기되었지만, 페루 측의 조치가 자의적인 것이므로 공정·공평 대우 의무 위반을 구성한다는 청구인의 주장에 대해 중재판정부가 검토한 내용을 살펴보자. 미국-페루 FTA의 투자 장은 한-미 FTA와 마찬가지로 공정·공평 대우 의무를 국제관습법에 따른 대우의 최소기준의 일부로 규정하고 있다. 중재판정부는 자의성(arbitrariness)이란 공정하지 못한 것과 유사한 의미로서 이성이나 사실에 기초하기보다는 편견이나 선호, 선입감에 기초한 행위로서 법치주의나 공정한 절차를 무시하는 것을 의미한다고 보고, 특히 자의성 금지를 규정한 별도의 조항을 두지 않은 NAFTA 방식에 근거하여 이 문제를 검토한 종전 판례를 인용하면서 정부 조치의 자의성이 공정·공평 대우 의무 위반을 구성하는 요소 중의 하나로 보았다. 중재판정부는 정부 조치가 협정 위반을 구성할 정도로 자의성이 있다고 하기 위해서는 국제적 관점에서 보았을 때 받아들이기 어려운 수준에 도달해야 할 정도로 심해야 한다고 하면서 그 임계치가 높다고 보았다. 중재판정부는 이러한 기준에서 칠레 측 조치의 여러 측면을 각각 검토하여 자의성이 크다고 판단하여 공정·공평 대우 의무를 위반하였다고 다수의견으로 판정하였다. (Gramercy 대 페루 사건, ICSID UNCT/18/2, 2022.12.6. 판정)

이와 같이 Gramercy Funds Management 등이 페루정부를 상대로 2016년 국제중재를 청구한 사건에서는 정부의 행위가 공정·공평 대우 의무의 위반을 구성하기 위해서는 정부 행위의 자의성이 매우 높은 수준에 이르러야 한다고 보았다. 그런데, 이와는 달리 국가행위의 자의성이 공정·공평 대우 의무 위반을 구성하게 될 임계치를 이보다 낮은 기준으로 잡고 이 의무 위반 여부를 검토한 케이스도 있다.

독일계 Inmaris Perestroika Sailing Maritime Services라는 회사와 몇 개 회사는 우크라이나 농업부 산하 항해기술대학의 학생 훈련용 범선을 항해관광에 사용하는 계약을 1991년 이 대학과 맺었는데, 계약 이행과정에서 양측의 관계가 악화된 와중에 2006년 우크라이나 농업부가 해당 범선의 국외 출항을 금지시킴에 따라 이 회사들이 항해관광 사업을 하지 못하게 되어 우크라이나 정부의 조치가 독-우크라이나 투자보장협정상의 공정·공평 대우 의무 위반과 수용에 해당한다며 2008년 국제중재를 청구하였다. 독-우크라이나 투자보장협정은 대우의 최소기준이나 국제관습법에 대한 언급 없이 "각 체약당사국은 … [다른 쪽 체약당사국의 자연인 또는 회사에 의한] 투자에 대하여 공정하고 공평한 대우를 부여한다."라고만 규정되어 있었다. 우크라이나 정부 측은 NAFTA의 경우를 예로 들면서 공정·공평 대우 의무는 국제관습법이 요구하는 대우의 국제적인 최소기준에 따른 대우일 뿐이기 때문에 정부의 행위가 아주 중대하게 불공정(gross unfairness)하거나 법적인 적절성에 관한 관념에 충격을 주는 정도의 행위가 될 때 협정상 의무위반을 구성할 것이라고 주장하였다.

그러나 중재판정부는 독일과 우크라이나 간에는 2001년 NAFTA 해석선언과 같은 것이 존재하지 않으므로 협정 문언 그대로 정부의 행위가 불공정하거나 불공평하면 의무 위반을 구성하는 것일 뿐, '중대하다'거나 '충격적'인 수준까지 요구하는 것은 아니라고 판단하였다. 중재판정부는 이런 논리의 연장선상에서 정부의 행위가 특정한 약속을 위반하거나, 정치적 이유 또는 그 밖의 부적절한 동기에서 행동을 취하거나, 투자자가 객관적·중립적·비편견적·투명한 방식으로 대우를 받지 못하는 등의 사유가 있을 때 정부의 행위는 공정하지 못하거나 공평하지 못할 수 있다고 하였다. 중재판정부는 이런 잣대에 따라 우크라이나 정부가 취한 출항금지 조치를 검토한 결과, 항해기술대학 측이 계약상

조건을 변경하기 위해 정부의 우월적 권한을 사용하여 일방적인 행위를 한 것이므로 공정·공평 대우 의무 위반을 구성한다고 판정하였다. (Inmaris 대 우크라이나 사건, ICSID ARB/08/8, 2012.3.1. 판정)

이 중재판정부의 경우, 독-우크라이나 투자보장협정이 대우의 최소기준이나 국제관습법에 대한 언급 없이 공정·공평 대우 의무를 규정하고 있는 상황에서 내린 판정임에 유의할 필요가 있다. 이러한 사유로 이 중재판정부는 공정·공평 대우 의무를 국제관습법에 기초한 대우의 최소기준의 일부로 규정한 NAFTA의 경우보다는 이 의무 위반의 임계치를 더 낮게 잡은 것으로 해석된다. 동일한 배경에서 이러한 해석을 한 중재판정부가 제법 있다. 그런데 최근 투자협정들은 NAFTA 방식으로 대우의 최소기준의 일부로 이 의무를 규정하는 경우가 많기 때문에, 앞으로 NAFTA 방식을 채택한 협정에 근거한 중재판정부는 의무 위반의 임계치를 좀 더 높여 정부 행위의 남용과 자의적, 차별적인 행사가 아주 심각한 정도에 이르렀을 경우에만 이 의무 위반을 구성하는 것으로 판단하게 될 것으로 예상된다.

(절차적 투명성) 앞서 살펴본 여러 요소 외에도 절차적인 측면에서 보았을 때, 정부권한 행사가 투명성이 현저하게 결여되었거나 일관성이 없어 예측가능성이 매우 낮은 경우, 비례성이 결여된 경우, 선정(good governance)의 요소를 충족하지 못한 경우에도 공정·공평 대우 의무 위반이 발생하는 것으로 판단될 수가 있을 것이다.[10]

미국 회사 Metalclad사는 멕시코 지방에서 유해폐기물 매립 시설을 건설·운영하기 위하여 멕시코 연방정부로부터 허가를 받았으나 유해폐기물 매립 시설을 건설하기 위해 연방정부의 허가와는 별도로 시

정부의 허가가 필요한지 여부에 대해 멕시코 측의 확실한 유권해석이 없어서 한동안 혼란상태가 지속되다가 결국 시 정부의 허가 거부, 주 정부의 선인장 보호지구 설치령 등에 의해 사업 운영이 좌절되자 NAFTA를 근거로 공정·공평 대우 의무 위반, 수용 등을 주장하며 1997년 국제중재를 청구하였다. 청구인이 멕시코 정부 측의 투명성 부족에 의한 공정·공평 대우 의무 위반 문제를 제기한 데 대하여, 중재판정부는 NAFTA에 규정된 대로 투명성이란 투자를 개시하고 완공하여 성공적으로 운영하기 위한 모든 관련 법적 요건들이 다른 쪽 당사국의 모든 해당 투자자에게 쉽게 알려질 수 있도록 하는 것으로 이해한다고 하고, 협정당사국의 중앙정부 당국이 건설 허가를 위한 법적 요건들에 대한 혼선 가능성을 인지하였다면 투자자가 모든 관련 법규에 따라 제대로 진행할 수 있도록 올바른 내용을 분명히 알려줄 책임이 있다고 지적하였다. 중재판정부는 결국 멕시코 정부의 행위가 투자자의 투자사업계획과 투자를 위한 투명하고 예측가능한 체계를 보장하지 못하였다고 하면서 이러한 투명성 보장 실패는 공정·공평 대우 의무에 위반된다고 판정하였다. (Metalclad 대 멕시코 사건, ICSID ARB(AF)/97/1, 2000.8.30. 판정)

이 판정은 공정·공평 대우 의무의 요소로서 투명성을 언급한 최초의 판정으로 알려져 있다. 참고로 이 판정은 NAFTA 해석선언 이전에 내려진 것이다.

요컨대, 공정·공평 대우 의무는 구성요소, 기준이나 정도가 투자협정에 미리 명시되어 있지 않기 때문에 이 의무 위반이 제기되었을 때 문제가 된 투자유치국의 행위나 조치가 앞에서 열거한 위반 요소를 포함하는지를 종합적으로 검토하고 그 양상과 정도에 있어서 심각한 수준에 있는지를 판단하게 될 것이다. 다양한 투자유치국의 상황과 문제가 된 조치 및 그 배경이 사건마다 각각 다를 수밖에 없으므로 일률적인 접근방식이라는 것은 있을 수 없고, 결국 개개 상황의 특수성을 고려한 개별적인 판단이 필요할 수밖에 없을 것이다.

이러한 측면에서, 프랑스인 Renée Rose Levy de Levi이 자신의 부친으로부터 주식을 양도받은 페루 내 은행 Banco Nuevo Mundo (RNM)이 페루 금융당국의 자의적인 개입으로 인해 해체·청산과정을 밟게 되었다면서 2010년 국제중재를 청구한 사건에서 중재판정부가 보인 접근방식이 흥미롭다. 이 사건에서 중재판정부는 청구인이 공정·공평 대우 의무 위반의 요소로 제기한 합리적 기대, 법적 안정성, 자의적·차별적 행위와 권력남용, 악의·강압·위협 및 학대, 적정 절차 등 다양한 요소들에 대해 이들 요소들이 공정·공평 대우 의무를 구성하는 것인지를 사전에 예단하지 않고 이들 요소들을 사실관계에 비추어 차례대로 자세히 검토한 후, 이들 요소들에 대한 페루 정부 측의 위반이 없었음을 확인하고 공정·공평 대우 의무 위반사실이 없었다고 결론지었다. (Renée Rose Levy de Levi 대 페루 사건, ICSID ARB/10/17, 2014.2.26. 판정)

(최혜국대우) 공정·공평 대우 의무에 대해 NAFTA 해석선언 이후의 최근 경향은 그나마 적법한 절차의 준수나 사법부인 회피 등을 중심으로 보다 엄밀하게 규정하려는 것인데, 이에 비해 보다 포괄적인 방식으로 공정·공평 대우 의무를 규정한 종전의 투자협정문을 최혜국대우 조항을 근거로 차용할 수 있는지가 투자자 입장에서 보면 관심사가 될 수 있다. 이에 대한 중재판정부들의 태도에는 일관성이 없으나, 실제로 투자유치국이 보다 넓게 공정·공평 대우 조항을 규정한 제3국과 체결한 투자협정이 있다면 최혜국대우 조항에 따라 이를 원용할 수 있다고 판

단한 몇몇 중재판정부의 판정이 발견된다는 점에 유의할 필요가 있을 것이다.11

하나의 판례를 들어보겠다. 말레이시아 투자 회사인 MTD Equity는 칠레 산티아고시 교외에 신도시 건설 사업을 추진하여 칠레 투자청과 투자계약을 체결하였으나 토지 형질 변경 승인 절차가 지연됨에 따라 손실을 입었다면서 2001년 국제중재를 신청하였다. 청구인은 말레이시아-칠레 간 투자보장협정의 최혜국대우 조항을 통하여 칠레-덴마크 투자보장협정과 칠레-크로아티아 투자보장협정상의 공정·공평 대우를 원용하고자 하였으며, 피청구국인 칠레는 이 원용에 반대하지는 않고 이를 원용하더라도 위반이 발생하지 않았다고 주장하였다. 중재판정부는 투자협정의 목적이 투자를 보호하고 투자에 유리한 조건을 조성하는 데 있는 만큼, 말레이시아-칠레 투자보장협정에서 조세대우나 지역협력 등 최혜국대우를 명시적으로 배제한 분야를 제외하고는 이 두 협정으로부터 최혜국대우 조항에 따라 공정·공평 대우 의무를 원용할 수 있다고 판단하였다. 이 사건에서 중재판정부는 투자유치국의 도시정책상 투자가 일어날 수 없는 상황임에도 불구하고 투자승인을 한 후 투자진행을 위한 조치를 지연한 것은 공정·공평 대우 의무 위반에 해당된다고 하면서도 사업위험에 대한 주의 의무를 다하지 않은 투자자의 책임도 일정 부분 인정하는 판정을 내렸다. (MTD Equity 대 칠레 사건, ICSID ARB/01/7, 2004.5.25. 판정)

(균형적 접근) 공정·공평 대우 의무에 관한 그간의 중재판정부의 판정이 계속 나옴에 따라 이 의무를 구성하는 요소들에 대한 공통된 이해가 보다 깊어지게 되었다. 또한 많은 중재판정부가 이 의무를 구성하는 구체

적인 요소를 식별하기 위한 노력을 기울이는 과정에서 결과적으로 투자유치국 정부와 투자자의 이익 간 균형을 이루는 방향으로 판례가 축적된 것으로 평가된다. 투자자의 이익 보호에 경도되다 보면 투자유치국의 정당한 규제권한을 불가피하게 침해할 수 있고 투자유치국의 규제권한을 지나치게 옹호하다보면 투자협정의 본래 취지에 반하여 투자자의 권리를 저해할 수 있다. 공정·공평 대우 의무를 이루는 요소로서 사법부인, 합리적 기대, 자의성·차별성·비례성·투명성 등을 식별해 낸 것은 투자자의 권익을 실질적으로 증진하는 데 기여할 것이며, 투자자의 합리적 기대에 대한 투자유치국의 표시요건, 합리적 기대의 좌절이나 자의성을 판정하기 위한 높은 기준 설정, 투자자의 투자 리스크에 대한 책임성 등을 강조한 투자판정부들의 판정 내용은 투자유치국의 규제권한에 대한 균형 잡힌 접근에 기여한 것으로 보인다.

## 충분한 보호 및 안전 제공 의무

공정·공평 대우 의무와 마찬가지로 대부분의 투자협정은 투자유치국이 자국 내 협정 상대국 투자자의 투자에 대하여 '충분한 보호 및 안전'(full protection and security)을 제공해야 할 의무를 규정하고 있다.

종전에는 '충분한 보호 및 안전'을 제공할 투자유치국의 의무에 대하여 거의 대부분의 투자협정이 그러한 원칙만 천명하였을 뿐, 그 구체적인 내용과 범위에 대해서는 규정하지 않았다. 이로 인해 국제중재에서 흔히 대우의 제공 범위를 둘러싸고 투자유치국과 투자자가 대립하게 되었고 다양한 해석이 나오게 되었다. 투자유치국은 당연히 그 범위를 좁게 설정하려고 하였고 투자자는 이를 넓게 확장하려고 하였다. 이 과정에서 특히 이 의무를 투자에 대한 물리적 보호뿐만 아니라 투자환경의 영업적·법적 안정성까지 포괄하는 의무로 해석을 확장하는 중재판정이 나오고 이를 지지하는 학계 주장도 나왔다. 아직도 중재판정부의 해석은 어느 방향으로도 수렴하지 않고 충분한 보호 및 안전 의무는 해당 투자의 물리적·경찰 보호에 국한해야 한다는 판정과 투자 환경의 보호까지 포함한다는 판정이 지속적으로 나오고 있는 단계라고 할 수 있다.

비교적 최근이라 할 수 있는 2020년 3월에 나온 판정도 이러한 확장적 해석 편에 선 사례이다. 이집트 텔레콤 지주회사 Global Telecom Holding S.A.E.(GTH)가 캐나다를 상대로 국제중재를 제기한 사건인데, 청구인은 충분한 보호와 안전 제공 의무가 물리적 보호뿐만 아니라 상업적·법적 안정성까지 확보해야 할 의무를 의미하는 것으로 주장한 반면, 캐나다 정부 측은 이 의무가 물리적·경찰 보호 제공만을 의미하는 것이라고 주장하였다. 1997년 3월에 발효한 이집트-캐나다 투자보장협정은 충분한 보호와 안전 제공 의무를 공정·공평 대우 의무와는 별개의 조항에서 대우의 최소기준에 관한 언급 없이 규정하고 있다. 중재판정부는 협정 문안상 이 의무에 대한 아무런 배제나 제한이 없다는 점을 지적한 후, 종전의 여러 판례들을 인용하고 투자에는 물리적 보호가 힘든 무형의 자산도 포함된다는 점을 거론하면서 이 의무는 물리적 보호뿐만 아니라 영업적·법적 안정성까지도 보호하는 것이라고 해석하면서 청구인의 손을 들어 주었다. (Global Telecom Holding S.A.E.(GTH) 대 캐나다 사건, ICSID ARB/16/16, 2020.3.27. 판정)

**(최근의 협정문 명문화 경향)** 이러한 상황하에서 최근에는 많은 국가들은 충분한 보호와 안전 의무에 대한 해석이 과다하게 확장되는 것을 방지하기 위해 미국의 2004년 모델 투자협정문을 벤치마크하여 아예 협정문에 '충분한 보호와 안전' 의무를 대우의 최소기준의 한 요소로 규정하고 이 의무가 물리적 보호에 국한되는 것임을 분명히 하려는 노력을 하고 있는 것으로 관찰된다. 다시 말해, '충분한 보호 및 안전'이란 소요, 범죄, 물리적 폭력으로부터 투자에 대한 물리적 안전을 제공하는 것을 의미하는 것으로 분명하게 조문화하는 것이다.

　우리나라가 종전에 체결한 투자보장협정을 보면 이 의무를 독립적인 의무로 규정하는 한편, 그 의미에 대해서는 아무런 규정을 두지 않는 경우가 많았다. 한편, 우리나라가 체결한 대부분의 FTA나 최근에 체결한 투자보장협정에서는 최근의 국제적 경향에 따라, 이 의무를 공정·공평 대우 의무와 함께 대우의 최소기준의 일부로 규정하고 그 의미를 투자에 대한 물리적 안전, 즉 경찰 보호를 제공해야 하는 것으로 명기하는 경향이 있다. 우리의 FTA 상대국들이 이미 미국의 2004년 모델 협정문을 벤치마크하여 미국과 FTA를 체결한 경험을 가지고 있어서 우리도 FTA 협상에서 이러한 방식을 자연스럽게 수용하였으며 이 시기에 체결한 투자보장협정에서도 같은 방식을 따르게 되었기 때문이다. 우리 정부는 앞으로 투자보장협정과 FTA의 투자 장에서 이 의무를 공정·공평 대우 의무와 함께 대우의 최소기준의 일부로 규정하고 그 범위를 투자에 대한 경찰 보호에 국한하는 방식으로 체결해 나가고자 하는 방침인 것으로 알려져 있다. 한-미 FTA의 관련 규정(제11.5조 제2(b)항)을 보겠다.

> … "충분한 보호 및 안전"을 제공할 의무는 각 당사국이 국제관습법상 요구되는 수준의 경찰보호를 제공하도록 요구한다.
>
> The obligation … to provide "full protection and security" requires each Party to provide the level of police protection required under customary international law.

충분한 보호 및 안전 제공 의무가 국제관습법에 따라 외국인 투자에 대한 물리적 안전을 확보하기 위한 경찰 보호에 국한되는 것임을 명문화함으로써 이 의무가 법적·제도적인 투자 환경의 안정성 보장까지 포괄하는 것은 아니라는 것이 분명해졌다.

(책임 정도) 그러면 투자유치국이 이 의무를 만족시키기 위해 다해야 할 책임이 어디까지인지, 그 책임의 정도가 문제된다. 즉, 보호 및 안전 위해 행위의 발생 그 자체에 대해 투자 유치국의 책임이 있는 것인지, 아니면 이러한 위해 행위 발생을 예방하기 위해 적절한 조치와 노력을 다했으면 보호와 안전 제공 책임을 다한 것인지가 문제이다. 만약 이 책임이 투자에 어떠한 손실도 일어나지 않도록 투자유치국이 보장해야 하는 것을 의미한다면, 투자손실이 일어나면 투자유치국은 자동적으로 책임을 져야하는 절대적 수준의 의무가 될 것이다. 그렇지 않을 경우, 정상적으로 작동하는 국가라면 투자에 대한 물리적인 위해 상황이 발생하지 않도록 예방하는 노력을 다할 것으로 기대되는 만큼의 의무만을 요구한다고 할 것이다.

결론부터 말하자면, 충분한 보호 및 안전을 제공할 의무는 투자에 대한 위해 행위 자체가 원천적으로 발생하지 못하게 하는 정도의 '무과실책임'(strict liability)까지 투자유치국에 요구하고 있지는 않는 것으로 해석하는 것이 중재판정부들의 거의 예외 없는 일관된 태도라고 할 수 있다.[12] 조약의 문구를 해석할 때에는 1969년 '조약법에 관한 비엔나 협약'(Vienna Convention on the Law of Treaties) 제31조에 따라 조약의 전반적인 대상과 목적도 고려하여 용어의 통상적 의미에 기초하여 해석해야 하는데, 투자협정은 투자에 대해 적정한 수준의 법적 보호 환경을 보장함으로써 투자를 촉진하기 위한 것일 뿐, 협정당사국들이 투자 보호 수준을 기존의 국제 관습법상의 보호 수준에서 더욱 격상하여 투자유치국에 엄격한 국가 부담, 즉 무과실책임까지 부과하는 정도로 높이는 것을 의도하지는 않은 것으로 해석해야 한다는 것이다.

이러한 맥락에서 중재판정부들은 투자유치국이 자국 내 외국인 투자에 대한 충분한 보호 및 안전을 제공할 국가 책임을 다했는지를 판단하기 위해 외국인 재산 보호를 위해 투자유치국이 '적절한 주의'(due diligence) 의무를 다하였는지를 그 잣대로 사용한다. '적절한 주의'란 문제가 되는 상황과 유사한 환경에서 정상적으로 작동하는 정부라면 행할 것으로 기대되는 합리적인 보살핌(reasonable care)을 의미한다.[13] 국가의 적절한 주의 시행은 국제법상 관습적으로 인정되는 국가 책임의 요소이다.

특기할 것은 앞에서 언급한 이집트 Global Telecom Holding S.A.E.사의 중재사건에서 충분한 보호 및 안전을 제공할 의무의 범위에 대해 영업적·법적 투자환경의 안전까지도 포함한다는 입장을 보인 중재판정부도 이 의무의 정도에 있어서는 정부의 무과실책임, 결과의 보장까지 의미하는 것은 아니라는 입장에는 동조했다는 것이다. 다시 말해, 충분한 보호 및 안전 제공 의무를 폭넓게 해석하는 입장을 취하였지만, 그 의무를 위반하였는지를 판단하는 잣대로는 여전히 '적절한 주의'를 사용한 것이다.

같은 취지의 판례 하나를 더 살펴보겠다. 벨기에 회사가 상당량의 지분을 소유하고 있던 이태리 내 Eskosol S.p.A 회사가 2015년 제기한 국제중재 사건이다. 이 회사는 이태리 정부가 이태리 내 태양광 시설 건설을 장려할 목적으로 시행 중이던 인센티브 프로그램을 활용할 것을 기대하고 태양광 시설 건설을 진행하고 있던 회사였는데, 이 회사가 태양광 시설을 한참 건설하고 있던 시점인 2011년에 이태리가 이 프로그램을 변경하는 입법조치를 취하게 되어 결국 회사 청산절차를 밟을 수밖에 없었다고 주장하였다. 중재판정부는 이 의무의 폭에 대하여, 즉 좁은 의미로 경찰 보호로 국한하여 해석할 것인지, 아니면 넓은 의미로 법적 안전, 안전성까지 포함하는 것으로 해석할 것인지에 대하여는 자신의 입장을 유보하고 이 기준 모두에 대해 이태리 정부가 취한 조치를 검토하였다. 중재판정부는 이 의무를 투자의 물리적 안전을 제3자에 의한 위해로부터 확보하는 것으로 해석하거나 합리적인 법적 구제 장치에 대한 접근을 허용하는 '법적 안전'(legal security) 제공 의무를 포함하는 것이라고 해석할 경우에는 이에 대해 양 당사자 간에 분쟁이 없음을 확인하였다. 중재판정부는 나아가 자신은 동의하지 않지만 이 의무가 '법적 안정성'(legal stability)까지 포함하는 넓은 뜻의 의무라고 해석하더라도 동 의무 위반 여부를 판단하는 기준은 어디까지나 국가의 '무과실책임,' '결과에 대한 의무'보다는 '적절한 주의', '합리적인 보살핌'(reasonable care) 수준이 될 것이라고 판단하였다. 즉, 이 의무가 법적 안정성까지 넓게 포함한다는 견해를 가진 다른 중재판정부라 하더라도 그 기준은 현행 규제의 틀을 완전히 동결할 것을 요구하는 것이 아니라 특정 규제 변화의 근거와 긴급성을 감안하면서 투자에 대해 불필요하고 과도한 충격이나 손실이 초래되지 않도록 적절한 주의를 다하는 정도로 보아야 할 것이라고 지적하였다. 중재판정부는 이 사건의 경우 이태리가 이성적인 정책목표와 일치하는 방식으로 비차별적, 선의적 방법으로 관련규정을 변경하였으므로, 설사 충분한 보호 및 안전 의무를 넓게 해석하더라도 이에 위반되지 않았다고 판시하였다. (Eskosol S.p.A in liqui- dazione 대 이태리 사건, ARB/15/50, 2020.9.4. 판정)

지금까지의 논의를 요약하자면, '충분한 보호 및 안전'을 제공할 의무의 '폭'에 대하여는 투자협정에 명시적으로 규정되어 있지 않는 한, 좁게는 투자에 대한 물리적·경찰 보호로 보는 견해와 넓게는 투자의 영업적·법적 환경의 안정성까지 보호하는 것으로 보는 견해가 대립하고 있으나, 이러한 의무를 다할 투자유치국 책임의 '깊이'에 대해서는 투자 위해 행위 발생 자체를 막아야 하는 절대적 책임이 아니라 투자 위해 행위의 발생을 예방하기 위한 적절한 주의를 다할 것을 요구하는 수준이라고 하는 데에는 이견이 없는 상황이라고 정리할 수 있겠다.

(성격) 제3장의 앞머리에서 설명한 투자유치국 의무의 두 가지 기준을 잠시 상기해 보겠다. 투자유치국 의무는 상대적 기준과 절대적 기준에 의한 것으로 나눌 수 있는데, 상대적 기준에 따른 의무는 내국민대우와 최혜국대우가 있고 절대적 기준에 따른 의무는 공정·공평 대우 의무와 충분한 보호 및 안전 제공 의무, 그리고 그 밖의 특정적 의무가 있다고 설명한 바 있다. 충분한 보호 및 안전을 제공할 의무는 절대적인 기준에 따른 것이므로 국제관습법상의 최소 수준의 외국인 보호 의무를 준수하지 못하게 되면 의무 위반을 구성하게 된다. 따라서 투자유치국이 충분한 보호 및 안전 제공 의무를 어차피 자국민이나 여타 제3국민에게

도 제공하지 못했다는 사실은 이 의무를 다했는지를 판단하는 데 있어서 아무런 고려사항이 되지 못한다. 상대적 기준에 따른 의무가 아니기 때문이다. 자국민이나 타국민도 동일하게 피해를 입었다는 사실이 외국인 투자자에 대한 투자협정상의 보호 의무를 다하지 못한 투자유치국의 책임을 면책시켜 주지 못하는 것이다.

(공정·공평 대우 의무와의 관계) 대부분의 투자협정은 '공정·공평 대우' 의무와 '충분한 보호 및 안전' 제공 의무를 다양한 방식으로 기술하고 있으나 이 두 가지 의무를 서로 다른 내용의 의무로 규정하고 있는 데에는 차이가 없다. 당연한 이야기겠지만, 이 두 가지 의무는 서로 다른 의무이다. 앞에서 언급한 조약법에 관한 비엔나 협약 제31조의 조약문 해석 지침상, 조약문에 포함된 어떤 용어도 의미 없이 포함되지는 않았을 터이므로 그 용어에 특정한 의미를 부여하지 못하는 해석은 유효하지 않다는 유효성의 해석원칙에 따를 때 이 두 가지 의무는 각각 다르게 해석되는 것이 타당하다. 그럼에도 불구하고, 이 두 가지 의무의 구체적 내용이 확정적이지 않다 보니 실제로 두 가지 의무를 분명히 구분하지 못하여 논란이 되는 경우도 발생한다.

이집트 텔레콤 지주회사 Global Telecom Holding S.A.E.(GTH)가 캐나다를 상대로 국제중재를 제기한 앞의 사건을 보자. 이 사건에서 중재판정부는 충분한 보호와 안전 제공 의무는 공정·공평 대우 의무와는 서로 다른 의무임에도 불구하고, 청구인이 공정·공평 대우 의무 위반을 주장할 때 제시한 사유를 충분한 보호와 안전 제공 의무 위반을 주장할 때에도 동일하게 증거로 제시하였음을 지적하였다. 나아가 투자자가 투자 당시에 적용되던 법규를 캐나다 정부가 법적 안정성을 저해하는 방식으로 변경함으로써 충분한 보호 및 안전 제공 의무를 위반하였음을 따로 입증하지 못하였으므로 충분한 보호 및 안전 제공 의무의 위반이 성립되지 못했다고 판시하였다. (Global Telecom Holding S.A.E.(GTH) 대 캐나다 사건, ICSID ARB/16/16, 2020.3.27. 판정)

**(비상시의 투자보호 의무)** 한편, 투자협정은 일반적 대우 의무로서 '충분한 보호 및 안전'을 제공할 의무를 규정한 데에서 더 나아가, 투자유치국 내에서 전쟁, 반란, 폭동, 소요 등 무력충돌(armed conflict)이나 시민 소요(civil strife) 등 비상상황이 발생할 경우 투자유치국 정부가 어느 정도까지 의무를 지는지에 대하여 별도의 규정을 두는 경우가 많다. 투자협정은 이러한 전쟁, 반란, 폭동, 소요 등 비상상황으로 인해 투자자가 손실을 입은 경우, 투자유치국 정부가 외국 투자자나 투자를 보호하기 위해 적절한 노력을 다했다면 투자유치국은 외국 투자자나 투자가 입은 손실을 보상해야 하는 의무가 없다는 국제법상의 원칙을 인정한다. 그러나 만약 투자유치국 정부가 피해자들에게 원상회복이나 보상 등을 하게 되는 경우에는 투자협정은 협정상대국 투자자와 투자에 대해서도 자국민이나 제3국인과 비교하여 비차별적으로 하도록 요구한다.

원래 보조금은 투자협정상 내국민대우나 최혜국대우가 적용되지 않는 영역으로서 내·외국인을 차별하여 지급하여도 협정 위반이 되지 않는다. 그러나 이런 비상상황에 대하여 피해자들이 조속히 회복할 수 있도록 지원하기 위한 목적으로 투자유치국이 정부지원 융자, 보증, 무상지원 등의 보상을 한다면 협정상대국의 투자자와 투자에도 자국민이나 제3국인에 비해 불리하지 않도록 이를 지급해야 하는 의무가 있게 된다.

**(징발, 파괴)** 그런데 이러한 전쟁, 소요, 반란 등의 비상상황에서 (i) 정부나 군대가 투자를 징발(requisitioning)하였거나, (ii) 전투행위에 기인하지 않은 파괴나 사태수습에 꼭 필요하지 않은 파괴(destruction)를 하여 투자에 손실이 가해진 경우에는 앞에서의 경우와는 달리, 피해자에 대한 비차별적인 지원만으로는 부족하고 투자의 손실을 원상회복하거나 보상할 책임이 있으며, 보상을 할 때에는 수용의 경우처럼 신속·적정·효과적으로 해야 한다. 이 경우에는 자국민이나 제3국인에 대해 어떤 대우를 하는지와는 상관없다. 다만, 한-베트남 투자보장협정과 같은 일부 협정에서는 정부나 군대에 의한 징발 또는 파괴가 발생했을 때 보상을 하도록 하는 규정이 별도로 없는 경우도 있기는 하다.

실제로 있었던 예를 살펴보겠다. 이 중재사건은 투자협정에 근거하여 제기된 세계 최초의 ISDS 중재건이었다. 홍콩회사인 Asian Agricultural Product Ltd.(AAPL)은 스리랑카에 새우 양식·수출업 투자 진출을 하였다. 당시는 스리랑카에서 타밀 타이거 분리주의 반군과 내전이 한창 진행 중이던 때였다. 1987년 스리랑카 정부군이 반란군 진압 작전을 펼치는 과정에서 이 회사의 새우 양식장이 파괴되고 직원이 사살되는 사건이 발생하였는데, 홍콩 회사는 영-스리랑카 투자보장협정에 근거하여 당시 상황상 필요가 없거나 전투행위로 인한 것이 아닌 파괴라고 주장하고 손실에 대한 보상을 요구하면서 1987년 국제중재를 제기하였다. 당시에 홍콩은 중국에 반환되기 전 영국령이어서 영-스리랑카 투자보장협정이 원용되었다. 이 사건의 주요 쟁점은 일반적 대우 의무인 충분한 보호 및 안전 의무와 특정적 대우 의무인 반란 등 국가 비상사태에 대한 외국인 보호 범위에 관한 것이었다. 중재판정부는 우선 '충분한 보호 및 안전'을 제공할 의무를 투자유치국이 이행했는지를 판단하는 잣대는 투자유치국에게 투자 위해 행위가 처음부터 발생하지 못하도록 보장하는 '무과실책임'(strict liability)을 요구하는 것이 아니라 투자유치국이 '적절한 주의'(due diligence) 의무를 다하였는지를 살펴보도록 하는 것이 국제관습법이라는 것을 확인하고, 그 기준에 따를 때 제반 증거에 비추어 스리랑카가 적절한 주의 의무를 다하지 못하였음을 판시하였다. 중재판정부는 나아가 반란 등 국가 비상사태의 경우 정부가 국제법상 요구되는 보호수준인 적절한 주의를 제공하지 못한 경우가 아닌 한 외국인 투자가 입은 소실에 대하여 보상할 의무가 없는데, 스리랑카가 이러한 수준의 적절한 주의 의무를 다하지 못하였으므로 손실을 배상하라고 판정하였다. (AAPL 대 스리랑카 사건, ICSID ARB/87/3, 1990.6.27. 판정)

우리나라가 체결한 상당수의 투자보장협정이나 한-칠레 FTA나 한-싱가포르 FTA와 같은 초기의 FTA에서는 이러한 비상상황 시 손해·손실에 대한 보상과 정부 보조에 대한 규정을 대우의 최소기준에 관한 규정과 별도로 규정하였다. 그런데, 한-미 FTA, 한-중 FTA 등을 비롯한 최근의 FTA에서는 비상상황에서의 투자유치국의 의무(특정적 대우 의무)를 대우의 최소기준(일반적 대우 의무)의 일부로 규정하여 투자유치국의 의무가 대우의 최소기준이 근거하고 있는 국제관습법에 따른 수준임을 분명히 하고 있기도 하다.

# 특정적 대우 의무

이제 절대적 기준에 의한 의무로서 특정적인 의무에 대하여 살펴볼 차례다. 투자협정은 일반적으로 이러한 의무로 이행요건 부과 금지, 고위경영진 및 이사회에 대한 국적 제한 금지, 자유로운 송금 보장 등을 규정하고 있다.

## 이행요건 부과 금지

(이행요건) 투자유치국은 외국인 직접투자를 유치함으로써 고용 증대, 수출 촉진, 기술 발전, 외환보유고 증가 등 긍정적인 경제적 효과를 기대할 수 있다. 반면, 외국인투자를 유치하는 과정에서 자국 유치산업을 보호할 필요성이 제기될 수도 있고 자국의 사회·문화적 가치나 환경 등의 보호에 대한 국내적 요구도 있을 수 있다.[1] 정부가 이러한 제반 경제, 경제 외적 목적을 위하여 외국인 투자기업에 대하여 일정한 조건

과 의무를 부과하는 것을 '이행요건'(performance requirements)이라 한다. 원래 이행요건의 부과는 국내산업 보호, 외환보유고 증대 등 투자와 직접적으로 관련이 없는 다른 경제·사회적 정책 목적을 달성하기 위해 개발도상국이 외국인투자 기업에게 생산량의 일정 비율 이상을 수출하도록 요구하거나 제품을 생산할 때 일정 비율 이상의 국산 원료를 사용토록 의무화한 것으로부터 출발하였다. 우리나라의 경우에도 1990년 이전까지 외국인투자 기업의 국내 진출을 허가하는 조건으로 이러한 이행요건을 부과한 사례가 많았다.[2]

투자유치국이 자국 내에 투자를 하는 외국투자자에 대해 이행요건을 부과하는 것은 투자자 입장에서 볼 때 경영상의 효율성과 이윤 극대화를 위한 기업의 자율적인 경영활동을 저해하는 것이기 때문에 결코 환영할 만한 조치가 아니다. 또한 거시적 관점에서 봐도 자원의 적절한 배분을 방해하고 국제교역의 정상적인 발전을 저해하는 왜곡적인 조치로 간주될 수밖에 없다.[3] 국가들은 이러한 인식에서 출발하여 투자자가 오로지 경제적 고려를 기반으로 하여 투자할 수 있도록 국제통상·투자 관련 조약들을 통해 이러한 이행요건 부과를 제한하기 시작하였다. 교역과 관련된 제조업 분야에서 이행요건을 부과하는 것을 금지한 '무역관련 투자조치에 관한 WTO 협정'(TRIMs, Agreement on Trade-Related Investment Measures)이 이러한 대표적인 협정이라고 할 수 있다. 이러한 경향에 따라 이행요건 부과 금지 의무를 규정하고 있는 투자협정이 점차 많아지고 있다.

**(제한 대상 이행요건)** 개념적으로 이행요건을 교역과 관련된 것(교역적 이행요건)과 관련 없는 것(비교역적 이행요건)으로 구분할 수 있다. 교역관

련 이행요건은 일정비율 수출, 일정비율 국산부품 사용, 자국 영역 내 생산된 상품 및 서비스의 우선 구매, 수입량을 수출량 또는 투자액에 연계, 수출량 또는 외환가득액과의 연계를 통한 자국 내 판매 제한 등을 예로 들 수 있다. 비교역적 이행요건으로는 기술 이전, 내국민 고용 의무, 자국 영역에서 특정시장에 대한 독점공급 등과 같은 것들이 포함된다.

투자협정에 따라 금지하는 이행요건의 종류가 다양하므로 여기에서 일률적으로 금지되는 이행요건을 확정적으로 열거하기는 어렵지만, 대체로 우리나라가 체결한 투자협정을 보면, 교역과의 관련 여부에 상관없이 일정한 이행요건을 부과할 수 없도록 규정하고, 이 중 주로 비교역적 이행요건에 대해서는 예외적으로 인센티브(조세감면기간 부여, 조세 혜택, 보조금 등)를 부여하는 경우에는 부과할 수 있도록 하는 방식을 채택하고 있는 것으로 보인다.4

투자협정에서 부과금지 대상으로 명시된 이행요건들은 보통 예시적인(illustrative) 것이 아니고 제한적인(exhaustive) 것으로 해석되기 때문에 열거된 것 이외의 이행요건은 부과 가능하다.5 또한 투자협정에 따라서는 일정 비율 장애인 의무고용, 근로자 훈련, 특정 시설의 건설, 연구개발 수행 등 앞에서 명시적으로 금지하지 않은 이행요건은 금지되지 않음을 명시하는 경우도 있다. 당연한 것이겠지만, 이행요건 금지는 투자유치국의 의무이므로 투자유치국이 민간 당사자에게 그러한 요건을 부과하거나 요구하지 않는 한, 민간 당사자끼리 계약에 의하여 이러한 요건을 부과하거나 집행하는 것은 상관없다.

금지되는 구체적인 이행요건은 투자협정마다 다르기 때문에 우리나라가 투자협정을 체결한 국가에 투자 진출코자 하는 우리 해외투자

자는 해당 협정에서 어떠한 이행요건이 금지되는지를 잘 살펴볼 필요
가 있다.

이행요건은 주로 외국인 투자가 투자유치국으로 진입할 때 그 허가
또는 진입 조건으로 부과하는 경우가 많기 때문에 설립 전 투자와 관련
하여 이행요건 부과 금지 의무가 중요하다. 설립 후 투자에도 이행요건
이 부과될 수도 있어 투자보장협정에서도 개괄적이나마 이행요건의 금
지에 관한 규정을 두는 경우가 있지만, 역시 설립 전 투자를 적용대상으
로 하는 FTA의 투자 장에서 이행요건이 중요하게 다루어지고 있다.

(자국인 및 제3국 투자에도 적용) 여기에서 특기할 점은 최근에 체결된 투
자협정에서는 이행요건 부과 금지 의무가 상대국 투자자의 투자뿐만
아니라 투자유치국 내 모든 투자, 즉 자국 투자자에 의한 투자나 제3국
투자자에 의한 투자에 대해서도 적용된다는 점을 명시한 점이다. 예컨
대, 한-일 투자협정의 경우, 이행요건 금지 의무는 다른 쪽 협정당사국
투자자의 투자에 대해서만 적용되는 반면, 한-미 FTA는 제11.1조에서
다른 쪽 당사국의 투자자와 적용대상투자가 투자 장의 적용범위라고
하면서도 이행요건에 관해서는 모든 투자(all investments)가 투자 장의
적용을 받는다고 규정하고 있다. 이행요건 부과 금지가 협정상대국 투
자자의 투자는 물론, 투자유치국의 자국 투자자와 제3국 투자자의 투자
에도 동일하게 적용되지 않을 경우 협정당사국 투자자가 협정의 비당
사국 투자자에 비해 불리한 대우를 받는 역차별의 상황이 생길 수 있기
때문이다.

제3장에서 내국민대우를 살펴보면서 예로 들었던 사례를 다시 한
번 살펴보려고 한다. 이 사건은 내국민대우 의무뿐만 아니라 이행요건

금지 의무에 대해서도 다툼이 있었기 때문이다. 고과당 옥수수 시럽 (HFCS, high fructose corn syrup)을 생산하는 미국회사 ADM사와 TLIA사는 멕시코에 HFCS 제조 및 판매 회사를 공동으로 설립하였다. 멕시코 정부는 2002년 세법을 개정하여 사탕수수 당을 첨가한 음료에는 물품세를 부과하지 않고 음료 가당제로서 사탕수수 당과 대체관계에 있는 HFCS를 첨가한 음료와 음료 유통에는 20%의 물품세를 부과하는 조치를 취했다. 청구인 미국회사들은 이 조치가 미국산 HFCS의 멕시코 수입을 억제하고 멕시코산 사탕수수 당 사용을 촉진하는 조치로서 이는 이행요건 부과를 금지한 NAFTA를 위반하였다고 주장하면서 중재를 신청하였다. 사실, 멕시코의 조치는 HFCS를 제조·판매하는 미국 회사를 대상으로 어떤 이행요건을 명시적으로 부과하는 것은 아니었다. 그러나 중재판정부는 이행요건 부과 금지는 협정당사국의 투자자뿐만 아니라 투자유치국 자국의 투자자에게도 공히 적용되는 의무임을 상기하면서, 멕시코의 조치가 국내 음료 생산자들로 하여금 조세상의 혜택(20% 물품세 면제)을 향유하기 위해서는 HFCS와 직접적 경쟁관계에 있는 멕시코산 사탕수수 당을 사용하지 않을 수 없도록 강제하는 것으로서 결과적으로 미국 투자자가 투자한 HFCS 산업에 대한 차별이 발생하였다고 하면서, 이는 국산부품 사용에 관한 이행요건 부과 금지 의무 위반에 해당되는 것이라고 판정하였다. (ADM & TLIA 대 멕시코 사건, ICSID ARB(AF)/04/5, 2007.11.21. 판정)

(유보: 이행요건 금지 의무 배제) 이행요건 금지 의무는 투자유치국의 입장에서 보면 정책 공간을 축소시킴으로써 산업정책 운용상 제약이 되는 의무인데, 더구나 이행요건 금지를 협정상대국 투자자의 투자뿐만 아니

라 자국민을 포함하여 국적과 관계없이 모든 투자자의 투자에 적용되는 포괄적인 의무로 규정하기 때문에 투자유치국이 이 의무를 그대로 수용하기가 상당한 부담이 될 수도 있다. 이러한 이유로 각 당사국은 이러한 금지 규정에도 불구하고 특정 이행요건을 부과할 수 있는 분야를 협정문에 유보할 수 있도록 하고 있다. 비합치조치의 유보와 관련해서는 제2장에서 설립 전 투자를 설명하면서 언급한 내용을 상기하기 바란다.

## 고위경영진 및 이사회 국적 제한 금지

(고위경영진 국적 제한 금지) 우리나라가 체결한 대부분의 투자협정은 투자유치국이 외국인 투자기업의 고위경영진에 특정 국적인을 임명하도록 요구하는 것을 원칙적으로 금지함으로써 외국인 투자자의 경영권을 보장하고 있다.

(이사회) 여기에서 주의할 점은 투자 기업의 이사회나 산하 위원회의 과반수를 특정 국적인으로 임명하게 하거나 투자유치국 영역에 거주할 것을 요구하는 것은 가능하다는 점이다. 나라에 따라 그 정도의 차이는 있지만, 항공운송, 고등교육기관, 방송산업, 방위산업 등 일정분야에 대해서는 이사회 과반수를 내국인으로 임명할 것을 요구하는 경우가 있다. 다만, 그로 인해 투자자의 투자에 대한 지배권 행사가 실질적으로 침해당해서는 안 된다는 조건이 있다.

**(유보: 고위경영진 국적 제한 금지 의무 배제)** 다만, 예외적으로 항공이나 방송 등 보안상 이유로 고위경영진에 대해 일정한 국적요건을 부과하는 경우는 있는데 이 경우에는 그러한 분야를 명시적으로 협정문에 기재하여야 한다. 이러한 비합치 조치의 유보에 대해서는 제2장에서 설립 전 투자에 대한 설명을 하면서 언급한 바 있다.

## 자유로운 송금 보장

**(송금 보장 의무)** 글로벌화 시대에서 자유로운 송금(transfer)의 보장은 해외 투자 기업에게는 투자환경의 핵심적 요소 중 하나라고 할 수 있다. 개발도상국인 투자유치국의 입장에서는 외국 투자자들에 의해 막대한 규모의 투자자금과 수익이 급격하게 해외로 빠져나가게 되면 자국의 외환 및 재정 관리에 악영향을 미치게 될 것이기 때문에 외환거래 등에 대해 규제를 해 왔다.[6] 그러나 투자자 입장에서는 투자 진출하려고 하는 나라에서 자유로운 대외송금이 허용되지 않는다면 투자 여부를 심각하게 고민하게 될 만큼 자유로운 송금 보장은 투자 결정에 중요한 영향을 미치는 요소이다. 따라서 대부분의 투자협정은 적용대상투자에 대하여 각 당사국이 자국 영역 내외로 자유롭고 지체 없이 송금이 이루어지도록 허용할 것을 규정하고 있다.

보장 의무의 대상이 되는 송금은 적용대상투자에 관한 모든 송금이다. 따라서 최초 출자금을 포함한 출자금, 투자수익, 그리고 투자의 매각이나 청산에 따른 대금이 포함된다. 투자수익(returns)은 투자에서 나오는 수익이다. 투자는 회사의 주식, 채권, 계약, 지식재산권 등 여러 형태를 포함하므로 이에 따라 배당금, 이자, 로열티, 수수료 등이 투자수익이 된다.7 또한 금전의 지급뿐만 아니라 투자에 대한 현물수익(returns in kind)을 투자유치국으로부터 반출하는 것도 투자유치국과 투자자 간 합의에 따라서 현금 송금에 준하여 보장되도록 하는 규정을 두는 수도 있다.

송금 보장의 대상이 되는 투자수익은 투자에 따른 수익이지 현지 투자기업의 활동 결과로 산출되는 상품까지 포함하는 것은 아니다. 중재판정례 하나를 보겠다. 캐나다 광물회사 Rusoro Mining Ltd.사는 베네수엘라에 광산 채굴권을 획득하여 금 채굴, 정련, 판매, 수출 등의 사업을 시행하고 있었는데, 베네수엘라 정부가 외환부족 사태 해소를 위해 금 산업에 관한 일련의 조치(2009년: 금 처분 및 수출 규제와 대금 처리 제한, 2010년: 2009년 조치의 완화, 2011년: 금 산업 국유화 조치)를 취함에 따라 불법 수용 등을 이유로 2012년 국제중재를 청구하였다. 청구인이 제기한 주장 중 하나는 자신이 투자한 현지 기업이 생산한 금을 자유롭게 수출할 수 없게 한 베네수엘라의 조치는 자유로운 송금을 보장한 투자협정의 위반이라는 것이었다.

중재판정부는 투자협정이 보장하는 자유로운 송금의 대상은 투자 또는 투자의 수익이므로 Rusoro사의 원래 투자분인 현지 기업에 대한 출자금(지분), 이 지분에 따른 수익으로서 배당금이나 영업이익, 그리고 자본이득을 포함한 처분액(기업 처분 시)이나 배상액(베네수엘라 정부에 의한 수용 시) 등이 자유로운 송금 의무 대상이 될 것이라는 점을 확인한 후, 청구인이 채굴한 금이 과연 이러한 투자나 수익에 해당되는지를 검토하였다. 중재판정부는 투자자가 투자한 현지 기업이 자신이 생산하여 수출한 금이나 이에 대한 대금은 상품 또는 이와 교환하여 영수한 대금

일 뿐, 투자로부터 유래한 수익(return)이 아니라고 하고, 현지 기업이 생산한 금을 주조하여 화폐로 만든 것도 아니고 주주들에게 배당금 대신으로 금을 지급한 것도 아님을 지적하였다. (Rusoro 대 베네수엘라 사건, ICSID ARB(AF)/12/5, 2016.8.22. 판정)

투자유치국은 이러한 송금 보장 의무가 효과적으로 이행될 수 있도록 보장하기 위해 송금 시점에서 일반적인 시장환율에 따라 자유사용가능통화로 이루어지도록 허용해야 한다. '자유사용가능통화'라 함은 국제통화기금(IMF)이 IMF협정 제30(f)조에 따라 결정한 자유사용가능통화를 말하는데, 현재 미국 달러화, 영국 파운드화, EU 유로화, 일본 엔화가 여기에 해당된다.

송금 보장 의무는 내국민대우나 최혜국대우 등과 같이 내국민이나 제3국 투자자와 비교하는 상대적인 대우를 의미하는 것이 아니라, 투자유치국의 절대적인 의무임을 상기하기 바란다. 자국의 투자자나 제3국의 투자자에게 투자관련 자금의 송금을 제한한다 하더라도 협정상대국의 투자자에게는 그러한 제한을 가할 수 없는 것이다.

(송금의 제한) 그렇다고 해서, 이 송금 허용 의무를 투자유치국이 어떠한 경우에도 예외 없이 부담해야 한다는 의미는 아니다. 투자협정은 보통 일정한 상황에서 국가들이 일반적으로 채택하고 있는 통화규제권의 행사를 인정하여 이런 경우에는 자유로운 송금 허용 의무에 위반되지 않음을 명시한다. 즉, 투자유치국이 자국법을 공평하고 비차별적이며 선의에 입각하여 적용한다는 것을 전제로, (i) 파산, 지급불능, 채권자의 권리보호, (ii) 유가증권 등의 거래, (iii) 형법 집행, (iv) 법원의 결정, (v) 규제당국의 법집행으로서 금융기록을 위해 필요한 경우 등에는 송

금에 제한을 둘 수 있도록 하고 있다. (예컨대, 한-미 FTA 제11.7조 제4항)

　　여기서 파산, 지급불능 또는 채권자의 권리보호는 예컨대 투자유치국 내에 채무가 있는 협정상대국 투자자가 청산을 하고 채무를 변재하지 않고 자국으로 전액을 송금하고자 하는 속칭 '야반도주'의 경우에는 투자자의 본국으로 송금하는 것을 제한할 수 있다는 의미이다. 유가증권 등의 거래란 협정상대국 투자자가 투자유치국 내에서 증권발행 등을 통해 투자자금을 조달하고자 할 경우, 이렇게 조달한 자금을 모국으로 송금하는 것을 제한할 수 있다는 의미이다. 형법 집행이나 법원의 결정은 범죄 등과 관련한 자금의 송금이나 사법절차에서 법원의 명령이나 판결에 의해 압류 등의 조치를 받은 자금의 송금에 대해서는 이를 제한할 수 있다는 의미가 되겠다.[8] 어쩌면 이러한 예외는 송금에 대한 제한이라기보다는 투자유치국의 법질서 유지를 위한 최소한의 필요요건이라고 할 수 있을 것이다.

(단기 세이프가드) 자유로운 송금 허용 의무에 대한 또 하나의 예외로서 투자협정은 투자유치국이 국제수지 및 국제금융상 심각한 어려움이 처해 있거나 그러한 우려가 있을 경우 등 외환위기가 발생하였을 때 자본거래 통제 등 긴급조치를 취할 수 있도록 인정하는 규정을 둠으로써 투자유치국이 비상시에 필요한 금융규제권을 행사하도록 인정해 주고 있다.[9] 이러한 조치를 단기 세이프가드(safeguard) 조치라고 부른다.

CHAPTER
# 06
# 수용 및 보상

투자협정은 내국민대우, 최혜국대우, 공정·공평 대우, 충분한 보호 및 안전 제공, 이행요건 부과 금지, 고위경영진 및 이사회 국적 제한 금지, 송금 보장 등 외국인 투자 보호를 위한 투자유치국의 다양한 의무를 규정하는 한편, 수용(expropriation)과 보상(compensation)에 관한 규정은 별도로 두는 것이 일반적이다.

해외투자에 있어서 투자유치국 정부에 의한 수용 또는 국유화는 가장 큰 위험 중 하나라고 할 수 있다. 1960년대와 1970년대 선진국들이 과거 식민지 등 개발도상국을 상대로 다수의 투자보장협정을 체결한 주요 동기 중의 하나가 바로 이들 개발도상국에 진출한 자국 투자자산을 수용·국유화의 위험으로부터 보호하기 위함이었다. 투자유치국의 입장에서도 이러한 위험에 대한 법적 보장장치를 마련하여 외국인 투자자들이 안심하고 자국에 투자할 수 있다는 것을 보여줌으로써 외국인 투자 유치를 확대할 수 있는 장점이 있었다. 이렇게 쌍방의 이해가 맞아 떨어지면서 대부분의 투자협정은 수용과 보상에 관한 별도의

규정을 두게 되었다.[1]

수용은 쉽게 말해 정부에 의해 개인의 재산권을 강제적으로 박탈 당하는 것을 말한다. 투자협정의 맥락에서 수용을 좀 더 구체적으로 정 의하자면, 수용은 투자유치국에 투자한 자산에 대한 투자자의 소유권이 투자유치국 정부의 행위에 의해서 투자자의 의사에 반하여 실질적이고 항구적으로 박탈당하거나 소유권 행사가 심각하게 방해를 받는 것을 말한다. 국유화와 수용이 서로 어떻게 다른지에 대해 의문을 가질 수 있다. 국유화는 국가가 경제·사회적 정책에 따라 산업전반에 걸쳐 재 산을 국가로 귀속시키는 것을 말하고 수용은 개별회사를 대상으로 재 산을 박탈하는 것으로 그 개념을 한때 구분하기도 하였지만, 이제는 두 가지 개념을 구분하지 않고 모두 수용이라고 통칭한다.[2]

(정부의 주권적 행위) 수용은 정부의 행위를 전제로 하고 있다. 그런데 주 의할 점은 여기서 정부의 행위라 함은 국가가 주권 행사의 일환으로 행 하는 행위를 말한다. 국가가 투자계약의 한 당사자로서 취한 조치는 국 가가 주권행사의 일환으로 행한 행위가 아니므로 애초에 수용이라는 개념 자체가 성립될 수 없다.[3] 투자자가 투자유치국의 행위로 자신의 투자가 수용되었다고 국제중재를 청구한 사건 중 문제가 된 국가의 행 위가 주권 행사에 의한 것이 아니라, 예컨대 투자자의 투자계약 위반 행위에 대해 국가가 다른 쪽 계약 당사자로서 투자계약상 규정에 따라 투자계약을 해지하고 관련 재산을 압류한 사례가 있었는데, 이는 처음 부터 수용행위가 아니라고 할 것이다.

어떤 캐나다 광산개발 회사가 베네수엘라의 Guayana 지역개발공 사(CVG)와 금광산 개발사업 계약을 체결하였는데, 수익성이 떨어지자

이 회사는 CVG에 알리지도 않고 일방적으로 자신의 주식과 채권을 캐나다 투자회사인 Vannessa Venture사에게 판매하자 CVG는 광산개발 사업 계약을 취소하고 사업장을 접수하였다. Vannessa사는 캐나다-베네수엘라 투자보장협정에 근거하여 이를 수용 등이라고 주장하면서 2004년 국제중재를 청구하였다. 중재판정부는 Vannessa가 이 광산개발 사업의 새로운 사업자로 영입된 것은 상대방의 동의 없이 일방적으로 제3자를 영입하지 못하도록 한 계약의 위반행위에 해당되어 CVG가 정당하게 계약을 해지하고 관련 부지 몰수, 자산 압류 등 후속조치를 취한 것이라고 판단하면서, 이 행위가 계약 당사자의 지위를 넘어 주권행사에 기한 것으로 볼 수 없으므로 수용이 아니라고 판단하였다. (Vannessa 대 베네수엘라 사건, ICSID ARB(AF)/04/6, 2013.1.16 판정)

투자는 유형의 재산뿐만 아니라 계약상의 권리, 영업권, 중재권, 특허권 등 무형의 재산을 모두 포함하는 개념이므로 투자의 수용은 이러한 모든 유형의 재산에 대한 권리를 국가에 의해 박탈당하는 것을 말한다.

1974년 이집트 정부가 피라미드 인근 지역 등을 복합 관광 지구로 개발하기 위해 홍콩의 해외 관광지역 개발 전문회사인 Southern Pacific Properties(SPP)사를 유치하였으나 이 사업이 시작되기도 전에 피라미드 지역의 미발굴 유적 보호에 심각한 위협이 된다는 강한 반대운동에 직면하여 기존에 발급하였던 개발허가를 취소하였다. 이에 대해 투자자는 1984년 국제중재를 청구하였다. 이집트 정부 측은 개발허가 취소로 청구인의 부동산 등 실체적 재산권이 박탈된 것이 아니므로 몰수가 아니라고 주장하였으나, 중재판정부는 계약상의 권리도 투자에 해당되므로 보호 대상이고 이를 회수할 때에는 상당한 보상 의무가 있다고 판정하

였다. (SPP(ME) 대 이집트 사건, ICSDI ARB/84/3, 1992.5.20. 판정)

또한, 제4장의 공정·공평 대우 의무와 관련하여 살펴본 사례이지만, 1991년 우크라이나 정부 관할에 있는 범선을 항해관광에 사용하는 계약을 맺은 독일계 Inmaris Perestroika Sailing Maritime Services라는 회사가 해당범선의 국외 출항을 2006년 금지시킨 우크라이나 정부의 조치에 대해 국제중재를 청구한 사건에서 중재판정부는 우크라이나 정부 측의 출항 금지 조치로 인해 해당 선박에 대한 접근과 통제권이 박탈되었고 따라서 선박을 활용할 수 있는 계약상의 권리라는 청구인의 투자가 영구적으로 심각한 피해를 입었으므로 이는 수용에 해당된다고 판단하였다. (Inmaris 대 우크라이나 사건, ICSID ARB/08/8, 2012.3.1. 판정)

**(수용의 요건)** 국가가 공적인 목적을 위해 개인의 재산권을 강제적으로 박탈하는 것은 국가가 자국의 헌법과 법률을 통해 행사할 수 있는 주권국가의 고유한 권한이라 할 수 있다. 물론 개인은 당연히 자국민뿐만 아니라 외국인 투자자도 포함된다. 투자협정은 이러한 점을 감안하여, 보통 투자유치국의 수용 행위 자체를 금지하기보다는 이를 허용하되, 그러한 조치에 대해서는 엄격한 조건을 부과하는 것이 일반적이다.[4] 외국인 투자 증진을 위한 보호 조치와 국가의 고유권한 간 균형을 맞춘 접근방식이다.

투자협정은 대체로 투자유치국이 (i) 공공목적(public purpose), (ii) 비차별적 방식(non-discriminatory manner), (iii) 신속·적정·효과적인 보상(prompt, adequate, and effective compensation) 제공, (iv) 적법절차(due process of law) 준수라는 4가지 요건을 모두 갖추고 있는 경우에는 상대국 투자자의 투자를 수용할 수 있다고 규정하는 것이 일반적이다.[5]

**(보상)** 투자협정은 나아가 적법한 수용의 한 요건인 보상은 (i) 지체 없이(without delay) 지급되어야 하며, (ii) 수용발생 직전의 공정시장가격(fair market value)으로 보상하여야 하며, (iii) 자유사용가능통화(freely usable currency)로 자유롭게 송금할 수 있도록 해야 한다고 규정한다.

## 수용의 요건

앞에서 언급한 대로 수용은 일정한 요건을 만족시켜야 적법한 수용으로 인정받을 수 있다. 우리나라가 체결한 대부분의 투자협정도 국제적인 추세에 맞춰 앞에서 언급한 4개의 요건을 모두 충족하였을 때 수용의 적법성이 인정받을 수 있는 것으로 규정하고 있다. 하나씩 살펴보자.

**(공공목적)** 투자유치국이 자국에 소재하는 외국인 투자를 합법적으로 수용하기 위해서는 무엇보다도 투자유치국의 공공목적을 위한 필요성이 있어야 한다. 대부분의 투자협정이 수용의 가장 중요한 요건으로 공공성을 규정하고 있다. 그런데 공공목적이 구체적으로 무엇인지, 그 범위가 어디까지인지가 문제될 수 있다. 국가의 조치가 때로는 공공목적이라는 위장된 목적으로 취해질 수 있으므로 실제적으로 공공목적이 있는지의 여부를 판단하기 위해서는 이러한 조치를 취함에 있어서 국가의 선의, 합리성, 비례성 등이 있는지를 검토해야 할 것이다.[6]

캐나다인 소유의 사이프러스 회사 ADC Affiliate Ltd.와 ADC & ADMC Management Ltd.사는 헝가리 공항공사로부터 부다페스트 공항

터미널 신축 및 운영사업을 수주하여 터미널을 운영하였으나 2001년 말 갑자기 헝가리 교통부가 부다페스트 공항운영사를 신설하여 공항운영 업무를 이 회사에 이관하도록 하였다. ADC사는 사이프러스-헝가리 투자보장협정상 수용 등을 주장하며 2003년 국제중재를 청구하였다. 헝가리 정부 측은 해당 조치가 국가 교통 전략상 필요하고 자국의 교통전략을 EU법과 조화시키기 위해 중요하다고 주장하였으나, 중재판정부는 '공공의 이익'(public interest)이란 공중을 위한 진실된 이익을 의미한다고 해석하면서 피청구국 측이 공공의 이익이 구체적으로 무엇인지에 대해 설득력 있는 사실이나 법적 논증을 제시하지 못하였다고 지적하고 이를 수용이라고 판정하였다. (ADC 대 헝가리 사건, ICSID ARB/03/16, 2006.10.2. 판정)

(비차별적 방식) 다음으로, 투자 유치국의 수용조치가 투자협정상 적법하기 위해서는 비차별적인 방식으로 이루어져야 한다. 수용의 내용이나 그 절차적인 측면에서는 말할 것도 없고 보상 수준에 있어서도 외국인 투자를 차별하지 않아야 한다는 의미이다.[7] 여기에서 비차별적이란 투자유치국의 자국민 재산권이나 다른 외국인 투자와 비교할 때 차별이 없어야 한다는 뜻이다. 즉, 내국민대우와 최혜국대우 원칙에 맞아야 한다는 뜻이다. 투자협정에는 내국인대우 조항과 최혜국대우 조항을 별도로 두고 있으나 특히 수용이 적법하게 이루어지기 위해서는 이러한 비차별적 원칙이 지켜져야 한다는 것을 강조하고 있다.

앞에서 언급한 ADC사가 헝가리 정부에 의해 부다페스트 공항 운영권을 박탈당한 조치에 대해 국제중재를 청구한 사건을 계속 보자면, 중재판정부는 비차별 요건과 관련하여, 헝가리 정부가 새로 임명한 공항 운영자가 받은 대우와 청구인이 받은 대우가 서로 다른 것이 차별을 구성하는 것이라고 판시하였다.

**(신속·적정·유효한 보상)** 수용은 신속·적정·효과적으로 보상이 이루어져야 한다는 요건은 흔히 '헐(Hull) 공식'으로 알려져 있다. 헐(Hull) 공식은 코델 헐(Cordell Hull) 미국 국무장관이 외국에서 수용된 자국민 재산에 대한 보상의 원칙으로 1938년 제시한 것으로 알려지고 있다. '신속한 보상'이란 합리적인 기간 안에 보상이 이루어져야 한다는 뜻이다. '적정한 보상'이란 보상이 수용일의 시장가치에 따라 이루어지고 실제 지급일까지 이자를 포함하여야 한다는 뜻이며, '효과적인 보상'이란 보상이 자유사용가능통화에 의해 수용일의 환율로 이루어지고 자유롭게 송금 가능해야 한다는 뜻으로 해석된다.

보상은 '신속하고, 적정하며, 효과적으로'(in a prompt, adequate, and effective manner) 이루어져야 한다는 것은 원래는 이와 같이 미국에 의해 주창된 원칙으로서 자본 수출국의 이익을 대변한 것이다. 이에 대비되는 개념으로 투자유치국의 입장에 있는 개발도상국들은 '정당한 보상'(just compensation) 또는 '적절한 보상'(appropriate compensation)을 주장하였다.[8] 1994년 발효된 NAFTA에서 헐(Hull) 공식에 기초한 보상 원칙이 규정되고 이후 많은 FTA나 투자보장협정에서 이 원칙이 규정되었다. 이제는 개발도상국들이 선진국들로부터 외자 유치를 활성화하기 위해 선진국들이 요구하는 헐(Hull) 공식을 수용함으로써 헐(Hull) 공식은 보편화된 원칙으로 정착되어가고 있는 추세이다.[9]

보상 이슈에 대해서는 아래에서 별도로 좀 더 상세히 살펴볼 예정이다.

**(적법절차)** 마지막으로 수용은 적법절차에 따라 이루어져야 한다. ADC 사가 헝가리 정부에 의해 부다페스트 공항 운영권을 박탈당한 조치에 대해 국제중재를 청구한 사건에서 중재판정부는 수용에 있어서의 '적법 절차'의 의미를 아래와 같이 요약하였는데, 이러한 설명은 다른 사건에 서도 그대로 적용될 수 있을 것으로 생각된다. 즉, 수용에 있어서 '적법 절차'는 (i) 수용 절차가 국내법 및 국제적으로 인정된 관련 규칙에 따라 이루어져야 하고, (ii) 합리적인 사전 통지, 공정한 청문 기회, 해당 조치를 편견 없이 공정하게 심리할 수 있는 재판절차 등 기본적인 법적 장치가 적시에 이용 가능하고 접근 가능하도록 함으로써[10] 수용을 당하 는 투자자가 자신의 정당한 권리를 주장하고 이러한 주장을 독립적이 고 공정한 기관에 의해 합리적 기간 내 심사를 받을 수 있는 현실적이 고 실질적인 기회가 제공되는 것을 의미한다.[11]

## 보상

앞에서 투자유치국에 의한 수용이 적법한 것으로 받아들여지기 위 한 요건 중 하나로 보상이 신속·적정·효과적으로 이루어져야 한다고 설명하였다. 투자협정은 일반적으로 보상이 적법한 것으로 받아들여지 기 위해서는 신속·적정·효과적으로 이루어져야 한다고 명시한 후 그 의미를 부연해서 규정하는 것이 일반적이다. (예컨대, 2023년 4월에 발표 한 한-우즈베키스탄 투자보장협정)

**(신속한 보상)** 신속한 보상(prompt compensation)이란 보상이 '지체 없

이'(without delay) 이루어져야 한다는 뜻이다. 신속한 보상은 실제적으로는 수용당한 투자자가 투자유치국으로부터 보상금을 신속하게 지급받는 것을 의미할 뿐만 아니라 이렇게 지급받은 보상금을 본국으로 신속하게 송금할 수 있는 것을 의미한다. 여기서 '지체 없다'는 것이 구체적으로 어느 정도의 기간이면 이에 합당한 것인지에 대해서는 일률적인 기준은 없다. 일부 투자협정의 경우 이러한 절차를 한 달로 규정한 경우도 있고, 한-아세안 FTA의 경우처럼 "부당한 지연 없이"(without undue delay)라고 규정하면서 한편으로는 "당사국들은 지급이 이루어지기 전에 준수될 필요가 있는 법적·행정적 절차가 있을 수 있다는 것을 양해한다."라고 명시하는 경우도 있다. 결국 구체적인 상황에 따른 합리적인 수준으로 '지체 없이'라는 요건을 해석해야 할 것으로 판단된다.

(적정한 보상) 다음으로 보상은 적정한(adequate) 수준에서 이루어져야 한다. 보상액은 수용이 발생하는 날 직전의 공정한 투자의 시장가격(fair market value)과 동등해야 한다. 보상금 산정 기준시점을 수용발생일 직전으로 명시한 것은 투자유치국 정부의 수용 의도가 알려진 이후에는 해당 투자의 가치가 일반적으로 낮아지게 될 것이기 때문에 수용일 이후의 가격변동이 보상액 산정에 반영되어서는 안 되고 수용된 투자의 실질가치가 반영되어야 한다는 취지이다.

또한 보상은 수용일의 공정시장가격에 그 통화에 대한 상업적으로 합리적인 이자율에 따라 수용일로부터 지불일까지 발생한 이자를 합하여 지급하도록 하고 있다.

공정시장가격이 자유사용가능통화가 아닌 통화로 표시된 경우, 환율 계산 방식이 문제가 될 수 있다. 시장환율이 아닌 고정환율제를 유지하고 있는 나라의 경우에는 투자 유치국의 공식 고정환율과 실제 시장환율이 크게 다를 수 있으므로 이들 국가와 투자협정을 체결할 때에는 우리 정부는 시장환율을 명시하기 위해 노력하므로 시장환율에 따른 보상을 확보할 수 있도록 유의할 필요가 있다.

**(효과적인 보상)** 마지막으로 보상은 효과적인 보상(effective compensation) 이어야 한다. 효과적인 보상이란 보상이 충분히 실현가능하고 자유롭게 송금 가능하여야 한다는 뜻이다.

미국 투자 회사 AIG Capital Partners Inc.는 카자흐스탄의 당시 수도 알마티에 고급 주택단지 건설사업을 위한 투자인가를 카자흐스탄 당국으로부터 받았는데, 이 건설사업이 완성되기 전 시 당국으로부터 해당 부지 내 주택을 건설할 수 없기 때문에 카자흐스탄 측에서 제공하는 대체부지에 주택 단지를 건설하라는 제안을 받았으나 이를 거절하자 시 당국이 사업부지를 몰수하여 2001년 국제중재를 청구하였다. 중재판정부는 당초의 사업부지를 몰수한 것은 수용에 해당된다고 판정하였으며, 피청구인이 대체부지 제안을 수락할 의무가 없다는 점, 사업부지는 사업 자체와 밀접하게 연관되어 있어 사업시행의 주요 전제조건이라는 점, 당초의 사업부지에 건설사업을 위해 상당한 비용이 들어간 상태에서 이에 대한 비용환급 보장이 없었다는 점, 수용시 보상은 자유롭게 유통되는 통화로 지불하도록 미-카자흐스탄 투자보장협정에 규정되어 있다는 점 등을 들어 시당국이 제안한 대체부지는 효과적인 보상이 될 수 없다고 판시하였다. (AIG Capital 대 카자흐스탄 사건, ICSID ARB/01/6, 2003.10.7. 판정)

## 간접수용

오늘날의 대부분의 투자협정은 '직접수용'(direct expropriation)뿐만 아니라 '간접수용'(indirect expropriation)도 수용의 범위에 포함하여 규정하고 있다. 1950년대에서 1970년대까지 투자보장협정이 처음 체결되었을 당시에만 해도 투자유치국 정부가 외국투자자 자산을 직접적으로, 명시적으로 몰수·국유화하는 직접수용으로부터 투자를 보호하는 것이 협정의 주된 목적이었다. 그러나 1980년대 이후에는 정부의 이러한 공개적인 수용보다는 형식적으로는 환경 등 공공목적을 위한 투자유치국의 규제조치인데 이러한 조치가 직접수용과 유사한 효과를 외국투자자 자산에 미치는 간접수용이 더 빈번한 수용의 형태가 되었다.12 이에 따라 이를 둘러싼 국제중재 사례가 늘어나게 되고 간접수용에 대한 법리가 지속적으로 발전해 왔다.

직접수용은 외국인 투자를 의도적으로 그리고 공개적으로 몰수하거나 명의를 공식적으로 투자유치국으로 이전하는 것을 말한다. 우리나라가 체결한 대부분의 투자협정은 직접수용을 '명의의 공식적인 이전'(formal transfer of title) 또는 '명백한 몰수'(outright seizure)라고 정의하고 있다.

한편, 간접수용이란 투자유치국 정부의 조치가 외국인투자 자산을 물리적으로 박탈하려는 의도를 명시적으로 표명하지 않으나 외국인투자 자산에 실질적으로 그러한 효과가 발생하는 것, 즉 투자 자산에 대한 경영·사용·통제의 실질적인 상실이나 합리적으로 기대할 수 있는 경제적 가치의 중대한 박탈이 항구적으로 발생하는 것을 말한다. 간접수용은 당사국의 행위가 명의의 공식적 이전이나 명백한 몰수 없이 직접수용과 동등한 효과(equivalent effect)를 외국인투자 자산에 미치는 경우로서 '사실상 수용'(de facto expropriation)이라고 할 수 있다. 간접수용은 외국인 투자자의 자산 가치의 항구적 박탈에 초점을 두고 있으므로 그 자산 가치가 투자유치국으로 꼭 이전되어야 한다거나 투자유치국이 어떤 혜택이나 이익을 보아야 하는 것은 아니다. 또한, 투자유치국 정부가 수용을 의도했는지 여부나 어떤 수단과 방법을 사용했는지에도 상관없다고 할 것이다. 투자자의 입장에서 봤을 때 투자유치국의 행위로 인해 자신의 투자 자산 가치가 전부 또는 상당 부분 상실되는 결과가 초래된다면 그것으로 간접수용이라고 할 수 있다. 따라서 직접수용이 행위를 기준으로 판단하는 개념이라고 한다면, 간접수용은 효과를 기준으로 판단하는 개념이라고 할 수 있다.[13]

제3장에서 예를 든 사건이지만, 스페인 회사 Tecnicas Medioambientales(Tecmed), S.A.가 멕시코의 어느 시 당국이 입찰한 폐기물 매립장 운영사업을 낙찰 받아 현지 업체를 통해 이 사업을 운영하고 있었는데, 이후 매립장을 폐쇄하고 시 외곽으로 이전하는 문제를 현지 업체와 시 당국 간 논의하고 있던 중에 시 당국이 매립장 운영 허가 갱신을 거부하자, 이 회사는 매립장 등에 대한 소유권에는 변동이 없더라도 면허 없는 매립장은 투자로서의 경제적 가치를 상실하게 되었으므로 이는 수용에 해당한다고 주장하면서 2000년 국제중재를 청구하였다. 중재판정부는 멕시코 측의 청구인 업체에 대한 운영허가 갱신 거부는 청구인의 투자 수익과 경제적 활용도를 탈취한 수용이라는 판정을 내리면서, 투자자의 자산에 대한 정부 조치의 결과는 정부의 의도보다 더 중요하고 실질적인 결과는 조치의 방식보다 더 중요하다는 점을 지적하였다. (Tecmed 대 멕시코 사건, ICSID ARB(AF)/00/2, 2003.5.29. 판정)

간접수용이라는 개념과 관련하여 '점진적 수용'(creeping expropriation) 이라는 용어가 있다. 이에 대한 합의된 정의는 없지만, 대체로 투자유 치국의 일회성 행위가 아니라 일정기간에 걸쳐 일련의 여러 행위로 인해 개개의 행위로는 수용을 구성하지 않더라도 전체적으로 볼 때에는 결국 수용을 구성하는 사례를 특정하여 지칭하는 개념14으로서, 서서히 그리고 점진적으로 재산권의 침해가 발생하는 간접수용의 한 유형으로 이해하면 된다.

투자유치국이 공식적이고 공개적으로 수용조치를 취할 때에는 관련 법령이나 조치들이 쉽게 식별 가능하기 때문에 수용이 있었느냐의 문제를 두고 투자자와 투자유치국 간 분쟁이 발생할 여지가 상대적으로 적을 것이다. 이와는 반대로 간접수용의 경우, 애초에 투자유치국이 외국인투자 자산을 수용할 것을 의도하지 않았거나 공식적으로 그렇게 밝히지 않았는데 결과적으로 수용이 된 상황이기 때문에, 투자유치국이 수용의 요건을 충족시키는 것이 현실적이지 않고 더구나 이에 대한 보상은 생각지도 않은 경우가 대부분일 것이다. 그래서 외국인 투자자의 입장에서는 이러한 간접수용이 특히 더 문제가 된다. 이러한 사정으로 간접수용의 경우가 국제중재 청구에 회부되는 경우가 훨씬 많다. 청구인은 자신의 투자가 사실상 수용되었다고 주장하고 상응한 보상을 요구하는 반면, 피청구국인 투자유치국은 자신의 행위가 공공목적의 정책을 집행하였을 뿐, 수용을 구성하지 않는 것이라고 주장할 것이다. 이에 따라 중재재판부는 수용의 구성요소에 대한 심리에 집중하는 양상이 될 것이다.

간접수용이 국제적으로 인정되기 시작한 초기에는 NAFTA를 포함한 대부분의 투자협정은 수용에 대해서 보상을 해야 한다는 원칙만을 규정할 뿐, 간접수용의 판단 법리 등에 대하여 구체적인 규정을 두지 않았다. 이러한 상황에서 조금 있다가 설명할 예정인 Metalclad 대 멕시코 사건(ICSID ARB(AF)/97/1, 2000.8.30. 판정) 등 다수의 중재판정 과정에서 투자자에게 불균형적으로 유리한 방식으로 간접수용에 관한 확장적 해석론이 나오게 되자, 미국은 2004년 모델 투자협정부터 직접수용과 간접수용에 대한 기본 개념과 함께 간접수용의 인정기준 등을 구체적으로 규정한 협정 부속서를 두기 시작하였다. 미국이 이렇게 도입한 간접수용의 인정기준은 미국 국내 판례법으로 정립된 '규제적 수용'(regulatory taking)의 판단 기준에서 유래하였다. 그 후 다른 나라들도 상호간 체결하는 투자협정에서 미국의 이 모델 협정문을 벤치마크하여 유사한 부속서 규정을 포함함으로써, 최근에 체결된 대부분의 투자협정들은 이런 방식으로 간접수용에 대해 상세히 규정하게 되었다.[15]

투자협정마다 간접수용관련 규정에 미세하게 차이는 있지만, 한-미 FTA의 간접수용 규정을 중심으로 살펴보고자 한다. 한-미 FTA가 우리나라뿐만 아니라 여러 나라들이 최근 체결하고 있는 투자협정의 간접수용에 관한 법리의 흐름을 대표한다고 할 수 있기 때문이다. 그리고 한-미 FTA를 둘러싼 분쟁 케이스는 아니지만, 관련 법리에 대한 최근 중재판정부의 판례도 몇 가지 살펴보고자 한다.

간접수용 여부가 문제가 되는 상황이 매우 다양하고 복잡하기 때문에 투자유치국의 어떤 행위가 간접수용인지의 여부를 판가름하는 일률적인 기준을 사전에 정하는 것은 매우 어렵다. 결국 모든 관련요소를 고려하여 '사안별로'(case-by-case) '사실에 기초한'(fact-based) 조사를 통해 결정할 수밖에 없다.

한-미 FTA 등은 투자유치국의 어떤 행위나 일련의 행위들이 특정한 상황에서 상대방 국가 투자자의 투자에 대한 간접수용을 구성하는 것인지를 판단하기 위해서는 (i) 투자유치국 정부행위의 경제적 영향(economic impact), 즉, 재산권에 대한 침해 정도, (ii) 정부행위가 투자에 근거한 분명하고 합리적인 기대를 침해하는 정도, (iii) 정부행위의 성격 등 세 가지를 종합적으로 고려하도록 하고 있다. 아래에서 이 세 가지 요소를 하나씩 살펴보겠지만, 실제 특정 사안에 있어서 간접수용 여부를 판단하기 위해서는 이러한 요소들을 종합적으로 검토하여 이들 요소들이 누적적으로 간접수용의 기준에 이르렀는지를 검토하여야 한다.

**(경제적 영향)** 투자유치국 정부의 행위로 인해 협정상대국 투자자의 투자에 대한 재산권이나 경제적 이득이 어느 정도 침해되었는지, 즉 실질적으로 박탈된 정도인지가 특정 정부행위가 간접수용을 구성하는지를 판가름하는 첫 번째 고려요소이다. 투자유치국 정부의 행위로 인해 해당 투자가 문을 닫거나 투자자의 재산권이 완전히 박탈당한 정도인지, 아니면 약간의 손실만을 준 정도인지 등 정부 조치가 투자자의 재산을 박탈하는 정도를 고려하는 것이다. 또한 그 손실이 일시적인 것인지, 또는 항구적인 것인지도 살펴볼 요소이다. 그래서 절대적 기준을 미리 정할 수는 없지만, 투자 재산권에 대한 침해가 심할수록, 그리고 침해 사실이 오래 지속될수록 간접수용이 될 가능성이 커진다 할 것이다. 같은 맥락에서 당사국의 행위가 투자의 경제적 가치에 부정적인 효과를 미친다는 사실 그 자체만으로는 간접수용을 구성하는 것이 아님을 명시함으로써 협정상대국 투자자가 투자유치국의 정부행위로 인해 손실이 발생하였다는 사실만을 근거로 간접수용임을 주장하지 못하도록 못을 박고 있다.

대부분의 중재판정례를 보더라도 경제적 영향의 심각성, 즉 투자에 대한 외국인 투자자의 재산권 침해가 어느 정도 심각한가를 간접수용에 해당하는지 여부를 판단하는 중요한 요소로 고려하는데, 정부행위의 영향이 투자 영업 이익 감소 등 단순한 경제적 손실이 아니라 투자에 대한 재산권이 항구적으로 실질적인 박탈(substantial deprivation)에 이를 것을 요구하고 있다.

2001년 아르헨티나는 국가부도에 이를 만큼 심각한 경제위기를 겪었다. 1990년대 아르헨티나가 경제 자유화와 민영화를 추진하는 가운데 아르헨티나에 투자 진출한 여러 외국인 투자자들이 아르헨티나 정부가 경제위기 타개를 위해 실시한 일련의 조치로 인해 자신의 투자 가치가 심각하게 하락한 것이 수용에 해당한다고 주장하고 많은 중재 제기를 하였다. 그러나 일부 다르게 판단한 중재판정부가 있긴 하였으나, 상당수의 중재판정부들은 정부의 조치가 수용을 구성하려면 투자에 대한 재산권이나 통제권이 실질적으로 박탈당해서 투자와 관련된 권리가 항구적으로 더 이상 존재하지 않게 될 정도가 되어야 한다는 점, 비록 수익이 낮아졌어도 투자 사업의 운영이 계속된다면 이는 수용이 될 수 없다는 점 등을 지적하고, 아르헨티나 정부의 일련의 조치가 청구인들의 현지 투자 회사의 경영에는 부정적인 영향을 미쳤으나 회사 지분 소유권 자체는 영향을 받지 않았으며 어떤 케이스에서는 이를 자유롭게 처분할 상황에 있었다는 점 등을 지적하며 아르헨티나의 조치는 수용에 해당되지 않는다고 판시한 바 있다. (CMS 대 아르헨티나 사건, ICSID ARB/01/8, 2005.5.12. 판정; Azurix 대 아르헨티나 사건, ICSID ARB/01/12, 2006.7.14. 판정; Enron 대 아르헨티나 사건, ICSID ARB/01/3, 2007.5.22. 판정; Sempra 대 아르헨티나 사건, ICSID ARB/02/16, 2007.9.28. 판정 등)

다른 중재판정부의 판단도 마찬가지이다. 다국적 담배 회사의 스위스 법인인 Philip Morris Sarl.사는 우루과이에 담배 제조 회사를 소유하고 있었는데, 우루과이 정부가 담배 브랜드 제한, 담배갑 표면의 흡연경고 표시 확대 등 금연 장려 정책을 취함에 따라 자사 제품의 판매가 감소하여 사실상 수용의 효과가 발생했다고 주장하면서 2010년 국제중재를 청구하였다. 중재판정부는 투자 이익이 감소했을지라도 투자가 계속 운영이 되고 있으면 수용이 발생했다고 할 수 없고 수용에 대한 보상을 청구할 수 있으려면 투자에 미친 부정적 영향이 실질적(substantial)이어야 한다고 판정한 종전의 중재판정례를 상기하면서, 우루과이 정부측의 조치가 시행되지 않았더라면 투자 이익의 일부가 상실되지 않았을 것이라는 주장만으로는 부족하며 정부 측 조치가 시행된 이후에도 투자의 경제적 가치가 남아있었기 때문에 간접수용으로 볼 수 없다고 판정하였다. (Philip Morris 대 우루과이 사건, ICSID ARB/10/7, 2016.7.8. 판정)

간접수용이 되려면 무엇보다도 투자 재산권의 박탈은 일시적인 것이 아니고 항구적인 것이어야 한다. 미국 식품회사 Cargill사는 멕시코에 고과당 옥수수 시럽(HFCS, high fructose corn syrup)을 미국으로부터 수입, 판매하는 회사를 설립하였는데, 멕시코 정부가 2001년 HFCS를 가당제로 사용하는 음료와 음료 유통에 대해 20%의 물품세를 부과하고 미국산 HFCS 수입에 대해 수입허가를 받도록 조치하였다. Cargill사는 이러한 조치에 대하여 내국민대우 위반, 공정·공평 대우 의무 위반 등과 함께 멕시코의 이 조치로 인해 수입이 급감하여 일정 기간 동안 일시적 수용의 효과가 있었다고 주장하면서 2004년 국제중재를 신청하였다. 이에 대해 중재판정부는 수용의 효과는 원래 소유권의 박탈, 경제적 혜택 향유의 심각한 방해 등 영구적인 것인데, 청구인이 이러한 효과가 일시적으로 발행하는 경우도 수용으로 인정한 법리나 선례를 제시하지 못하였다고 하면서 청구인의 주장을 기각하였다. (Cargill 대 멕시코 사건, ICSID ARB(AF)/05/2, 2009.9.18. 판정)

**(기대 침해)** 둘째, 정부행위가 투자에 근거한 분명하고 합리적인 기대를 침해하는 정도도 특정 정부행위가 간접수용을 구성하는지 여부를 판단하는 중요한 요소이다. 투자자가 투자에 부여하였던 기대가 정부조치로 인해 현저히 좌절되었다면 간접수용이 될 가능성이 크다. 투자유치국은 해외 투자자와의 직접적인 교섭이나 간접적인 정책홍보 등을 통해 투자유치 노력을 하게 된다. 외국의 투자자들은 이러한 과정에서 자신의 투자로 얻게 될 경제적 이득에 대하여 나름대로 합리적인 기대를 하게 되는데, 투자유치국 정부가 나중에 이러한 기대를 깨는 행위를 하게 되면 간접수용의 결과를 초래할 가능성이 더 커진다. 물론, 여기서 투자자의 기대는 모든 기대를 포함하는 것은 아니다. 투자에 기초한 분명하고 합리적 기대만이 보호대상이 된다. 투자자의 기대가 합리적인지 여부는 관련 부문에 있어서 정부 규제의 성격과 정도와 상관관계가 있다. 예컨대, 규제가 변경되지 않을 것이라는 투자자의 기대는 규제가 덜한 부문이 규제가 심한 부문보다 합리적일 가능성이 더 높다.

제4장에서 공정·공평 대우 의무 위반을 판단하는 요소 중 하나가 투자자의 합리적 기대라는 것을 살펴본 적이 있다. 그런데, 지금 살펴본 대로, 투자자의 합리적인 기대는 정부의 행위가 간접수용인지 여부를 결정하는 요소도 된다. 외국인 투자자의 합리적 기대를 깨는 투자유치국 정부행위를 심각성이라는 하나의 스펙트럼 위에 놓고 볼 때, 정부행위가 심각성이 가장 심한 끝단에 있을 때에는 간접수용을 구성하게

될 가능성이 크고 이에 미치지 못하나 심각성이 상당 수준에 달할 때에는 공정·공평 대우 의무 위반을 구성하게 될 것으로 이해할 수 있을 것이다.

**(정부행위의 성격)** 간접수용인지를 판별하는 세 번째 요소는 정부행위의 성격이다. 미국의 2004년도 모델 투자협정문은 이에 대한 구체적 규정을 포함하지 않고 있으나, 한-미 FTA와 같은 데에서는 정부행위가 간접수용을 구성하는지 여부를 판별하는 정부행위의 성격을 판단함에 있어 그 행위의 목적(object)과 맥락(context)을 고려하여야 한다고 규정하고 있다.

우선 투자유치국 정부의 행위가 공중보건·안전·환경 등 공공복지의 증진이라는 국가 정책의 실행인지, 아니면 다른 목적이 있는 것인지 여부가 고려사항이 될 수 있다. 국가의 공공정책 수행을 위한 정당한 규제권한 행사는 원칙적으로 수용을 구성하지 않기 때문이다. 이와 함께, 투자유치국 정부가 내세운 공익이라는 특정 목적과 정부가 동원하는 수단 사이에 비례성이 있는지, 그리고 그 조치의 대상에 대하여 비차별적인지 여부도 또 하나의 고려사항이 될 수 있다. 만약 해당 조치가 특정인에게만 과도한 부담을 지우는 경우에는 정부행위가 간접수용의 영역으로 한 걸음 더 다가서게 될 것이기 때문이다.

한-미 FTA는 정부의 행위가 공공복지 목적의 규제권한 행사인지 여부가 간접수용의 인정 기준에 관한 세 가지 요소 중 세 번째 요소인 정부행위의 성격과 관련된 것이지만, 이와는 별도의 조문으로 규정하고 있다. 앞의 세 가지 요소는 이를 종합적으로 고려하여 간접수용 여부를 판단할 사항이지만, 특정행위가 공공목적의 비차별적인 규제권한 행사로 입증되는 경우에는 간접수용이 아니라는 것이 그 자체로서 명백하다는 뜻일 것이다. 따라서, 국가의 정당한 공공정책 수행을 위한 비차별적 규제권한 행사는 원칙적으로 수용을 구성하지 않는다는 법리는 투자유치국 정부의 행위가 간접수용을 구성하기 위한 임계치를 한층 높게 설정하는 효과가 있다.

NAFTA가 시행된 초기에 멕시코 지방정부가 환경 보호를 이유로 미국 기업의 유해물질 매립장 시설 가동을 가로막은 것을 간접수용으로 인정한 중재판정부의 판정이 논란의 대상이 된 적이 있었다. 제4장과 이 장에서 잠시 언급되었던 Metalclad사 대 멕시코 사건이 바로 그 것이다. 이 사건은 간접수용을 NAFTA에 근거한 국제중재에서 최초로 다룬 사건으로 알려져 있다. 미국 회사 Metalclad사가 멕시코 내에 유해물질 매립 시설 운영사업을 시작하고자 1993년 멕시코 연방정부로부터 허가를 받았으나, 주민들의 반대에 직면한 시 정부의 매립 시설 건설 허가 거부, 주 정부의 선인장 보호지구 설치령 등에 의해 시설을 완공한 상태에서 사업이 결국 좌절되자, NAFTA를 근거로 수용 등을 주장하며 1997년 국제중재를 청구하였던 사건이다. 중재판정부는 재산의 사용을 은밀한 방식이나 우발적으로 방해하여 재산의 사용이나 합리적인 기대 이익의 전부 또는 상당한 부분을 소유자로부터 박탈하는 효과를 갖도록 하는 것은 간접수용에 해당한다고 하면서, 연방정부가 시 정부의 부당한 행위를 방치하거나 묵인하여 이 시설이 가동되지 못하게 된 것, 청구인이 매립 시설 건설과 운영에 관한 연방정부의 합법적인 허가를 받았음에도 시설을 운영하지 못하게 된 것, 그리고 주 정부의 선인장 보호 지구 설치령으로 인해 Metalclad사의 매립 시설 가동이 영원히 봉쇄되는 효과를 갖게 된 것 등이 수용에 상당한 조치라는 판정을 내렸다. (Metalclad 대 멕시코 사건, ICSID ARB(AF)/97/1, 2000.8.30. 판정)

이 판정이 내려지자 환경 보호와 같은 정부의 정당한 정책을 수용으로 판정하는 ISDS 제도에 대한 비판이 고조되었다. 이러한 배경으로 이 사건은 미국이 2004년 모델 투자협정에 간접수용의 판단기준을 담은 부속서를 포함하게 된 계기가 된 케이스 중 하나였다. 그 후 각국들은 수용을 의도하지 않은 자국의 정당한 공공정책의 시행이 간접수용으로 간주될 것을 우려하여, 미국의 2004년 모델 투자협정에 규정된 대로 공공복지의 증진을 위한 비차별적인 정부 행위는 원칙적으로 간접수용을 구성하지 않는다는 조항을 투자협정에 포함하기 시작하였다고 앞에서 설명한 바 있다.

한-미 FTA를 시작으로 우리나라가 체결한 투자협정도 공공복지 목적의 정부 행위에 의해서는 원칙적으로 간접수용이 성립되지 않는다는 규정을 두고 있다. 즉, 공중보건·안전·환경 등과 같은 정당한 공공복지 목적을 위한 투자유치국의 비차별적 규제행위는 원칙적으로 간접수용을 구성하지 않는다는 것이다. 물론, 공중보건·안전·환경 등은 공공복지 목적에 관한 예시적 규정이며, 한정적·열거적 규정이 아니므로 우리나라의 부동산 가격 안정화 정책 등 이 밖의 정당한 공공복지 목적도 이에 포함될 수 있다.

이와 관련하여, 앞에서 잠시 언급한 케이스이지만, Philip Morris사가 담배 제조 투자와 관련하여 수용을 주장하면서 우루과이 정부를 상대로 국제중재를 제기한 사건에서 정부행위의 성격에 대하여 내린 중재판정부의 판정이 주목된다. 중재판정부는 투자협정은 당사국이 주권적 권한의 행사로서 자신의 영역에서 건강상 해로운 상품을 규제하는 것을 방해하지 않는다고 지적하면서, 국가가 주권적 권한의 행사로 일반적인 복지를 목표로 한 선의의 규정을 비차별적으로 채택하여 자신의 영역 내 경제주체에 대하여 손해를 끼치는 경우에는 그러한 경제주체가 어떠한 보상을 요구할 수 있는 권리를 갖게 되는 것이 아니라는 것이 국제법 원칙으로 확립되었음을 확인한 종전의 여러 중재판정례를 인용하였다. 중재판정부는 우루과이 정부 측의 조치가 흡연 통제라는 큰 정책적 틀 내에서 도입된 것으로서 공중의 복지를 보호하기 위한 목적으로 선의에 의해 취해졌다는 점, 비차별적이라는 점, 비례적으로 취해졌다는 점을 감안할 때, 이는 수용을 구성하지 않는다고 판정하였다. (Philip Morris 대 우루과이 사건, ICSID ARB/10/7, 2016.7.8. 판정)

(드문 상황) 그렇다고 해서 투자유치국 행위가 공공복지 목적의 비차별적 규제조치라면 무조건적으로 간접수용에서 배제되는 것은 아니며, 극히 예외적인 경우, 즉 '드문 상황'(rare circumstances)에는 간접수용으로 인정될 수 있다. 여기에서 '드문 상황'이란 정부 행위가 목적 또는 효과에 비하여 극히 심하거나 불균형적이어서 비례성이 극단적으로 훼손된 경우와 같이 선의로 채택·적용된 것이라고 합리적으로 판단할 수 없는 때에는 공공복지 목적의 규제조치라 하더라도 간접수용에 해당될 수 있다는 의미이다. 그렇기 때문에, 공공복지 목적의 비차별적 규제조치는 일단 간접수용이 아닌 것으로 간주되므로, 국제중재에서 청구인인 다른 쪽 당사국의 투자자가 투자유치국 정부의 행위가 간접수용을 구성한다고 주장하려면 해당 행위가 그 목적 또는 효과에 비추어 극히 심하거나 불균형적인 '드문 상황'(rare circumstances)임을 입증하는 한 차원 높은 입증책임을 부담하게 된다.[16]

　　앞에서와 같이 지금까지 전개되어온 법리와 대표적인 투자협정 규정을 중심으로 간접수용에 대하여 설명하였으나, 국제투자규범 체제상 아직도 간접수용을 판단하기 위한 법리가 명확하고 일관성 있는 수준으로 완성되었다고 보기 힘든 측면이 있는 것이 사실이다. 투자유치국의 조치에 의하여 자신의 투자 재산 가치가 박탈되는 것을 방지·구제할 수 있는 투자자의 권리와 투자유치국이 주권국가로서 공공복지 목적을 위한 비차별적 정책을 결정하고 집행할 수 있는 권한 사이에 명확한 경계선을 긋는 일은 여전히 매우 어려운 사안이다. 앞으로 국제중재 케이스가 계속 나오고 국가들의 투자협정 체결·집행 관례가 더욱 축적되면서 이 문제에 대해 보다 분명한 접근방식이 도출될 것으로 기대해 본다.

**(지식재산권에 관한 강제실시권)** 끝으로 우리나라가 체결한 투자협정들은 WTO의 무역관련 지적재산권 협정(TRIPS)에 따라 부여되는 강제실시권(compulsory license)의 발동이 TRIPS 규정에 부합하는 경우 수용 조항이 적용되지 않는다고 규정하고 있다. '강제실시권'이란 공공의 이익보호와 특허권의 남용 방지 등과 같은 일정한 조건이 성립되는 경우 국가가 권리자의 허락 없이 제3자에게 특허를 사용할 수 있도록 허락하는 것을 말한다. 특허권자가 특허를 가지고만 있고 이를 사용하지 않는 등 권리 남용에 대한 법적 구제 또는 제재수단의 하나이다. 즉, 투자유치국이 합법적 강제실시권을 발동하는 경우에는 투자자가 수용임을 주장하며 보상을 구할 수 없다는 것을 의미한다.

이에 추가하여, 지식재산권의 취소·제한 또는 생성 등이 WTO의 무역에 관한 지적재산권 협정(TRIPS) 등 규정에 부합하거나 FTA 지식재산권 장에 부합하는 경우 수용의 예외로 할지에 대하여는 투자협정마다 달리 규정될 수 있으므로 주의 깊게 살펴볼 필요가 있다.

# 07

## 예외

앞에서 살펴본 바와 같이 투자협정에서는 내국민대우, 최혜국대우, 공정·공평 대우, 충분한 보호 및 안전 제공, 이행요건 부과 금지, 고위 경영진과 이사회 국적 제한 금지, 자유로운 송금 보장 등 투자유치국이 자국에 진출한 협정상대국 투자자의 투자를 보호하기 위한 다양한 의무를 규정하고 있다. 그러나 투자유치국이 국가안보상 필요에 대응하기 위한 목적에서 조치를 취하거나 그 밖에 공공질서 유지나 건강, 환경보호 등 국내의 정당한 정책적 목표를 달성하기 위해 필요한 조치를 취해야 하는 상황에서 이러한 의무를 다하지 못할 수도 있다. 또한 과세나 국내 금융체제 유지를 위한 정책 수행과정에서도 이러한 상황이 생길 수 있다. 그렇기 때문에, 투자유치국은 투자협정을 통해 협정상대국 투자자와 그 투자를 보호하기 위한 다양한 의무 준수를 법적으로 약속하지만, 이러한 약속을 어떠한 경우에도 반드시 지켜야 하는 절대적인 것으로 요구한다면 상당한 부담을 가지지 않을 수 없을 것이다. 그래서 투자협정은 투자유치국 의무에 대한 예외를 인정할 수 있는 경우를 협정에 명문화하는 것이 일반적이다. 달리 말하자면, 외국 투자자와 투자를 보호하기 위해 투자협정을 체결함으로써 투자유치국의 일반적인 규제권한의 행사는 제한될 수밖에 없다는 것은 인정하지만, 그럼에도 불구하고, 특정한 상황에서 투자유치국이 주권국가로서 규제권한을 행사할 수 있는 본질적인 부분은 보전되어야 한다는 점을 반영한 것이 이 예외조항인 것이다. 이러한 측면에서 볼 때, 예외 조항은 투자자의 권리와 투자유치국의 이익 간에 균형을 맞추는 역할을 한다고 할 수 있다.

여기에서 '예외'(exception) 조항과 '유보'(reservation) 조항은 서로 다른 개념이라는 것을 짚고 넘어가고자 한다. 두 조항은 투자협정의 적용을 제한한다는 점에서 공통점이 있다. 그러나 두 조항은 그 역할과 적용방식이 서로 다르다. 앞서 제2장에서 내국민대우 의무, 최혜국대우 의무, 이행요건 금지 의무, 고위경영진과 이사회 국적 제한 금지 의무라는 4가지 의무와 관련하여, 각 당사국이 현재 유지하고 있거나 미래에 도입하게 될 사항으로서 이 4가지 의무와 양립이 어려운 조치들을 미리 협정문의 부속서에 명기하는 것을 '비합치조치의 유보'라고 한다고 했던 것을 기억할 것이다. 유보 조항은 어느 협정당사국이 투자협정상의 이 4개 의무가 자국의 특정 영역에서 특정 사안에 대해 적용되지 않는다는 것을 미리 밝혀두는 좁은 범위의 제한사항이다. 각 당사국의 유보 내용은 협정 체결 과정에서 교섭에 의해 정해져서 사전에 협정에 명시되지만, 그 형식은 각 당사국의 일방적인 의사표시이므로 유보의 범위는 같은 협정에서 당사국마다 다르다. 반면, 예외 조항은 당사국의 어떤 조치가 협정에 정한 특정한 요건을 충족할 때 앞에서 언급한 4개 의무뿐만 아니라 협정상의 다른 어떠한 의무도 배제될 수 있다는 것으로서 포괄적인 조건부 의무 배제 조항이라고 할 수 있다. 이 예외 조항은 유보와는 달리 특정 분야나 조치를 협정의 적용범위에서 사전에 배제하는 것이 아니며, 특정한 정책 목표나 상황을 협정문에 열거하고 그러한 목표 또는 상황과의 관련성이나 필요성을 갖춘 경우 협정상의 의무와 합치하지 않는 조치가 허용된다고 하는 것으로서 양 당사국에 공통으로 적용되는 조항이다.

예외 조항은 투자보장협정은 물론이고 FTA에서도 포함된다. 다만, FTA는 보통 하나의 장에 투자에 관한 내용을 담지만, 예외 조항의 경우에는 투자뿐만 아니라 상품, 서비스 등 FTA가 다루는 여타 분야까지 적용되는 조항이므로 투자 장이 아닌 별도의 예외 장을 두고 그곳에서 규정하는 것이 일반적이다.

예외 조항은 해석상 독자적으로 의미를 갖는 조항이 아니고 투자보호에 관한 다른 실체적 의무 조항과의 관계에서 의미를 갖는다. 즉, 예외 조항의 요건이 충족되면 협정상 다른 의무가 배제될 수 있는 것으로 간주되고, 예외 조항이 없었더라면 부담하였을 의무를 위반하게 되는 데 따른 책임을 부담하지 않게 된다. 이런 연유로, 국제중재 과정에서 청구인 투자자가 피청구국 투자유치국이 협정상 특정 의무를 위반하였다고 주장할 때 투자유치국이 자신을 방어하기 위하여 설사 협정 위반이 있더라도 이러한 예외 조항을 통해 그 의무가 배제된다고 항변하는 방식으로 원용된다. 이에 따라, 투자유치국의 협정 위반 사실에 대해서는 청구인 투자자가 적극 주장하고 입증할 일차적 책임을 가지는 한편, 피청구국 투자유치국은 해당 의무가 배제되는 근거로 예외 조항을 적용할 수 있다는 점을 적극 주장하면서 이를 입증하는 일차적인 책임을 지게 될 것이다.

## 안보 예외

　최근에 체결된 투자협정은 '안보 예외'(security exception)에 관한 조항을 포함하는 것이 일반적이다.[1] 안보 예외 조항의 문언은 협정에 따라 다소 상이하나, 대체로 투자협정이 "자국의 필수적인 안보이익을 보호하기 위하여 필요하다고 간주하는 조치"(an action that a Party consid－ers necessary to protect its essential security interests)를 투자유치국이 취하는 것을 방해하는 것으로 해석되지 아니한다는 취지의 규정이 대표적이라 할 수 있다. 이러한 조치에는 무기·군대 관련 물품 및 서비스 공급, 전시 등의 비상사태 발생 대처, 핵분열·핵융합 관련 물질의 통제, 주요 공공 기간시설의 보호 등을 위한 조치를 상정할 수 있을 것이다. 협정에 따라서는 이와 함께, 필수적 안보이익에 반한다고 자국이 결정하는 정보의 제공을 거부할 수 있도록 하거나, 국제평화와 국제안보의 유지를 위한 유엔 헌장 등의 의무 이행을 위해 필요한 조치를 취할 수 있도록 규정하는 경우도 있다. 또한 어떤 투자협정에서는 원래 외부적인 정치·군사적 위협으로부터 국가를 보호하는 개념인 '국가안보'(national security)와는 다소 성격이 다른 요소이지만, 국가 내부의 평온과 평화를 보장하는 '공공질서'(public order)를 이 조항에 함께 포함하여 규정하는 경우도 있다.

　비교적 최근에 서명된 투자보장협정의 예를 보면, 2018년 서명되고 2019년에 발효된 한-아르메니아 투자보장협정의 안보 예외 조항은 아래와 같이 규정되어 있다.

이 협정의 어떠한 규정도 다음과 같이 해석되지 아니한다.

가. 공개될 경우, 체약 당사자가 자신의 필수적인 안보이익에 반한다고 간주하는 정보를 제공하도록 체약 당사자에게 요구하는 것

나. 체약 당사자가 자신의 필수적인 안보이익을 보호하기 위하여 필요하다고 간주하는 어떠한 조치를 하는 것을 금지하는 것, 또는

다. 체약 당사자가 국제평화와 안보를 유지하기 위하여 국제연합 헌장에 따른 의무를 수행하는 데에 있어서 어떠한 조치를 하는 것을 금지하는 것

Nothing in this Agreement shall be construed:

(a) to require a Contracting Party to furnish any information, the disclosure of which it considers contrary to its essential security interests;

(b) to prevent a Contracting Party from taking any actions which it considers necessary for the protection of its essential security interests; or

(c) to prevent a Contracting Party from taking any action in pursuance of its obligations under the United Nations Charter for the maintenance of international peace and security.

이 안보 예외 조항은 원래 국제무역 분야에서 널리 인정되는 중요한 예외로서 상품무역에 관한 WTO 일반협정인 GATT의 제21조와 서비스무역에 관한 WTO 일반협정인 GATS의 제14조의2에도 명시되어 있다. 투자협정은 이러한 원칙을 거의 그대로 포함한다.

안보 예외와 관련하여 국제중재과정에서 제기된 쟁점사항 중 두 가지 쟁점사항이 주목된다. 첫 번째 이슈는 투자유치국이 자국의 '필수적인 안보이익'을 위해 필요한 것으로 판단하는 권한을 전속적으로 가지는 것인지, 아니면 중재판정부가 객관적인 기준으로 이를 심리할 수 있는지의 문제이다. 원래 GATT 제21조와 GATS 제14조의2에 "자국의

필수적인 안보이익을 보호하기 위하여 필요하다고 간주하는 조치"(any action which (a Party) considers necessary for the protection of its essential security interests)라고 규정되어 있어, 미국을 비롯한 일부 WTO 회원국들이 동 조항은 안보 예외를 원용하는 국가가 전속적으로 그 필요성을 결정할 수 있는 자기결정적(self-judging) 조항이라고 주장해 왔기 때문이다. 참고로 미국의 이러한 입장에 따라, GATT와 유사한 안보 예외 조항을 포함하고 있는 한-미 FTA에서는 안보 예외 조항과 관련하여 분쟁에 있어서 어느 한쪽 당사국이 안보 예외를 원용하는 경우에 그 사안을 심리하는 중재판정부는 안보 예외가 자동적으로 적용됨을 인정하도록 규정하고 있다(제23.2조 각주).

두 번째 이슈는 국내 경제위기 상황에 대해 안보 예외를 원용할 수 있는지의 문제이다. 전통적으로 국가안보는 외부적인 군사적 위협과 관련된 상황으로 간주되는 경향이 있었으나, 이제는 어느 국가든 전략 산업의 보호를 둘러싼 경제안보가 국가적 관심사로 등장하고 있는 상황이라 이에 대한 법리 전개는 매우 중요한 시사점을 제공한다고 할 것이다.

이 두 가지 이슈는 아직도 완전히 해결되지 않고 있는 것으로 보여진다. 투자협정상의 안보 예외가 국제중재에서 대거 이슈가 되었던 적이 있다. 아르헨티나 정부는 2001년 경제위기 상황에서 은행인출 제한과 외화 국외 반출 규제, 페소화·달러화 1:1 고정환율제도 폐지, 국내외 채무 지급 정지 등 일련의 비상조치를 발동하였는데, 가스산업을 비롯하여 이러한 조치에 영향을 받은 다수의 외국인 투자자들이 아르헨티나 정부를 상대로 공정·공평 대우 의무 위반과 수용 등을 주장하면서 국제중재를 청구하였던 것이다. 같은 배경하에서 제기된 다수의 사건을 각각 다루게 된 중재판정부들도 서로 다른 판결을 내놓았으며 그 중 일부는 판정취소위원회에까지 회부되기도 하는 등 다소 혼란스러운 상황이 전개되었다. 아르헨티나가 미국을 비롯한 여러 국가들과 체결한 투자보장협정의 안보 예외 조항에는 필수적인 안보이익과 함께 공공질서 유지가 그 요소로 포함되어 있었다. 중재청구된 사건 중 판정이 내려진 대부분의 사건에서는 아르헨티나 정부 측의 공정·공평 대우 의무 등 위반으로 판정되고, 아르헨티나 정부가 의무 위반의 조각 사유로 제시한 안보 예외 조항에 따른 면책 주장은 경제위기의 정도나 이 위기를 극복하기 위한 정부 조치의 필요성과 성격 등에 비추어 요건을 충족하지 못하는 것으로 판단되어 아르헨티나 측의 주장이 받아들여지지 않았다. 다만, 곧 살펴볼 Continental 사건과 LG&E 사건에서만 안보 예외 조항에 따른 면책이 중재판정부에 의해 받아들여졌는데, 이 판정들은 앞으로 안보 예외 조항이 중재과정에서 이슈가 될 경우 중재판정부가 내릴 수 있는 판정의 범위에 관한 단초를 제공해 주는 것으로 보여, 이 중 Continental 사건에서 제시된 중재판정부의 논리를 중심으로 살펴보고자 한다.

미국 회사 Continental Casualty Co.사는 아르헨티나에 보험회사를 두고 보험업무를 수행하고 있었는데, 아르헨티나가 2001년 경제위기 상황에 대처하기 위해 취한 비상조치에 대해 공정·공평 대우 의무 위반, 수용 등을 이유로 국제중재를 청구하였다. 이 사건에서 역시 안보 예외 조항이 자기 결정적인 것인지가 논란이 되었다. 중재판정부는 준거법인 미-아르헨티나 투자보장협정상의 문언에 '자신이 간주하는'(it considers)라는 문구가 포함되어 있지 않기도 했지만, 안보 예외 조항의 원용은 당사국이 아무런 제약 없이 자체적으로 판단하는 것은 아니며 당사국이 협정 위반 사실을 회피하기 위해 남용하지 않도록 객관적인 검토가 필요하다고 해석하였다. (Continental Casualty Co. 대 아르헨티나 사건, ICSID ARB/03/9, 2008.9.5. 판정) 안보 예외 조항의 자기결정적 성격을 부인한 중재판정례는 아르헨티나 경제위기 상황에서 제기된 여타 사건에서도 발견된다. (예컨대, LG&E 대 아르헨티나 사건, ICSID ARB/02/1, 2007.7.25. 판정; CMS 대 아르헨티나 사건, ICSID ARB/01/8. 2005.5.12 판정; Enron 대 아르헨티나 사건, ICSID ARB/01/3, 2007.5.22. 판정)

이 사건 이후의 일이지만, WTO에서도 안보 예외 조항인 GATT 제21조의 해석과 적용을 다룬 최초의 분쟁해결사건이 있었는데, 러시아 -통과운송 분쟁을 다룬 패널(중재판정부)은 국가 안보를 위해 필요한 조치를 결정하는 것은 이를 주장하는 국가의 전속적 권한이 아니라 패널의 판단 대상이 되며 이를 주장하는 국가가 신의성실 원칙에 따라 핵심적 안보이익과 관련된 상황이 존재하였는지와 이러한 상황에서 취해진 조치가 적절한지에 대해 진실성을 가지고 명확히 설명할 수 있어야 한다고 하는 유사한 판결을 내놓았다(DS512: 러시아 - 통과운송관련 조치, 2019.4.5. 패널 보고서). 이러한 판정은 협정 당사자가 자신의 협정 위반을 정당화하기 위한 목적으로 국가안보 예외를 무분별하게 남용하는 것을 방지하는 효과가 있을 것으로 생각된다.

또한 앞의 Continental 사건에서 아르헨티나의 경제위기를 안보 예외 조항(공중질서 유지, 필수적인 안보이익)에 해당되는 것으로 볼 수 있는지의 문제와 관련하여, 중재판정부는 국제관습법의 맥락에서나 협정문의 대상과 목적, 그리고 당초 미국의 우호통상항해조약에 근원을 둔 미국의 모델 투자협정문의 연혁 등에 비추어 볼 때, 심각한 경제위기가 안보 예외 조항에 해당되지 않다고 볼 근거가 없다고 하고, 아르헨티나의 국내경제 붕괴 등의 심각성에 비추어 볼 때 비상조치의 필요성이 인정되므로 투자협정상의 안보 예외 조항이 원용될 수 있다고 판정하였다. 아르헨티나의 경제위기를 배경으로 한 다른 사건들을 다룬 여타 몇몇 국재중재에서 사실문제로서 안보 예외 조항(공중질서 유지, 핵심적인 안보이익)을 원용할 수 없다고 판단한 중재판정부도 심각한 경제적 위기가 안보 예외 조항의 적용영역에 속할 수 있다는 것은 부인하지 않은 것이 주목된다. (예컨대, LG&E 대 아르헨티나 사건, ICSID ARB/02/1, 2007.7.25. 판정; CMS 대 아르헨티나 사건, ICSID ARB/01/8. 2005.5.12 판정; Enron 대 아르헨티나 사건, ICSID ARB/01/3, 2007.5.22. 판정)

경제위기는 때때로 외부적인 위협이라기보다는 정부 정책 등 내부적인 상황으로 초래될 수 있어 전통적 의미의 외부적 군사적 위협에 따른 안보위기와는 성격이 다를 수 있으나 국가존망을 가르는 경제위기 상황에서조차 투자협정상의 제반 의무를 준수하도록 요구하는 것은 사안의 경중을 따져 볼 때 적절치 않다는 점에서 이러한 법리 전개가 어느 정도 납득할 수 있는 것으로 보인다.

(긴급피난) 앞에서 살펴본 안보 예외 조항은 투자협정에 투자유치국의 의무에 대한 예외로서 명시적으로 규정된 경우이다. 그런데, 아르헨티나 경제위기 과정에서 제기되었던 다수의 국제중재 과정에서 이 안보 예외 조항 외에 국제관습법의 일부인 '긴급피난'의 법리에 따라 투자협정상의 의무 위반을 조각할 수 있는지 여부의 문제가 제기되었다. 유엔 국제법위원회(ILC)가 2001년 제정한 '국제위법행위에 대한 국가책임 협정 초안'은 위법성 조각사유를 규정한 제5장에서 제25조에 '긴급피난'(necessity)의 요건을 규정하고 있다. 이 제25조는 국제관습법을 반영

한 것으로 간주되고 있는데, 이 초안에 따르면, 어느 국가가 긴급피난의 필요성에 따라 국제의무의 위반에 해당되는 행위를 할 수 있기 위해서는 (i) 중대하고 급박한 위험(grave and imminent peril)이 존재하여야 하고 해당 행위가 이러한 위험으로부터 국가의 본질적 이익(essential interest)을 보호하기 위한 유일한 방법이여야 하며, (ii) 그 행위가 상대방 국가나 국제공동체 전체의 본질적 이익을 심각하게 해치지 않아야 하며, (iii) 해당 의무가 긴급피난의 원용 가능성을 배제하지 않아야 하며, (iv) 그 국가가 긴급피난 상황의 발생에 기여하지 않았어야 한다. 이러한 요건들이 누적적으로 모두 충족될 때 비로소 긴급피난 사유에 따라 국제의무 위반이 조각된다는 것이다.2 특히 해당 조치가 '유일한 방법'이라야 한다는 요건, 즉 투자유치국이 취한 해당 조치 외에는 이용 가능한 수단이 없어야 한다는 요건과 국가가 긴급피난 상황의 원인제공 주체가 아니어야 한다는 요건은 충족시키기가 어렵다고 할 것이다. 이런 측면에서 긴급피난을 원용할 수 있는 기준은 매우 높으며, 투자유치국이 지켜야 할 투자협정상의 의무를 게을리하는 것은 그만큼 허용되기가 어려운 것이다. 아르헨티나의 경제위기 상황에서 제기된 여러 국제중재 중 Continental 사건과 LG&E 사건을 제외한 대부분의 판정은 이러한 요건의 일부가 충족되지 않았기 때문에 긴급피난에 따른 의무위반 조각이 성립되지 못한다고 판시하였다.

## 일반적 예외

우리나라가 체결한 투자협정을 보면, 투자보장협정의 경우에는 '일반적 예외'(general exception)라고 이름 붙여진 예외 조항을 두는 경우가 거의 없으나 상대적으로 최근에 체결된 FTA의 경우에는 일반적 예외 조항을 두는 경우가 많다. 이 조항은 투자 유치국이 공중도덕 보호 및 공공질서 유지, 인간·동식물의 생명이나 건강 보호, 환경 보호, 정당한 법과 규정의 준수 확보, 예술적·역사적·고고학적 가치를 가진 국보 보호, 고갈 자원 및 천연자원 보호 등을 위해 필요한 조치를 채택하거나 집행하는 것을 투자협정이 방해할 수 없다는 취지로 규정된다. 다만, 이러한 조치가 자의적이거나 차별적이어서는 안 되고 외국인 투자자 및 투자를 제한하기 위한 위장 수단이어서는 안 된다는 전제조건이 붙는다. 예를 들어, 투자유치국이 국내 유치산업을 보호하기 위한 산업정책적 목적을 가지고 외국인 투자자나 투자를 제한하는 조치를 취한다면 이러한 조치는 당연히 예외 사유가 되지 않을 것이다. 이러한 전제조건은 안보 예외 조항에는 없는 것임에 유의할 필요가 있다.[3] 물론 예외가 인정되는 국내의 정책적 목표와 분야는 여기에서 나열된 대로 모든 투자협정에 빠짐없이 들어가는 것은 아니다. 그 내용은 협정마다 조금씩 다를 수 있지만, 대체로 이러한 목적을 달성하기 위한 정당한 국내 정책적 공간을 확보하는 방향에서 그 내용이 규정된다.

이 조항도 안보 예외 조항과 마찬가지로 원래 국제 무역 분야에서 널리 인정되는 중요한 예외로서 상품무역에 관한 WTO 일반협정인 GATT의 제20조와 서비스무역에 관한 WTO 일반협정인 GATS의 제14조에도 명시되어 있다. 일반적 예외 규정을 도입하는 투자협정에서는 한-아세안 FTA와 같이 명시적 포괄적 규정을 두는 경우가 있기는 하나, 보통 GATS 제14조를 준용, 즉 상황에 맞는 변경을 가하여 적용하도록 하는 형태로 규정한다. 그래서 여기에서는 GATS 제14조의 중요부분을 발췌하여 인용한다.

---

아래의 조치가 유사한 상황에 있는 국가 간에 자의적 또는 정당화될 수 없는 차별의 수단이 되거나 혹은 서비스무역에 대한 위장된 제한을 구성하는 방식으로 적용되지 아니한다는 요건을 조건으로, 이 협정의 어떠한 규정도 이러한 조치를 채택하거나 시행하는 것을 방해하는 것으로 해석되지 아니한다.

가. 공중도덕을 보호하거나 또는 공공질서를 유지하기 위하여 필요한 조치,

나. 인간, 동물 또는 식물의 생명 또는 건강을 보호하기 위하여 필요한 조치,

다. 아래 사항에 관한 조치를 포함하여 이 협정의 규정과 불일치하지 아니하는 법률이나 규정의 준수를 확보하기 위하여 필요한 조치,

    (1) 기만행위 및 사기행위의 방지 또는 서비스계약의 불이행의 효과의 처리

    (2) 사적인 자료의 처리 및 유포와 관련된 개인의 사생활 보호와 개인의 기록 및 구좌의 비밀보호

    (3) 안전

      ...

Subject to the requirement that such measures are not applied in a manner which would constitute a means of arbitrary or unjustifiable discrimination between countries where like conditions prevail, or a disguised restriction on trade in services, nothing in this Agreement shall be construed to prevent the adoption or enforcement by any Member of measures:

(a) necessary to protect public morals or to maintain public order;

(b) necessary to protect human, animal or plant life or health;

(c) necessary to secure compliance with laws or regulations which are not inconsistent with the provisions of this Agreement including those relating to:

    (i) The prevention of deceptive and fraudulent practices or to deal with the effects of a default on services contracts;

(ii) the protection of the privacy of individuals in relation to the processing and dissemination of personal data and the protection of confidentiality of individual records and accounts;

(iii) safety;

...

---

일반적 예외 조항은 결과적으로 투자유치국이 협정상 제반 의무에 우선하여 공공목적의 규제조치를 취할 수 있는 재량권을 인정하는 효과가 있다. 이 조항은 협정상 의무의 적용을 처음부터 배제하는 것이 아니라, 투자유치국으로 하여금 협정상의 의무를 원칙적으로 준수하도록 하되, 국가의 정당한 규제권한을 행사할 필요가 있을 때 일정한 조건하에 이러한 의무를 예외적으로 준수하지 않을 수 있는 여지를 제공함으로써 외국인 투자자 및 투자 보호와 국가의 정당한 규제권한 간 균형을 유지하는 역할을 한다.

특히 환경문제는 최근 들어 어느 국가에게나 극히 민감해진 분야이고 투자자에 의해 ISDS 절차가 제기될 경우 국가의 환경정책에 대한 자율권이 침해될 소지가 많다. 실제로 ISDS 청구가 이루어진 투자분쟁 중 투자유치국의 환경관련 조치에 대한 사안들이 많은 것이 사실이다. 이러한 상황을 고려하여 투자협정문에 일반적 예외 규정과는 별도로 국가의 환경 규제권한을 보호하기 위한 예외 규정을 두거나 예외까지는 아니더라도 투자관련 규정에 위배되지 않는 한 정부가 환경적 조치를 취할 수 있는 권한이 있음을 확인하는 등의 규정을 두는 수가 많다.

또 하나 특기할 사항은 미국은 NAFTA 이래로 투자에 대하여는 국가안보 예외 조항은 적용하되, 일반적 예외 조항은 적용하지 않는 정책을 가지고 협상에 임하고 있다는 것이다. 대신, 투자 분야별 유보나 개별 예외 조항을 통해 국가의 공공정책적 고려가 필요한 부문에 대해 구체적인 예외를 확보한다. 이에 따라 한-미 FTA에서도 투자 장(제11장)에 4개 의무(내국민대우, 최혜국대우, 이행요건 부과 금지, 고위경영진 및 이사회 국적 제한 금지)에 대한 유보, 이행요건에 관한 예외 조항, 수용관련 정당한 공공복지 목적을 위한 조치 예외 등 개별적인 분야에서 필요한 예외가 설정되어 있는 대신, FTA 전체에 적용되는 예외를 규정하고 있는 장(章)인 제23장의 일반적 예외 조항(제23.1조)의 적용범위에는 투자 장(제11장)이 빠져 있는 것을 볼 수 있다.

## 조세조치와 금융 예외

(조세조치) 투자협정은 일반적으로 조세조치에 대해 예외규정을 둔다. 특히 요즘에는 기업의 경제활동이 국경을 초월하여 활발해지면서 이중과세방지협정(agreement on the avoidance of double taxation and prevention of fiscal evasion 또는 double taxation treaty)을 많이 체결하게 된다. 이러한 상황에서 투자유치국의 조세조치는 자국의 과세체제에 추가하여 투자협정 상대국뿐만 아니라 제3국과 체결한 이중과세방지협정 등 복잡한 체제를 기초로 하게 된다. 따라서 투자협정에 포함되어 있는 내국민대우나 최혜국대우 등이 오직 조세문제에만 집중하여 조세당국의 권리·의무를 도출한 이중과세방지협정 체계에 의도치 않은 영향을 미치는 결과를 초래할 수 있다.4 이런 바람직하지 않은 상황을 피하기 위해 투자협정에서는 과세문제를 일정한 방식으로 협정의 적용대상에서 배제하는 것

이 일반적이다.

투자협정마다 조세조치를 협정의 적용대상에서 배제하는 방식은 다양하다. 가장 간단한 방식이자 많은 수의 투자협정에서 사용하는 방식은 조세와 관련하여 협정 전체의 적용을 배제하거나 내국민대우, 최혜국 대우의 예외 조항으로 규정하는 것이다. 외국인 투자자의 관점에서는 조세라는 중요한 영역이 투자협정의 적용에서 배제됨으로써 협정의 유용성이 저하되는 단점이 있다고 하겠다. 이러한 점을 보완하기 위해 조세조치에 의한 수용과 같은 경우에는 내국민 대우나 ISDS와 같은 분쟁해결절차가 적용되도록 하는 방식으로 규정하기도 한다. 경우에 따라서는 이에 추가하여 조세당국의 조세조치로 인하여 수용되었다고 주장하는 투자자가 ISDS 절차를 청구하는 경우 양 당사국(조세당국)에 해당 조치가 수용에 해당되는지 여부에 대한 의견을 먼저 구하도록 하는 규정을 두는 경우도 있다.[5] 우리 정부도 투자협정을 교섭할 때 조세조치에 대해서는 일단 협정의 적용을 배제하는 것을 원칙으로 하되, 조세조치에 의한 수용 여부에 대해서는 일정한 조건하에 ISDS 제기가 가능하도록 하고 있다.

(건전성 조치) 한편, 투자협정은 예금자를 보호하고 금융시스템의 완결성과 안정성을 확보하기 위한 합리적 정책목표를 위해 투자유치국의 금융감독 당국이 건전성 조치(prudential measures)를 취할 수 있도록 허용하는 예외 규정을 둔다. 금융감독 당국이 취하는 건전성 조치는 국내 금융시스템 전체의 불안을 방지하기 위한 안전판 역할을 한다. 금융시스템의 붕괴는 경제전반의 붕괴를 가져올 수 있으므로 투자협정 체결로 인해 의도치 않게 금융감독 당국의 감독 권한이 축소되지 않도록 금

융감독 당국의 건전성 조치에 대해서는 내국민대우, 최혜국대우, 송금 보장 등 투자협정상의 의무를 적용하지 않을 수 있도록 하는 것이다. 건전성 조치의 예외를 인정하지 않으면, 예컨대 투자유치국이 자국의 부실금융기관을 공적자금으로 지원하고자 할 경우 내국민대우 원칙에 따라 비슷한 상황에 있는 자국 내 외국인 투자 은행에도 동일한 지원을 해 주어야 하고, 외국인 투자 은행이 모국의 본사를 지원하기 위해 모국으로 무리하게 많은 금액을 송금하는 것을 자유로운 송금 보장 의무 때문에 막지 못하는 상황이 발생될 것이다.[6] 건전성 조치는 서비스 무역에 관한 WTO 일반협정인 GATS의 금융서비스 규정에서도 인정되는 조치이다. 물론 투자유치국이 자국의 협정상 의무를 회피하는 수단으로 사용되어서는 안 된다는 안전장치를 둔다.

과거의 투자보장협정에서는 일반적으로 건전성 조치에 대한 별도의 예외 규정을 두지 않았다. 왜냐하면 투자보장협정하에서는 설립 전 투자 단계에서 불건전한 투자나 국내 금융시장의 안전을 위협할 가능성이 있는 외국의 금융기관에 대하여는 투자 진입을 허용하지 않을 수 있었기 때문이다.[7] 그러나 설립 전 투자 단계에서 내·외국 금융기관 간 원칙적으로 차별을 할 수 없는 FTA 투자 장에서는 건전성 조치를 위한 예외 규정이 반드시 필요하다고 할 것이다.

(그 밖의 금융정책) 이 밖에, 투자자의 투자유치국 내 금융서비스의 공급과 관련하여 투자유치국의 통화정책(공개시장 개입, 지급준비금, 재할인율 등)과 환율정책(외환시장 개입 등)은 이 정책이 비차별적이고 일반적으로 시행될 경우, 일반적으로 투자협정의 적용을 받지 않도록 규정하기도 한다.

한편, 우리는 제5장에서 자유로운 송금 보장 의무를 다루면서 투자협정상의 자유로운 송금 보장 의무도 예외가 없는 의무는 아니며, 일정한 경우 송금이 제한될 수 있다는 것을 살펴본 적이 있다. 야반도주나 유가증권 등의 거래 또는 형법 집행 등 특정한 경우에는 송금을 제한할 수 있고 투자유치국에 위환위기가 발생했을 경우에도 자본거래통제 등 예외적인 조치를 취할 수 있다고 하였다. 이러한 예외적인 조치는 자유로운 송금 보장이라고 하는 구체적 의무에 대한 특정한 배제사유로서 이 장에서 다루는 일반적인 의무에 대한 예외와는 다소 성격을 달리 한다는 점에 유의하기 바란다.

투자자-국가 분쟁해결절차

중재의 요건

투자협정은 제2편에서 살펴본 투자유치국의 여러 가지 의무사항을 규정한 후 투자유치국의 의무 위반 조치로 인하여 발생된 분쟁을 해결하기 위한 투자자-국가 분쟁해결절차(ISDS, investor-state dispute settlement)를 두고 있다.

투자유치국의 조치로 인하여 투자자가 자신의 투자에 손실을 입거나 입을 가능성이 있을 경우, 투자자는 우선은 투자유치국과 협상과 협의를 통해 문제를 원만하게 해결하기 위해 노력할 것이다. 이렇게 해서 문제가 해결되어 본격적으로 분쟁화하지 않는다면 이것이 가장 바람직한 시나리오가 될 것이다. 그런데 이렇게 해서도 문제가 해결되지 않는다면 투자자가 자신의 손실을 구제하기 위해 동원할 수 있는 방법은 어떤 것이 있을까? 대략 세 가지 방법을 생각해 볼 수 있다.[1] (i) 첫 번째는 투자유치국 내의 사법·행정상 구제제도를 이용하는 것이다. 투자유치국의 사정과 법에 정통한 사법·행정 당국이 개입하여 투자자의 손실을 구제할 수 있다면 이 방법은 비용이나 시간 측면에서 효과적인 것이 될 수 있을 것이다. 그러나 투자유치국 내의 구제절차는 때로는 비독립적인 사법·행정제도로 말미암아 투자자보다는 투자유치국 정부에게 유리한 결정을 내릴 가능성이 상존한다. (ii) 두 번째는 투자자가 모국 정부를 설득하여 모국 정부가 투자유치국 정부를 상대로 문제를 해결하도록 관여해 줄 것을 요청하는 방법이다. 투자자 모국의 외교적 보호권을 활용한 국가 간 분쟁해결절차로서 투자협정에도 보통 포함되어 있다. 그런데, 이러한 외교적 보호 방법은 우선 투자자가 모국 정부로 하여금 자신의 주장을 수용하여 이를 국가 입장으로 채택하도록 설득할 수 있어야 하며, 모국이 투자유치국과 협의하는 과정에서 투자자가 배제된 채 투자자 개인의 영업적 이익 보호보다는 정치·외교적인 고려가 우선될 가능성도 있다. 또한 다국적 기업의 경우에는 여러 나라에서 경제활동을 하고 있고 주주들의 면면도 국제적인 상황에서 그 기업의 모국이라고 선뜻 나서 외교적 보호활동을 할 국가를 식별하는 일도 간단하지 않을 수 있다. 이러한 이유로 투자자 입장에서는 이 두 가지 방법이 언제나 효과적인 권리구제 절차라고 하기에는 미흡한 점이 있다.[2] (iii) 마지막으로 우리가 이 책에서 집중적으로 다루게 될 투자자-국가 분쟁해결절차인 ISDS이다. 투자자-국가 분쟁해결절차(ISDS)는 투자유치국의 조치로 인해 투자자 자신이나 투자유치국에 투자한 자산에 피해나 손실을 입었을 때, 투자자가 직접 투자유치국 정부를 상대로 중립적인 국제중재절차를 통하여 투자유치국의 협정의무 위반에 따른 배상 등을 청구할 수 있도록 한 제도이다. ISDS는 종종 마지막 S(Settlement) 자를 생략하고 ISD라고 부르기도 하지만, 이 책에서는 일관성 있게 ISDS라고 하겠다.

　　오늘날 국제법이 규율하는 국제사회의 행위주체는 주권국가이다.

그런데, 투자자는 자연인이든 기업(법인)이든 비국가행위자인데, 이런 비국가행위자가 투자협정이라는 국가 대 국가 간 협정에 근거하여 다른 나라 정부를 상대로 직접 국제중재를 청구할 수 있도록 한 제도는 매우 독특한 것이라 할 수 있다. 세계무역기구(WTO)만 하더라도 기업이 상대국의 조치로 인해 손실을 입었을 때 직접 상대국 정부를 상대로 분쟁해결제도를 활용하는 것을 허락하지 않고 오직 그 기업의 모국이 상대방 국가를 상대로 분쟁해결제도를 이용하도록 하는 회원국 간 분쟁해결제도만 운용하고 있다. 1950년대만 하더라도 투자분쟁이 발생했을 때 투자자가 다른 나라의 정부를 상대로 제소할 수 있는 권한을 보유하는 것은 인정되지 않았다. 세계 최초의 투자보장협정으로 알려진 독일-파키스탄 투자보장협정(1959년 체결)에도 ISDS 제도가 없었다.

그러다가 효과적인 투자자 보호의 필요성에 대해 국제적인 인식이 제고되면서 1965년에 '국가와 다른 국가 국민 간의 투자분쟁 해결에 관한 협약'(ICSID 협약, Convention on the Settlement of Investment Disputes between States and Nationals of Other States)이 체결되고 '국제투자분쟁해결센터'(ICSID, International Centre for Settlement of Investment Dispute)가 설립되면서 투자자가 투자유치국을 상대로 직접 국제중재를 청구할 수 있는 길이 열리게 되었다. 이후 1970년대부터 체결된 투자보장협정에서는 이러한 투자자-국가 분쟁해결제도가 도입되기 시작하였으며, 1990년대에 이르러서는 투자협정에서 ISDS 절차를 규정하는 방식이 어느 정도 표준화되는 수준으로까지 자리 잡게 되었다.

ISDS는 국제 투자 문제에 고도의 전문성을 가진 중재인으로 구성된 중재판정부 앞에서 분쟁의 법률적 측면에 집중하여 공정한 심리를 받을 수 있는 기회를 제공해 준다. 투자자가 직접 중재절차를 개시하는 것이기 때문에 모국 정부가 자신의 주장을 받아들이도록 설득할 필요도 없다. 법원칙 차원에서는 국가의 주권문제를 침해할 수 있다는 관점에서, 현실적으로는 정부의 공공목적의 정책 공간을 제약할 수 있다는 관점에서,[3] 그리고 절차상으로는 심리과정 및 문서가 투명하게 공개되지 않고 서로 다른 사건을 맡은 중재판정부 간 일관성 없는 중재판정이 나오는 경우가 있고 높은 비용과 오랜 중재기간이 수반된다는 관점에서 이 제도에 대한 비판이 끊임없이 제기되고 있으나,[4] 오늘날 체결되고 있는 거의 대부분의 투자협정들은 투자자가 투자유치국을 상대로 직접 국제중재를 제기할 수 있도록 허용하고 있다. 이에 따라 전 세계적으로 ISDS 청구 건수는 지속적으로 증가하고 있는 추세이다.[5] 유엔무역개발회의(UNCTAD)에 의하면, 2022년 7월 말 현재 전 세계적으로 총 1,229건의 ISDS 중재가 제기되었고 이 중 총 889건은 그 절차가 종료되었다고 한다.[6] 종전에는 국내제도가 열악한 개발도상국들이 주로 피청구국이 되는 경우가 상대적으로 많았지만, 선진국이나 전환기에 있는 국가들도 많은 수의 ISDS 분쟁에 직면하고 있다. 중재 청구된 사건 중에서 공정·공평 대우 의무 위반(630건), 간접수용(500건), 충분한 보호 및 안전 제공 의무 위반(307건), 자의적·차별적 조치(272건) 등이 가장 빈번하게 제기되는 의무 위반 사항으로 나타나고 있다.

우리나라는 2023년 3월까지 99개의 투자보장협정을 체결했고 이 중 83개가 발효 중에 있는데, 그 중 독일(1964년 체결), 프랑스(1977년 체결), 방글라데시(1986년 체결), 파키스탄(1988년 체결)과 체결한 단 4개의 투자보장협정을 제외하고는 모두 ISDS를 규정하고 있다. 그리고 우리나라가 체결하여 발효 중에 있는 21개의 FTA 중 ISDS 규정이 없는 것이 한-EU FTA, 한-EU FTA에서 파생한 한-영국 FTA, 그리고 역내포괄적경제동반자협정(RCEP), 이렇게 3개뿐이다. 이 중 EU와 영국과의 FTA는 투자보장 규정이 아예 없는 경우이다. 2023년 초 현재 총 8건의 중재사건이 우리나라를 피청구국으로 하여 제기되었는데, 이 중 1건은 우리나라가 승소하였으나 2건이 패소하였고 1건은 청구인 측에서 청구를 취하하였으며 나머지 4건은 진행 중에 있는 것으로 알려져 있다. 우리 기업이 지금까지 외국 정부를 상대로 중재 청구를 한 건은 알려진 것만 모두 8개에 이르고 있다. ISDS 분쟁사건은 중재절차와 판정문 등 문서를 비공개로 하는 경우가 많아서 구체적인 청구 내용과 중재 진행 상황을 모두 알기 어려운 점이 있다.[7] 이런 연유로 우리 기업(투자자)이나 정부(피청구국)가 관여된 사건들을 이 책에서 자세히 다루지 못하는 아쉬움이 있다.

유럽 국가들이 주로 체결한 초기의 투자협정은 ISDS 절차에 대해 비교적 간결한 조문을 포함하는 수준에 그쳤으나, 1994년 발효된 NAFTA와 그 후 이 NAFTA를 벤치마크하여 체결된 많은 투자협정들은 ISDS 절차를 비교적 상세히 규정하는 경향을 보이고 있다. 특히 실제 중재 케이스가 많이 나오면서 중요한 판결 내용을 투자협정문에 명문으로 수용할 필요성이 생기거나 판결 내용상 협정 조문에 대한 법적 해석이 잘못 내려졌거나 중재절차 면에서 미흡한 사항이 발견되는 경우 이를 교정하기 위한 목적으로 투자협정에 관련 내용을 반영하는 경우가 많아졌기 때문이다.[8] 말하자면, 사법과정이 입법과정에 환류되는 순환구조가 작동되고 있는 것이다.

투자협정은 ISDS 투자분쟁해결을 위해 이용 가능한 중재기관/절차로 주로 (i) 국제투자분쟁해결센터(ICSID)를 통한 중재 또는 (ii) 유엔국제상거래법위원회(UNCITRAL, United Nations Commission of International

Trade Law) 중재규칙에 의한 중재절차를 규정하고 있다. 그 밖의 중재절차도 이용가능하도록 개방한다. 물론 중재기관을 ICSID 하나만 규정한 한-크로아티아 투자보장협정과 같이 특이한 경우도 있긴 하다.

ISDS와 ICSID('익시드'로 발음)를 혼동할 수 있는데, ISDS는 투자자와 국가 간에 국제중재를 통해 분쟁을 해결하는 제도를 개념적으로 지칭하는 일반적인 용어이고 ICSID는 실제적으로 ISDS 제도의 운영을 지원하는 국제투자분쟁해결센터(ICSID)라는 기관을 부르는 이름으로 기억하기 바란다. 이 책에서는 ISDS, 국제중재, 중재 등의 용어를 혼용할 텐데, 모두 투자자-국가 투자분쟁해결절차(ISDS)를 지칭하는 것으로 이해하기 바란다.

먼저, UNCITRAL('운시트랄'로 발음)에 대해 알아보겠다. UNCITRAL은 국가 간 상거래에 관한 국제적 규칙의 틀을 점진적으로 조화시키고 현대화하기 위한 목적으로 1966년 유엔 총회에 의해 창설된 기구로서 오스트리아 비엔나에 본부를 두고 있다. 이 위원회는 각 지역적 대표성과 주요 경제적·법적 체계의 대표성을 지닌 60개국의 위원국으로 구성되어 있다. 우리나라도 2004년부터 2013년까지 위원국으로 활동했다. 이 위원회가 1976년에 제정한 중재규칙은 ICSID처럼 중재기관을 상설화하지 않고 임시 중재판정부를 구성하여 중재절차를 진행하도록 하고 있다. 국제상업회의소(ICC, International Chamber of Commerce) 같은 기관이 UNCITRAL 중재규칙에 따른 임시 중재절차를 위한 행정지원 서비스를 제공한다. 임시 중재절차는 상설 행정기구를 두지 않기 때문에 기구 유지 비용이 들어가지 않는다는 측면에서 경제적일 수 있으나, 중재인 보수 비용 등이 표준화되어 있지 않기 때문에 중재비용이 많이 들어갈 수 있는 측면이 있다.[9] 실제로 ICSID에 의한 중재절차가 가장 많

▬ 워싱턴 D.C에 본부를 두고 있는 세계은행. 국제투자분쟁해결센터(ICSID)가 소재하고 있다.

이 이용되고 있으므로 책에서는 주로 ICSID 중재절차 위주로 설명해 나가려고 한다.

ICSID는 1965년 ICSID 협약에 따라 설립된 상설적인 국제 투자분쟁 해결기구로서 미국 워싱턴 DC에 본부를 두고 있는 세계은행(World Bank) 내에 소재하고 있다. 2023년 3월 현재 우리나라를 포함하여 158개국이 ICSID 협약의 당사국이다. 태국, 러시아, 에티오피아, 도미니카 공화국, 나미비아 등이 협약에 서명은 하였으나 아직 가입하지 않고 있는 것이 눈에 띈다. ICSID 협약에 따른 ISDS 절차를 진행하기 위해서는 협약 제25조에 정한 요건들을 충족해야 하는데, 무엇보다도 ICSID 중재절차는 회원국 간에 발생한 투자분쟁에 대해 진행되는 것이므로 ICSID 회원국이 아니라면 이 중재절차를 활용할 수 없다. ICSID 협약 제25조 제1항은 앞으로 여러 번 인용될 것이기 때문에 그 전문을 한번 보자.

본부[ICSID]의 관할권은 분쟁당사자가 본부[ICSID]에 제소할 것을 서면상으로 동의한 분쟁으로서 체약국(또는 당해 체약국에 의하여 본부에 대하여 지정한 동 체약국의 하부조직이나 기관)과 타방 체약국 국민 간의 투자로부터 직접적으로 발생하는 모든 법적 분쟁에 미친다. 당사자가 그러한 동의를 한 경우에는 어떠한 당사자도 그 동의를 일방적으로 철회할 수 없다.

The jurisdiction of the Centre shall extend to any legal dispute arising directly out of an investment, between a Contracting State (or any constituent subdivision or agency of a Contracting State designated to the Centre by that State) and a national of another Contracting State, which the parties to the dispute consent in writing to submit to the Centre. When the parties have given their consent, no party may withdraw its consent unilaterally.

우선 ICSID 절차는 ICSID 협약의 체약국과 타방 체약국의 국민 간에 발생하는 투자분쟁을 취급하므로 원칙적으로 투자자의 모국과 투자유치국이 모두 협약의 당사국이어야 한다. 더 나아가 양 국가가 ICSID 협약의 당사국이라는 사실 자체만으로 관할이 성립되는 것이 아니고, 어떤 분쟁이 발생했을 때 분쟁당사자, 즉 투자자와 투자유치국이 이 분쟁을 ICSID 중재절차에 회부하는 것에 동의하여야 한다. 동의방식에 대해서는 대부분 투자유치국이 투자협정을 통해 ICSID 중재관할에 대하여 사전에 동의를 해 두고 투자자는 투자협정에 따라 ICSID에 중재청구하는 방식으로 하게 된다. 이 부분에 대해서는 곧 자세히 설명할 것이다.

앞에서 ICSID 중재절차를 활용하기 위해서는 청구인(투자자)의 모국과 피청구국(투자유치국) 모두가 ICSID 협약의 회원국이어야 한다고 했다. 따라서 투자자의 모국이나 투자유치국 중 하나가 ISCID 회원국이

_ICSID 중재판정부 심리 현장

아닌 경우에는 ICSID 중재절차를 활용할 수 없게 된다. 그런데 ICSID는 1978년에 어느 한쪽 국가가 ICSID 회원국이기만 하면 다른 쪽 국가가 ICSID 회원국이 아니더라도 ICSID 중재절차를 이용할 수 있도록 추가적인 규정을 도입했다. 이를 'ICSID 추가 절차규칙'(ICSID Additional Facility Rules)이라고 부른다. 그래서 표준적인 투자협정은 협정당사국 중 어느 한 나라가 ICSID 협약의 당사국이 아니게 될 경우에도 ISDS 절차가 이루어질 수 있도록 하기 위해, ICSID 협약에 따른 중재 절차규칙 외에 ICSID 추가 절차규칙에 의한 중재도 이용 가능하도록 규정한다. 이런 경우에는 ICSID 협약과 ICSID 중재규칙은 직접 적용되지 않고 이와 유사한 ICSID 추가 절차규칙이 적용되며, ICSID 센터는 중재절차를 행정적으로 지원하는 역할만 할 뿐이다.

우리가 이해를 쉽게 하기 위해 ISDS 절차를 설명하면서 국내 민사소송에서 사용하는 용어인 제소, 승소, 패소 등의 용어를 사용하지만 엄밀한 의미에서는 ISDS 중재절차는 사법적 절차가 아니다. 무엇보다도 국내 소송은 당사자들 간의 특별한 사전 합의가 없더라도 한쪽이 소송을 제기하면 다른 쪽이 이에 응해야 한다. 그러나 ISDS는 중재절차이기 때문에 양쪽 당사자의 합의가 있어야 진행된다. 그리고 ISDS는 국내 소송과는 달리 상설화된 판사가 따로 없고, 분쟁당사자가 사건 케이스마다 새로이 선임한 임시의 중재판정인으로 구성된 중재판정부에 의한 판단을 받아 분쟁을 해결하는 절차이다. 그렇지만, 오로지 설명의 편의를 위해 이 책에서도 가끔 소송에서 사용되는 용어를 사용하게 될 것이다.

(대안적 분쟁해결 방안) 이쯤에서 우리의 시각을 조금 넓혀보겠다. 앞에서 우리는 협상과 협의를 통해 분쟁을 원만하게 해결하는 것이 최선이고 그래도 분쟁이 해결되지 않을 때 ISDS 중재 절차를 통해 해결을 모색할 수 있다고 하였다. 그러나 종국적인 분쟁해결 방안으로 ISDS 방식만 있는 것은 아니다. 조정(conciliation)이나 중개(mediation)와 같은 대안적 분쟁해결 방안도 경우에 따라서는 효과적인 분쟁해결 방법이 될 수 있다.10 이 두 가지 방법은 중립적인 제3자의 조력을 받는 것으로서 법을 엄격하게 적용하기보다는 양측 분쟁당사자가 합리적이라고 받아들일 수 있는 현실적 방안을 찾는 것을 목표로 한다.

조정절차는 공식적인 절차에 따라 이루어지는데 ICSID, UNCITRAL, 국제상공회의소 등에는 중재와 유사한 조정규칙들이 있다. 조정은 이러한 절차를 통해 분쟁당사자들에게 적절한 타협책이 될 수 있는 합의방안을 도출하여 제시한다.11 그러나 이 합의방안은 당사자들에게 구속력을 갖는 것은 아니다. 절차는 공식성을 띠고 있으나 결과는 비구속적인 속성이 있다는 점에 비추어 조정은 '비구속적 중재'라고 불리기도 한다.

한편, 중개는 보다 비공식적이고 융통성 있는 절차이다. 중개자의 역할은 분쟁당사자가 단순히 대화를 갖도록 장려하는 것부터 분쟁을 실질적으로 해결할 수 있는 창조적 방안을 적극적으로 제안하고 주선하는 것에 이르기까지 다양하다.

이러한 대안적 분쟁해결 방안을 절차면에서 구체적으로 규정하고 있는 투자협정은 그리 많지 않다. 한-미 FTA를 비롯한 최근 FTA의 투자 장은 분쟁발생 초기 협의와 교섭을 통한 분쟁해결 원칙을 규정하면서 이러한 협의와 교섭에는 비구속적인 제3자 절차의 사용이 포함될 수 있다고 덧붙이고 있다. 투자협정이 대안적 해결방안을 규정하고 있지 않다고 해서 이런 대안적 분쟁해결 방식이 금지되는 것은 아니며 특정한 상황에서는 오히려 더 효과적인 방식이 될 수도 있다.

또한, ISDS 중재절차의 경우에도 분쟁당사자가 합의한다면 중재판정부의 최종 판정까지 가지 않더라도 중간에 언제든지 별도의 합의를 통해 분쟁을 종식시킬 수 있다. 이러한 양자 합의를 통한 분쟁해결은 중재판정에 의한 것보다 합의사항의 이행 측면에서 보다 바람직할 수 있다. 실제로 이런 사례를 어렵지 않게 찾을 수 있다. 최근 예를 찾아보니까 Amir Masood Taheri라는 스웨덴·이란 국적자가 스웨덴-UAE 투자보장협정을 근거로 UAE를 상대로 2021년 ICSID 중재를 청구하여 중재판정부가 구성되었는데, 도중에 분쟁당사자 간 합의가 이루어져 해당 합의내용을 중재판정부의 판정에 포함시키고 절차가 종료된 사례가 보인다. (Amir Masood Taheri 대 UAE 사건, ARB/21/19, 2022.11.28. 판정)

## 사전 동의

ISDS는 기본적으로 분쟁당사자의 자발적인 동의에 기초한 분쟁해결 방식이다. 따라서 ICSID 협약은 그 자체로서는 강제 관할권이 없다. 여기에서 '강제 관할권'이라 함은 투자자가 ICSID 중재를 청구하였을 때 피청구국인 투자유치국이 자신의 의사와 상관없이 이 중재절차에 강제적으로 참여해야 하는 것을 말한다. ICSID 협약 제25조 제1항과 ICSID 추가 절차규칙 제4조 제2항은 ICSID가 중재관할을 갖기 위해서는 분쟁당사자들의 '서면동의'(consent in writing)가 필요함을 규정하고 있고 '외국중재판정의 승인 및 집행에 관한 유엔 협약'(1958년 뉴욕협약) 제2조도 이 협약에 따라 중재판정을 승인하고 집행하기 위해서는 중재합의가 서면으로 이루어져야 한다고 규정하고 있다. 즉, 중재절차란 양 당사자 모두의 합의가 있을 때에만 진행될 수 있는 것이다. 따라서 청구인 투자자와 피청구국 투자유치국 간의 중재합의는 ICSID 중재판정부가 관할권을 갖고 중재절차를 진행하여 그 결과로 도출된 중재판정이 효과적으로 집행되도록 하는 데 필수적인 요건이라고 할 수 있다.

피청구국이 될 투자유치국의 동의는 외국 투자자와 체결하는 개별 계약에 포함될 수 있고, 외국인 투자에 관한 국내 입법에 포함될 수도 있지만, 가장 대표적인 동의 방식은 투자협정에 이를 미리 명시해 두는 것이다. 협정당사국 중 어느 당사국이 투자유치국으로서 피청구국이 될지 모르기 때문에 투자협정은 협정당사국 모두가 투자자로부터 ISDS 중재 청구가 있으면 이에 응하겠다고 하는 동의를 투자협정문에 규정해 둔다. 협정당사국의 입장에서 보면, 불특정 투자자가 장래에 제기하는 ISDS 중재에 응하겠다고 하는 포괄적 동의를 미리 하는 셈이다. 투자협정문에 미리 동의를 표명해 둔다하여 이를 '사전동의'라고 한다.

그런데 투자협정상의 당사국의 사전동의 규정은 '당사국들'의 동의이고 ICSID 협약 규정은 '분쟁당사자'의 동의를 요구하고 있어 엄밀한 의미에서는 양자가 서로 다른 개념이다. 그래서 이런 규정만으로 분쟁당사자로서의 투자유치국 동의가 충족된 것인지 여부가 실제 중재사례에서 법적으로 문제된 바 있었다. 요즘의 투자협정에서는 이러한 논란을 불식시키기 위해 협정당사국의 이러한 동의가 ICSID 및 1958년 뉴욕협약상의 분쟁당사자의 동의요건을 충족하는 것으로 본다는 의제규정을 추가하고 있다.

한편, 청구인 투자자 측의 동의는 어떻게 확보될까? 중재를 청구하고자 하는 투자자는 중재를 청구하기 90일 전에 분쟁을 투자협정상의 중재에 회부하고자 한다는 의사와 문제된 투자유치국의 조치 및 위반되었다고 주장하는 협정 조문을 포함한 분쟁의 사실적·법률적 근거, 대략적인 청구금액을 포함하여 얻고자 하는 구제조치 등을 투자유치국에 서면으로 통보하도록 하고 있다(notice of intent). 물론 이러한 사전통보는 피청구국 투자유치국이 중재절차에 대비할 수 있도록 시간적 여유를 주기 위한 것이기도 하다. 투자자는 이러한 투자유치국에 대한 사전 통보 후 ICSID 사무국 등 자신이 선택하는 중재기관에 중재청구를 정식으로 제출하게 된다(notice of arbitration). 이러한 서면 중재청구가 투자자의 동의를 구성하는 행위가 되는 것이다.

이로써 투자유치국은 이미 투자협정에서 중재에 포괄적으로 동의한 상태이고, 투자자는 구체 분쟁에 대하여 중재청구를 제기함으로써 중재에 동의하였으므로, 양측의 동의요건이 모두 충족되어 ICSID 중재판정부가 관할권을 갖게 되었다. 계약은 당사자 간 합의에 의해 성립된다는 법리의 측면에서 보자면, 투자유치국의 사전 동의는 중재합의에 대한 청약 (offer)이 된다. 투자협정에 규정된 어느 중재절차에 대해서도 동의한다는 의사를 표시한 것이다. 그리고 다른 한쪽, 투자자의 중재 청구는 중재합의의 수락(acceptance)이 된다.[12] 투자자는 ICSID, UNCITRAL 또는 그 밖의 중재절차 등 투자협정에 규정된 중재절차 중 어느 하나를 골라 그 절차에 따라 중재청구를 하기 때문에 결국 구체적으로 어느 중재절차가 해당 분쟁을 해결하기 위해 활용되는지는 투자자가 결정하게 되는 셈이다. 이렇게 하여 중재합의가 성립되는데, 이 후에는 중재동의를 어느 한쪽이 일방적으로 철회할 수 없다. 중재절차를 진행하는 도중에 자기 쪽이 패소가능성이 있는 것으로 보인다고 중재동의를 철회하고 절차에서 철수한다면 분쟁의 효과적인 해결이 불가능해질 것이기 때문이다. 이와 함께, 일단 ISDS 절차를 택하게 되면 국내사법절차나 국가 대 국가 분쟁해결절차의 이용도 배제된다.[13]

이러한 사전동의, 특히 투자유치국의 동의를 투자협정에서 미리 확보해 두지 않으면 ISDS 절차의 실효성은 당연히 현저하게 저하될 것이다. 막상 투자자가 ISDS 절차에 따른 중재를 제기하여도 투자유치국이 중재에 참여하는 것을 거부한다면 중재가 개시될 수 없기 때문에 ISDS 제도는 무용지물이 될 것이다. 그래서 분쟁당사자들의 사전동의, 특히 투자유치국의 사전동의는 투자협정상 ISDS 제도의 기초라고 할 수 있다.

다만, 하나 주의할 점은 이러한 투자유치국의 사전동의의 중요성에도 불구하고, 우리나라가 종전에 일부 개발도상국들과 체결한 투자보장협정에서 완벽한 의미의 사전동의 규정을 갖고 있지 못한 경우가 있다는 것이다. 예컨대, 우리나라가 콩고공화국, 모리셔스, 키르기스스탄,

자마이카 등과 각각 체결한 투자보장협정의 예와 같이 투자분쟁을 ISDS에 '회부한다'(shall be submitted)라고만 규정하거나, 우리나라가 레바논, 모리타니아 등과 체결한 투자보장협정과 같이 투자자가 투자분쟁을 ISDS에 '회부할 수 있다'(may submit the dispute)라고 규정한 사례가 보인다. 이런 경우, 협정당사국의 사전동의를 명확하게 규정하고 있지 않아 투자자가 국제중재를 청구할 때 투자유치국의 동의가 별도로 필요할 수가 있다. ISDS 중재절차의 활용면에서 아쉬운 부분이라고 생각된다.

'사전동의' 하면 생각나는 에피소드가 하나 있다. 2011년 11월 한-미 FTA에 대한 국회의 비준동의 절차를 앞두고 있던 시점이었다. 국내 유력 신문에 한-미 FTA의 ISDS 관련 조항에 사전동의 조항이 담겨 있는 것으로 확인되었는데 미국 투자자가 소송을 걸면 한국 정부는 이를 거부할 수 없다면서 마치 한-미 FTA에 우리의 주권을 양도하는 조항을 꼭꼭 숨겨둔 것을 발견한 것 같은 뉘앙스를 풍기는 기사가 난데없이 났었다. 당시 외교통상부는 한-미 FTA의 ISDS 사전동의 조항은 중재관할에 대한 피청구국의 사전적·일반적 동의를 명확히 하는 것으로 요즘 제대로 된 투자협정이라면 다 포함되어 있는 핵심 규정이라고 점잖게 설명했었던 기억이 난다.[14] 기자가 사전동의라는 절차가 있다는 것을 모르고 기사를 썼는지, 아니면 기자가 알고도 국회 비준동의를 앞두고 뭔가 논란거리를 만들고 싶어서 그랬는지는 확인할 수 없었으나, 투자협정의 ISDS 사전동의는 상식적으로 알아두어야 할 기본 중의 기본이다.

ISDS에 대한 분쟁당사자들의 동의는 언제까지 지속되는 걸까? 상당수의 투자협정에는 '생존조항'(survival clauses)이 포함되어 있음을 상기하시기 바란다. 생존조항은 제1장에서 투자규범의 시간적 범위를 설명하면서 잠시 언급한 적이 있다. 투자협정이 만료되거나 종료되었을 때에도 협정이 살아있는 동안 이루어진 투자, 즉, 투자협정이 종료되기 전에 이루어진 투자에 대해서는 투자유치국의 의무와 ISDS 절차에 관한 규정이 협정 종료일로부터 일정기간, 예컨대 10년이나 15년 동안 유효하도록 하는 조항이다. 따라서 어느 한쪽 당사국이 일방적으로 투자협정을 종료시키는 경우에도 ISDS 절차에 관한 이 국가의 동의는 협정의 종료 시점에 사라지지 않고 일정 기간 동안 계속 유효하게 살아 있게 되는 것이다.

## 물적 관할(ratione materiae): 투자

투자유치국의 투자협정 위반 행위를 둘러싸고 발생한 투자분쟁에 대하여 투자자가 중재절차를 청구하여 중재판정부가 이에 대한 판정을 내리도록 하기 위해서는 중재판정부가 해당 분쟁에 대하여 관할권(jurisdiction)을 가져야 한다. 투자협정에 따라 분쟁당사자(투자자, 투자유치국)의 중재동의가 있다는 전제하에 중재판정부가 관할권을 가지기 위해서는 해당 분쟁이 투자에 관한 것이어야 하며(물적 관할), 투자자에 의해 투자유치국을 상대로 제기되어야 하며(인적 관할), 해당 분쟁이 투자협정이 적용되는 시점에 발생하여야 한다(시간적 관할)는 세 가지 요건을 갖추어야 한다.

중재절차의 상대방이 되는 투자유치국 정부의 입장에서 보면, 투자협정상의 사전동의 조항을 통해 중재절차에는 참여할 수밖에 없는 상태에서 투자자의 주장을 가장 쉽게 물리칠 수 있는 방법은 중재판정부가 해당 분쟁에 관하여 관할권이 아예 없다는 결론을 도출하도록 하는 것일 것이다. 이런 연유로 중재절차에서 중재판정부가 해당 분쟁의 시비를 가리기에 앞서 투자유치국 측에서 제기한 관할권 존부에 관한 문제를 먼저 다루게 되는 경우가 많다. 어쩌면 당연한 것인지도 모르겠지만, 중재절차에서 중재판정부가 해당 분쟁에 대하여 관할권을 갖는지 여부를 판단하는 주체도 중재판정부 자신이라는 점을 지적하고 넘어가겠다. ICSID 협약은 중재판정부가 그 자신의 권한을 결정하는 주체임을 규정하고 있다(제41조 제1항). 중재판정부는 이 경우 본안에 대한 판정과는 별도로 관할권 존부에 관한 판정을 먼저 내리는 경우도 있고 나중에 본안에 대한 판정을 내릴 때 관할권 존부에 관한 판정을 포함하는 경우도 있다.

이제 중재의 물적 관할에 대하여 살펴보도록 하겠다. 투자자가 투자분쟁에 대하여 중재절차를 청구하기 위해서는 (i) 투자협정상 권리 침해의 발생, (ii) 손실·손해의 발생, (iii) 권리 침해와 손실·손해 간의 인과관계 성립이라는 세 가지 조건이 만족되어야 한다.[15] 이러한 세 가지 조건의 근간을 이루는 것은 해당 분쟁이 투자에서 발생하는 것이어야 한다는 것이다. 따라서 ICSID 중재판정의 물적 관할권이 성립하느냐의 문제, 즉 분쟁의 대상이 과연 '투자'에 관한 것인지의 문제가 중재절차에서 가장 흔하게 본안 전 선결적 주장의 대상이 되는 사안 중의 하나가 되고 있다.

이렇게 볼 때, 투자를 무엇으로 보느냐 하는 문제는 중재판정부의 관할권 인정을 위한 관건적 요건이 된다고 할 수 있다. 물론 제2장에서 살펴본 바와 같이 거의 모든 투자협정은 그 적용범위가 되는 투자에 대하여 정의하고 있다. 반면, ICSID 협약은 특이하게도 투자에 대한 정의를 하고 있지 않다. 앞에서 인용한 ICSID 협약 제25조 제1항은 ICSID 관할권은 체약국과 다른 쪽 체약국 국민 간에 '투자와 직접적으로 관련되어 발생한 분쟁'에 미친다고 규정하고 있을 뿐, 투자가 무엇인지는 정의하고 있지는 않다. 그렇기 때문에 중재판정과정에서 일차적으로는 투자협정에 정한 투자의 정의가 판단기준이 될 것이다. 투자협정 당사국이 특정 경제활동을 투자로서 보호하기로 서로 합의하고 이와 관련된 분쟁을 ICSID에 회부하기로 합의하였다면, ICSID 중재판정부는 당사국의 이러한 합의를 존중하여 해당 경제 활동이 ICSID상의 투자에 해당되는 것으로 일응 인정하여 중재판정을 통해 분쟁해결에 기여하는 것이 합리적이라고 할 것이다. 실제로 당초 이런 이유로 ICSID 협약을 마련할 당시 투자의 정의에 관한 규정을 별도로 두지 않았다고 한다.[16]

그러나 중재판정부는 투자협정상의 투자의 정의만을 유일한 기준으로 하여 투자 여부를 판단하지는 않는다. 누가 봐도 명백하게 투자라고 보기에는 무리가 있는 거래가 투자협정상 투자로 보인다고 해서 ICSID가 이런 분쟁까지 처리해야 하는 것은 투자자와 국가 간의 투자분쟁을 신속하고 공정하게 해결하여 국가 간 투자를 증진하고자 하는 ICSID의 원래 목적에 맞지 않다고 할 것이다. 따라서 ICSID 중재사건의 심리과정에서 중재판정부들은 관할이 인정되는 투자의 범위를 판단할 때 대체로 개별 당사국 간 투자협정에서 정한 '투자'의 범위를 기준으로 하면서도 당사국들이 투자협정을 통해 정한 범위에 전적으로 의존하지는 않았다. 중재판정부들은 ICSID 협약을 통한 중재 과정에서 다루게 될 '투자'라는 것은 어느 정도 객관적인 기준을 갖고 있으며 관할 여부 결정에 있어 이 기준이 존중되어야 한다고 보았던 것이다. 결국 중재판정부들의 최근의 관행을 보면, 다툼이 있는 대상물이 투자에 해당하는 것인지를 판단하는 기준으로 대상물이 (i) 투자협정상의 투자 정의에 해당하는지와 (ii) 객관적인 기준으로서 투자로서의 본질적인 속성을 지니고 있는지를 살펴보는 2단계 심사를 행하는 판례가 정착되어 있다고 할 수 있다.

투자협정상의 투자 정의에 대해서는 제2장에서 살펴보았기 때문에 여기에서는 두 번째 심사 단계인 투자로서의 본질적인 속성에 대해 알아보겠다. 이와 관련하여, 많은 중재판정부들이 Salini 대 모로코 사건 (ICSID ARB/00/4, 2001.7.23. 관할 결정)에서 내린 중재판정부의 판단을 중요한 선례로 활용해 오고 있기 때문에 이 판단을 자세히 살펴볼 필요가 있다. 이 분쟁이 저자가 우리나라 대사로 부임하여 근무한 모로코 왕국을 상대로 일어난 투자분쟁 사건이라 개인적으로도 특별히 관심을 갖는 투자분쟁 중의 하나이다.

이태리 건설 회사인 Salini Costruttori S.p.A.사와 Italstrade S.p.A. 사는 모로코 수도 라바트와 유서 깊은 고도 페즈시를 잇는 고속도로 중 50Km짜리 일부 구간에 대한 건설 계약을 1995년 모로코 도로공사와 체결하였다. Salini사는 계약상의 공사기간을 4개월 초과하여 완공하였는데 모로코 도로공사가 공기 초과를 이유로 공사대금 지불을 거부하자 2000년 ICSID 중재를 청구하였다. 모로코 정부 측은 무엇보다도 이 공사 계약이 서비스 계약으로서 이태리-모로코 투자협정상의 투자 정의에 합치하지 않으므로 투자가 아니라고 하면서 중재판정부가 물적 관할권을 갖지 않는다고 주장하였다.

중재판정부는 ICSID 협약 제25조 제1항의 투자에 해당되기 위해서는 어떤 요건을 충족해야 하는지에 대해 중요한 판단을 하고 모로코의 주장을 기각하였다. 중재판정부는 투자가 되기 위해서는 (i) 자본의 투입(contributions), (ii) 계약 이행의 일정기간 지속(a certain duration of performance of the contract), (iii) 거래 위험에 대한 참여(a participation in the risks of the transaction)를 기본 요소로 하며, (iv) ICSID 협약의 서문을 감안하면 투자유치국의 경제발전에 대한 기여(contribution to the economic development of the host State of the investment)도 부가요소로서 고려할 수 있다고 하였다. 중재판정부는 또한 이들 요소들이 실제에 있어서는 상호 의존적이므로, 거래 위험은 투입과 계약 이행기간에 달려 있을 수 있다고 지적하면서, 분석의 편의상 중재판정부가 이들 요소들을 개별적으로 검토하지만 이러한 요소들은 전체적으로 평가되어야 한다고 지적하였다. 이러한 판단 기준을 흔히들 '살리니 기준'(Salini test)이라고 부르는데, 이 요건은 그 후 중재판정부 심리에서 ICSID 협약 제25조 제1항의 투자의 성립 여부를 판단하는 기준으로서 중요한 선례가 되었다. (Salini 대 모로코 사건, ICSID ARB/00/4, 2001.7.23. 관할 판정)

이후 대부분의 중재판정부들은 Salini 기준에 포함된 투입성, 기간성, 위험성을 포함하는 데에는 이견이 없었으나, 경제발전 기여성 기준이 투자 여부를 판단하는 데 적합한 요소인가에 대해서는 회의적인 입장을 보여 왔다. 처음의 3개 기준은 어떤 경제활동이 투자인지를 판단하는 데 의미 있는 기준을 제시하지만, 기여성은 여타 3개 기준의 결과에 해당할 뿐, 투자 여부를 심사하는 데에 독립적인 기준을 제시해주지는 못한다는 의견이 지배적이다. 즉, 외국인 투자가 투자유치국 경제발전에 기여한다는 것은 결과로서 기대할 수 있는 것이지 투자의 성립 요건으로 볼 수 있는 것은 아니지 않느냐 하는 것이다. 실제로 투자자가 아무리 투자유치국의 경제발전에 기여하겠다는 선의의 의도를 갖고 투자를 했다 하더라도 해당 투자가 실패하여 그 나라의 경제발전에 아무

런 기여를 하지 못할 수도 있는데, 그렇다고 투자가 아니라고 하는 것
은 불합리할 수 있다는 것이다.

이후의 중재판정부들은 이 세 가지 요건 외에 투자유치국의 법령을
준수해야 한다는 합법성 요건이나 이득에 대한 기대 등 사안에 따라 추
가적인 요건을 더하는 경우가 있지만, 어쨌든 모든 요소가 반드시 충족
되어야 한다는 것은 아니고 이런 핵심적인 요소들을 놓고 종합적인 관
점에서 볼 때 투자라고 할 수 있으면 투자로 인정할 수 있다는 것이다.

특기할 점은 Salini 기준이 이렇게 판례로서 자리를 잡게 되자 최
근에 체결되는 투자협정들은 아예 Salini 요건을 투자로서의 속성으로
예시하여 투자 정의에 명문화하는 경향이 나타나고 있다는 것이다.17
앞에서 인용한 바 있는 한-미 FTA 제11.28조의 투자 정의의 도입부 규
정을 상기하여 보기 바란다.

---

투자라 함은 투자자가 직접적 또는 간접적으로 소유하거나 지배하는 모든 자
산으로서, 자본 또는 그 밖의 자원의 약속, 이득 또는 이윤에 대한 기대, 또는
위험의 감수와 같은 특징을 포함하여, 투자의 특징을 가진 것을 말한다.

Investment means every asset that an investor owns or controls,
directly or indirectly, that has the characteristics of an invest-
ment, including such characteristics as the commitment of capital
or other resources, the expectation of gain or profit, or the as-
sumption of risk.

---

여기에는 기간성 요소가 빠지고 '이득 또는 이윤의 기대'라는 요소
가 들어가 있다. 일반적으로 투자협정으로 보호되는 투자는 해당 기업
의 경영에 참여하는 등 투자에 대해 지속성이 있는 경제관계를 수반하

는 직접투자뿐만 아니라 배당 수익, 주식 가격차에 따른 이익, 이자 소득 등 단기적인 금융소득 추구에 더 관심을 갖는 포트폴리오 투자까지도 포함한다는 점을 감안하여 기간성 요소를 포함하지 않는 것으로 보인다. 그러나 한-터키 FTA와 같은 다른 FTA는 투입성, 위험성, 이윤 기대, 기간성이라는 4개 요소가 다 들어가 있는 경우도 있다. 이들 요소는 '와 같은'(such as), '포함하여'(including)라는 문구로 투자의 특성과 연결되어 있고 '또는'(or)으로 나열되어 있다. 따라서 이들 요소들은 투자로서의 속성을 이루는 예시적 요소이고 반드시 모두 다 충족되어야 하는 것은 아니고 이들을 종합적으로 검토하여 투자 여부를 판단하도록 하는 것이므로 실제에 있어서는 큰 차이는 없다고 할 것이다. 우리 정부는 이제 FTA는 물론이고 투자보장협정에서 투자를 정의할 때 이런 투자로서의 속성들을 명시적으로 포함하는 것을 원칙으로 하여 협상에 임하고 있는 것으로 알려지고 있다.

한국 출신의 미 국적자 Seo 모 씨는 2016년 자신의 서울 마포구 소재 가옥이 수용되어 3백만 달러의 손해가 발생하였다며 한-미 FTA에 근거하여 UNCTRAL 중재규칙에 따라 국제중재를 청구하였다. 피청구국인 한국 정부 측은 청구인이 투자라고 주장한 가옥 소유가 한-미 FTA 제11.28조 투자의 정의 규정에 포함된 투자의 세 가지 속성을 하나도 충족하지 못하므로 청구인이 한-미 FTA상의 투자를 행한 바 없다는 것 등 사유를 들어 중재 관할권이 성립하지 않는다고 주장하였다. 중재판정부는 한-미 FTA 제11.28조에 투자의 속성으로 포함된 세 가지 요소는 예시적인 것이고, 이 요소들을 누적적으로 모두 충족해야 하는 것은 아니라고 해석하면서, 분쟁의 대상이 투자인지 여부를 판단함에 있어 해당 자산에 어떠한 속성이 있고 그 속성이 얼마나 강하게 나타나고 있느냐에 대해 전체적으로 평가하는 것이 필요하다고 하였다. 중재판정부는 그간의 중재판정례와 일치하는 이러한 해석을 토대로 사실관계를 확인한 후, 규모는 작으나마 충분한 자본 투입이 있었으나 청구인이 거주 목적으로 부동산을 매수한 후 일시적·부분적으로 임대한 행위만으로는 이득의 기대가 있었다고 보기 쉽지 않은 점, 자산 구매에서 발생하는 본질적인 위험만으로는 위험 감수가 있었다는 것이 의심스러운 점 등을 전체적으로 검토할 때 이를 '투자'로 볼 수 없고, 한-미 FTA가 발효될 당시 청구인이 미국국적을 보유하고 있지 않았고 그 후 미국 국적을 취득한 이후에도 투자를 설립·인수·확장하였다고 보기 힘들어 '적용대상투자'로 볼 수 없으므로 관할권이 성립되지 않는다고 판정하였다. (Seo 대 대한민국 사건, HKIAC No. 18177, 2019.9.24. 판정)

(설립 전 투자) 지금까지 중재절차의 물적 관할에 있어서 투자의 속성과 관련된 이슈를 살펴보았다. 한 가지 이슈를 더 짚어보고 중재절차의 인적 관할로 넘어가고자 한다. 앞에서 여러 번 언급하였지만, 투자보장협정은 원칙적으로 설립 후 투자만 보호하고 설립 전 투자는 보호대상으로 하지 않기 때문에 설립 전 투자는 당연히 투자보장협정상의 ISDS 절차를 통해서 구제를 받을 수 없는 것은 분명하다. 반면, FTA는 설립 후 투자뿐만 아니라 설립 전 투자까지도 원칙적으로 보호대상이 되기 때문에 설립 전 투자에 대해서도 ISDS로 구제될 수 있어야 하며 실제로 대부분의 FTA에서 그렇게 규정되어 있다. 내국민대우나 최혜국대우 의무 등의 적용대상이 되는 투자에 설립·인수·확장을 포함하는 것으로 해 놓고 이런 의무 위반에 대해 ISDS를 청구할 수 있다고 규정하면 설립 전 투자도 ISDS를 통한 구제의 대상이 될 수 있게 된다.

그런데 드문 경우이기는 하나, 어떤 FTA는 설립 전 투자를 적용범위에 포함하였지만 정작 ISDS는 적용되지 않도록 규정하는 경우가 있어 주의를 요한다. 한-아세안 FTA, 한-베트남 FTA, 한-튀르키예 FTA, 한-인도네시아 CEPA(포괄적경제동반자협정, 내용상 FTA와 동일) 등과 같은 경우, 협정의 적용대상은 설립 전 투자까지 포함하나 협정 위반이 발생하여 손실이나 손해가 발생한 설립 후 투자에 대해서만 ISDS 청구가 가능하도록 규정하고 있다. 일부 개발도상국과의 FTA이긴 하지만 내국민대우, 최혜국대우 등 각종 의무가 원칙적으로 적용되는 설립 전 투자에 대해 ISDS 청구를 할 수 없도록 한 것은 효과적인 투자보호 측면에서는 아쉬운 부분이라고 하겠다.

우리나라 투자자들이 EU 회원국으로 투자 진출한 경우에 적용될 투자관련 협정체계는 좀 독특하다. 한-EU FTA를 체결할 당시 협상 파트너였던 EU 집행위원회(Commission)가 투자 자유화를 포함한 무역 자유화에 관한 협상권한은 가지고 있었으나 투자자 및 투자 보호에 관한 협상권한은 EU 회원국으로부터 위임받지 못했던 연유로, FTA에 설립 전 투자에 대한 자유화만 규정하고 투자자 및 투자 보호를 위한 ISDS는 FTA에 포함되지 못했다. 이에 따라, 투자자 및 투자 보호 문제는 개별 EU 회원국과 기존에 체결한 양자 투자보장협정에서 규정한 대로 두기로 하였다. 그 결과, 설립 전 투자에 대해서는 내국민대우, 최혜국대우 등 투자유치국의 의무가 FTA에 규정되어 있으나 설립 전 단계에서 내국민대우 등의 위반이 있어도 ISDS 구제절차를 이용할 수 없게 되었다. 물론 설립 후 투자에 대한 보호 문제가 발생하면 EU 개별 회원국과 체결한 투자보장협정에 따라 ISDS 구제절차를 활용할 수 있다. 참고로, 2009년 리스본 조약에 따라 EU 집행위원회가 이제 투자보호에 관한 협상권한도 EU 회원국으로부터 위임받게 되어 우리 정부와 EU 집행위원회는 한–EU FTA에 완전한 투자 장을 포함시키기 위한 협의를 진행해 오고 있다.

## 인적 관할(ratione personae): 청구인과 피청구국

투자협정에 따라 ISDS 절차가 청구된 경우, 투자유치국에 투자 진출한 협정당사국의 투자자(자연인 또는 기업)가 청구인이 되고 투자유치국이 피청구국이 된다. ISDS 중재절차가 유효하게 성립하려면 청구인과 피청구국이 그 자격을 갖추어야 한다.

### 청구인

우선 투자자가 자격을 갖춘 청구인이 되기 위해서는 해당 투자협정과 ICSID상의 청구인 요건을 충족하여야 한다. 투자협정상 중재절차를 제기할 수 있는 청구인은 투자유치국에 투자한 다른 쪽 협정당사국의 투자자이다. 투자자는 (i) 자기 자신을 위하여 또는 (ii) 자신이 직접적 또는 간접적으로 소유하거나 지배하는 법인인 투자유치국 내 기업을 대신하여 ISDS 청구를 할 수 있다.

기업 상호간의 지분관계나 소유·통제관계가 복잡한 사슬로 이어져 있는 현대적인 기업 경영 상황에서는 투자유치국이 협정을 위반하여 취한 조치가 투자자와 투자자의 투자유치국 내 투자(투자자가 직·간접적으로 소유·통제하는 현지 기업)에 미치는 영향이 항상 동일하지는 않을 수 있다. 특히 투자자가 현지 기업에 소수지분만 보유하고 있거나 간접적으로 소유·통제하고 있을 경우, 투자유치국의 조치가 투자자에게는 별 영향이 없지만 투자자의 투자유치국 내 투자에게는 큰 영향을 미칠 수 있다. 그 반대의 경우도 있을 수 있다. 그래서 투자자는 현지기업의 이익을 대변하여 중재를 청구할 수 있는 것 외에 자기 자신의 이익을 위해서도 청구할 수 있도록 하는 것이다.[18]

여기서 주의할 점은 투자유치국에 투자한 결과인 현지 기업은 ISDS를 신청할 수 있는 주체가 될 수 없다는 것이다. ICSID 협약은 '양 당사국이 합의한 경우'에는 외국인이 통제하는 현지 기업의 경우에도 ISDS 절차상 투자자로 간주할 수 있다고 규정하고 있긴 하지만(제25조 제2(b)항), 이는 어디까지나 예외적인 상황에서 양 당사국이 합의한 경우에 해당되는 것이다. 현지 기업은 투자유치국의 법령에 따라 설립된 실체이므로 국적으로 볼 때 투자유치국의 기업인데, 현지 기업이 ISDS를 청구할 수 있도록 한다면 자국민이 자국 정부를 상대로 국제중재를 제기하는 불합리한 결과가 되기 때문에 원칙적으로 다른 쪽 협정당사국의 투자자만 ISDS의 청구주체가 된다고 할 것이다. 투자협정에서는 투자분쟁을 다른 쪽 당사국 투자자에 의한 투자와 관련하여 그 투자자와 어느 한쪽 당사국 간의 분쟁이라고 규정하거나 투자자를 다른 쪽 당사국의 투자자로 정의함으로써 투자자의 현지 기업 자체는 분쟁의 당사자가 될 수 없고 ISDS 청구 주체가 될 수 없음을 간접적으로 표현하고 있다. 한-아세안 FTA이나 한-튀르키예 FTA의 투자협정에서와 같이 투자인 현지기업은 ISDS의 청구 주체가 될 수 없음을 아예 명문화한 투자협정도 더러 있다.

투자유치국의 협정 위반 행위로 투자자가 직접 손실을 입은 경우에는 그 투자자는 자신의 이름으로 ISDS를 제기하여 배상금을 직접 수

령할 수 있다. 현지 기업이 손실을 입고 투자자가 이로 인하여 간접적인 피해를 입었을 경우에는 그 기업을 직접적으로나 간접적으로 소유하거나 지배하는 투자자가 기업을 대신하여 ISDS를 제기할 수 있고 승소한 때에는 그 기업에 지급된 배상금 중에서 기업의 내부 분배규정에 따라 자신의 몫을 받게 된다.

또한 청구인은 투자유치국의 협정 위반 조치가 취해졌을 당시 투자자의 지위를 갖고 있어야 한다. 투자협정은 다른 쪽 협정당사국의 투자자가 투자유치국에서 행하였거나 행하려고 한 투자를 보호하려는 목적이므로 투자의 실체인 투자유치국 내 기업을 사후에 취득한 투자자가 그 이전에 발생한 투자유치국의 조치에 의한 손실에 대하여 ISDS 절차를 청구할 수 없다.

캐나다 Alberta주에서 인근 석탄 화력발전소에 석탄을 공급하는 석탄광산을 운영하던 캐나다 회사들이 있었는데 Westmoreland Coal Company라는 미국 회사가 2014년 이 회사들을 취득하였으나 기후변화대응 차원에서 2030년까지 석탄화력발전소를 점진적으로 폐쇄하려는 Alberta주의 계획으로 인해 손실을 입어 파산절차에 들어가자 미국의 Westmoreland Mining Holdings LLC사가 2019년 캐나다 회사들을 인수한 후, 캐나다 주정부 측의 조치가 NAFTA상의 내국민대우, 대우의 최소기준 위반을 구성한다고 주장하면서 2019년 중재를 신청하였다. 중재판정부는 문제가 된 캐나다 주정부 측의 조치는 Westmoreland Mining Holdings사가 캐나다 석탄광산 운영 회사를 취득하기 전에 발생한 일로서 당시에는 Westmoreland Mining Holdings가 존재하지 않았기 때문에 보호 대상 투자자가 될 수 없고 캐나다 주정부 측 조치로 인한 손실이 이 회사에 미치지 않았다는 점과 이 회사가 당초 캐나다 회사들에 대한 소유권을 갖고 있던 Westmoreland Coal Company를 법적으로 승계하지 않았음을 확인한 후, 이 사건의 관할권을 부인한 캐나다 정부 측의 손을 들어주었다. (Westmoreland 대 캐나다 사건, ICSID UNCT/20/3, 2022.1.31. 판정)

또 다른 문제로, 자연인인 투자자가 다른 쪽 당사국 국적과 함께 투자유치국의 국적도 동시에 갖고 있는 이중국적자라면 자신이 투자한 투자유치국에 대해서 ISDS를 제기할 수 있을까? 이 문제는 제2장에서 투자자의 정의를 살펴보면서 다룬 이슈와 관련되는데, 투자자가 이중국 적자일 경우 그 투자자는 원칙적으로 '지배적이고 유효한'(dominant and effective) 국적국의 국민으로만 인정된다. 그래서 투자자의 지배적이고 유효한 국적국이 다른 쪽 당사국이라면 그 나라의 국적자로 인정되므로 일견 ISDS 청구인 자격을 갖춘 것처럼 보인다. 그런데 이러한 이중 국적자의 국적 판단 기준은 ICSID 협약에 따른 절차에는 적용되지 않는다는 점에 유의할 필요가 있다. ICSID 협약 제25조 제1항과 제2항은 ICSID 협약에 따른 중재를 제기하는 경우 투자자가 협정당사국의 국민이어야 한다는 요건(적극적 국적요건)뿐만 아니라 투자유치국의 국민이어서는 안 된다는 요건(소극적 국적요건)을 분명히 하고 있기 때문이다.

---

1. [ICSID] 본부의 관할권은 … 체약국…과 타방체약국 국민간의 투자로부터 직접적으로 발생하는 모든 법적 분쟁에 미친다. …
2. "타방 체약국 국민"이라 함은 분쟁 당사국 이외의 체약국의 국적을 가진 자연인[을 말한다]. 다만, … 분쟁 당사국의 국적을 가진 자는 이에 포함되지 아니한다.

1. The jurisdiction of the Centre shall extend to any legal dispute

arising directly out of an investment, between a Contracting State …. and a national of another Contracting State….

2. "National of another Contracting State" means … any natural person who had the nationality of a Contracting State other than the State party to the dispute …, but does not include any person who … also had the nationality of the Contracting State party to the dispute.

---

요약하면, 다수의 투자협정들이 이중국적자인 투자자의 청구적격 보유 여부는 지배적이고 유효한 국적의 원칙에 따른다는 규정을 두고 있지만, ICSID 협약에 따른 ISDS 절차에서는 ICSID 협약에 따라 이중국적자의 청구인 자격이 배제된다. 그래서 한-아세안 FTA, 한-튀르키예 FTA나 한-인도네시아 CEPA(포괄적경제동반자협정, 내용상 FTA와 동일) 같은 협정은 이중국적자에 대한 지배적이고 유효한 국적 결정 원칙과 무관하게 아예 투자유치국의 국적을 소지하고 있는 자연인은 ISDS 청구를 할 수 없다고 명문화하고 있다. 투자협정에 이런 명문규정이 없다면 이중국적자인 투자자는 ICSID 이외의 절차, 즉 UNCITRAL 중재절차 규칙 등에 따른 중재제기를 검토할 수 있을 것이다.

투자를 소유하거나 통제하는 투자자가 아닌 소액 주주, 비경영권자, 간접투자자는 ISDS를 제기할 수 있을까? 제2장 투자의 정의 부분에서 살펴본 대로 주식, 기업에 대한 지분 참여도 투자의 한 형태가 되기 때문에 이러한 형식의 투자를 한 사람이나 기업도 투자자라고 할 수 있는 것은 분명하다. 앞에서 당사국의 투자자는 '자기 자신을 위하여' 또는 '기업을 대신하여' 청구를 제기할 수 있다고 설명하였는데, 기업을 대신하여 제기할 경우에는 청구인이 기업을 직접적 또는 간접적으로 소유하거나 지배할 것이 요구되므로 청구 자격이 지배주주로 한정된다고 할 것이나, '자기 자신을 위하여' 제기할 경우에는 이러한 제한이 없으므로 소수 지분권자는 자신의 지분에 대한 피해를 이유로 '자기 자신을 위하여' ISDS 청구를 제기할 수 있다.

(국가 청구인) 다소 이론적인 질문이기는 하지만, 국가가 투자자를 상대로 ISDS 중재를 제기할 수 있는가 하는 문제가 제기될 수 있다. 이미 살펴본 대로, ICSID 협약 제25조 제1항은 ICSID의 중재대상을 일방 체약국과 타방 체약국 국민 간의 투자로부터 직접적으로 발생한 법적인 분쟁이라고 규정하고 있다. 중재를 청구할 수 있는 당사자를 투자자로 특정하지 않았기 때문에 이론상으로는 국가가 투자자를 상대로 제소하는 것이 가능하다 할 것이다. 그러나 투자협정은 다른 쪽 협정당사국의 투자자에 대해 투자유치국이 부담해야 할 의무를 규정하고 있다. 따라서 어디까지나 투자자는 권리 향유자이고 투자유치국은 의무 부담자다. ISDS는 권리 향유자인 투자자가 투자협정상의 자신의 권리를 확보하기 위해 의무 부담자인 투자유치국을 상대로 국제중재를 청구하는 제도이다. 그렇기 때문에 청구원인이 투자협정의 의무 위반일 경우에는 국가는 중재의 상대방이 될 뿐, 중재 개시의 주체가 될 수는 없다.

다만, 국가도 투자자와 계약을 체결할 수 있기 때문에 해당 계약에서 분쟁이 발생하면 ISDS 중재를 활용한다고 규정되어 있다고 할 때, 다른 쪽 계약당사자인 외국인 투자자의 계약 의무 위반이 있으면 국가는 계약의 당사자로서 해당 분쟁해결 조항에 의거하여 중재를 제기할 수는 있을 것이다. 물론 이 경우 다툼의 대상이 되는 것은 해당 투자계약이고 투자협정 자체는 아니기 때문에 성격이 다르다고 할 수 있다.

**(대위변제)** 그런데, 이와는 상황이 다르지만, 정부기관이 투자자를 대신하여 ISDS 제도를 활용하는 경우가 있을 수 있다. 우리나라를 포함하여 많은 나라들은 자국 투자자들이 해외에서 비상업적 손실을 입을 경우에 대비하여 해외투자자들을 위한 일종의 보험제도를 운영하고 있다. 미국의 해외민간투자공사(OPIC, Overseas Private Investment Corporation), 우리나라의 한국무역보험공사(K–SURE, Korea Trade Insurance Corporation)는 해외에서 비상업적 요인으로 인해 손실을 입은 자국 투자자에게 보상을 한 후 투자자를 대위하여 현지 투자유치국 정부를 상대로 구상권을 행사할 수 있도록 하고 있다. 투자협정에서는 이러한 '대위변제'(subrogation) 절차를 규정하고 있는데, 보험계약에 따라 투자자의 손실을 보전해준 정부기관이 ISDS 청구권을 포함한 투자자의 권리 일체를 양도받아 협정상의 권리 행사를 할 수 있도록 보장한다. 대위변제 규정에 따라 투자자의 권리를 양도받은 투자보험기관은 투자자를 대위하여 청구인으로서 ISDS 절차를 제기할 수 있다.

**(보호의 극대화)** 앞에서 살펴본 것처럼, 청구인이 자연인 투자자이든, 기업 투자자이든, 국적이 ISDS 절차에서 청구인 자격을 결정하는 중요한 요건이 된다. 따라서 특히 기업 투자자가 투자계획을 세울 때 자신의 투자가 최대한 이익을 창출하면서도 만약의 경우 투자협정에 의해 최대한의 보호를 받을 수 있는 가장 적절한 투자자 국적을 모색하는 것은 자연스러운 일일 것이다. 이러한 노력을 '국적계획'(nationality planning)이나 '조약 쇼핑'(treaty shopping)이라고 폄하할 수 있을지 모르겠으나, 투자자가 미래에 있을 수 있는 분쟁에 대한 일반적 리스크로부터 자신을 보호하기 위하여 투자협정의 보호를 추구하는 행위 그 자체는 완벽

하게 정당한 행위이며 결코 비윤리적이거나 비합법적인 행위라고 할 수 없다.[19] 사실, 투자자 모국이나 진출 대상국의 조세제도나 투자협정과 같은 법적 보호제도는 투자에 대한 중요한 법적 환경이므로 이를 고려하는 것은 당연하다.

다만, 제9장에서 몇 가지 사례를 살펴보려고 하지만, 여러 정황상 투자자가 ICSID 협약과 투자협정이 제공하고 있는 국제 투자보호 체제를 남용하는 것으로 보이는 경우에는 중재 관할권 행사가 거부되는 수가 있어 주의를 요한다. 경제활동 목적이 아니라 진행중이거나 가까운 장래에 발생할 것으로 예상되는 특정 분쟁에 대하여 순전히 ICSID 관할권을 획득하기 위해 행하는 투자 또는 투자자 국적 변경 등 투자 재구성 행위는 ICSID 협약 및 관련 투자협정상의 국제 투자보호 체제를 남용하는 행위로 보아 중재판정부가 판정을 거부하는 것이다. 그렇지만, 분쟁이 현재화되기 전에 ISDS 이용가능성을 포함하여 여러 측면에서 보다 안정적인 보장체계를 갖춘 투자환경을 확보하기 위한 노력을 할 필요성은 상존한다고 할 것이다.

### 피청구국

투자자는 자신이 투자한 투자유치국을 상대로 ISDS 절차를 청구하므로 피청구국은 투자유치국이 된다. 중재절차에서 투자유치국은 그 나라의 중앙정부에 의해 대표된다. 앞에서 살펴본 대로 ICSID 절차가 개시되기 위해서는 분쟁당사자의 동의가 있어야 하는데, 이러한 동의는 투자협정을 체결한 그 나라의 중앙정부가 투자협정에 미리 명시하여 두었다. 때때로 분쟁의 대상이 되는 투자협정의 위반이 중앙정부가 아닌 지방정부에 의해 발생하는 경우가 있다. 이 경우에도 지방정부의 행위가 중앙정부에 귀속되는 것은 확립된 국제법의 원칙이며, 연방정치제도를 갖고 있는 국가의 경우도 마찬가지다. 연방정부가 분권화된 자국 헌법상의 국가 구조를 이유로 국가 책임을 회피하거나 제한할 수는 없다.

그런데 특히 연방국가의 경우를 포함하여 매우 특별한 경우에는 중앙정부 이외의 기관이 중재절차의 피청구국이 될 수도 있다. ICSID 협약은 제25조 제3항에서 체약국을 구성하는 하부조직이나 기관에 의한 동의는 그 국가가 ICSID 센터에 달리 통보하지 않는 한, 그 국가의 승인을 요구한다고 규정하고 있다. 달리 말하면, 중앙정부가 ICSID 센터에 통보한 경우에는 중앙정부의 하부조직이나 지방정부가 ICSID 중재에 대한 동의 주체가 될 수 있고 따라서 ICSID 중재절차의 당사자가 될 수 있다는 것이다. 특히 연방국가의 경우 주정부가 외국인 투자에 관하여 상당한 자율권을 가질 수 있으므로 주정부가 자신의 행위에 대하여 분쟁이 있을 경우 주정부가 직접 ICSID 중재절차의 피청구국으로서 참여하는 것이 의미 있을 수도 있다. 다만, 이는 어디까지나 이론적인 것이고 실제에 있어서는 중앙정부가 아닌 지방정부가 피청구국을 대표하는 경우는 거의 없다.

## 시간적 관할(ratione temporis): 분쟁

이제 중재 관할권의 세 번째 요건, 즉 시간적 관할을 살펴볼 차례다. 제1장에서 투자협정 의무가 적용되는 범위와 관련하여 시간적 측면을 살펴본 적이 있다. 투자협정의 시간적 범위는 원칙적으로 협정 발효 이후의 시간대라고 할 수 있다. 소급효는 원칙적으로 국제관습법상 인정되지 않는다. 유엔 국제법위원회(ILC)가 2001년에 제정한 '국제위법행위에 대한 국가책임 협정 초안'은 "국가의 행위는 행위의 발생 시 국가가 당해 의무에 구속되지 아니한다면, 국제의무 위반에 해당하지 아니한다."(제13조)라고 하여 소급효를 부인하고 있다. 일반적으로 투자협정은 이러한 소급효 금지에 관한 국제법상의 원칙에 따라 협정 발효일 이전에 발생한 행위 또는 사실이나 존재하지 않게 된 상황에 관해서는 적용되지 않는다는 취지의 규정을 두고 있다. 투자에 대한 투자유치국의 행위와 관련한 분쟁이 투자협정 발효 전에 발생했다면 투자협정이 적용되지 않고, 따라서 투자유치국의 의무 위반이 될 수 없으므로, 중재절차에서 분쟁이 발효 전에 발생했는지, 발효 후에 발생했는지를 놓고 투자자와 투자유치국이 대립하는 경우가 많다.

이 문제는 결국 '분쟁'이란 무엇을 의미하는가 하는 근본적인 이슈를 제기하게 된다. 상설국제사법재판소(PCIJ, 국제사법재판소(ICJ)의 전신)은 분쟁이란 당사자 간 '법적 또는 사실 문제에 대한 불일치, 법적 견해 또는 이해관계의 상충'(a disagreement on a point of law or fact, a conflict of legal views or of interests)이라고 정의했으며,[20] 국제사법재판소(ICJ)는 분쟁을 법적 의무의 '이행 또는 비이행의 문제에 관하여 쌍방이 분명히 상반된 견해를 갖고 있는 상황'이라고 하였다.[21] 일반적으로 분쟁은 어느 일순간에 갑자기 발생하는 것이 아니고 쟁점이 될 사안이 발생한 때로부터 시작하여 이해당사자 간 이견이 노정되고 대립된 후 결국 최종 해결에 이르는 일련의 과정 중 한 지점에서 그 모습을 갖추게 된다고 할 수 있다. 투자분쟁은 이러한 일련의 과정에서 투자유치국의 조치를 두고 투자자가 일반적인 불만의 수준을 넘어 자신의 주장 내용을 구체적으로 기술할 수 있는 수준으로 의견의 불일치를 가지게 될 때 비로소 분쟁이 발생하였다고 할 수 있을 것이다. 이렇게 본다면, 분쟁의 단초가 되는 사건, 예컨대 투자에 부정적인 영향을 미치는 투자유치국의 조치가 발생하는 날짜를 분쟁발생일이라고 일률적으로 말할 수는 없다. 오히려 많은 경우에 당사자 간 분쟁은 분쟁을 야기한 사건이 발생한 이후에 시차를 두고 형성된다고 할 수 있다.[22] 이런 관점에서 볼 때, 투자분쟁의 원인이 되는 투자유치국의 행위(measure)와 이에 대한 투자자의 법적·사실적 사항에 대한 의견 불일치라는 분쟁(dispute), 그리고 이러한 분쟁에 있어서의 투자자의 주장내용(claim)은 각각 구별되는 개념임에 유의할 필요가 있다.[23]

또한 투자유치국의 행위가 일정한 기간에 걸쳐 여러 개의 행위들로 구성될 경우 분쟁을 투자유치국의 개별적인 행위에 대한 복수의 별개 분쟁으로 볼지, 아니면 투자유치국의 일련의 행위가 하나의 지속적이고 복합적인 행위를 구성한다고 보아 분쟁도 이에 대한 포괄적인 하나의 분쟁으로 봐야 하는지가 상황에 따라 다르게 판단될 수 있다.

중재 관할권이 있는지 여부에 대한 판단과 관련하여, 분쟁의 발생 시점을 언제로 볼 것인지, 그리고 분쟁을 하나로 볼 것인지, 아니면 복수로 볼 것인지 등에 대해 다툼의 대상이 된 판례를 몇 가지 보도록 하겠다.

제4장에서 공정·공평 대우를 설명하면서 살펴본 케이스다. 루마니아 출신 스웨덴 국적 기업가 Ioan Micula 씨와 그의 쌍둥이 동생 등은 2000년대 초 고국인 루마니아에 식품 가공 회사를 설립하였다. 당시 루마니아 정부는 낙후지역 경제개발을 위해 외국인 기업에 대해 세금면제 등 각종 혜택을 부여하고 있었는데, 루마니아 정부가 2005년 EU 가입의 일환으로 이 면세 혜택을 중단하게 되자 ICSID 중재를 청구하였

다. 스웨덴-루마니아 투자보장협정은 협정의 발효 전에 이루어진 투자에 대하여도 적용되나 협정발효 전에 발생한 분쟁에 대하여는 적용되지 않는다는 규정을 포함하고 있었다. 루마니아 정부 측은 스웨덴-루마니아 투자보장협정이 2003년에 발효되었는데 이 사건 분쟁이 투자협정 발효일 이후에 발생했다는 점에 대해서는 이견이 없었으나 분쟁을 야기한 사건인 투자 인센티브 폐지는 이미 그 전에 이루어진 것이므로 ICSID 관할권이 없다고 주장하였다. 중재판정부는 관할 존부를 판단하는 시점은 문제된 사건들이 발생할 시점이 아니라 분쟁이 구체화된 시점이라고 하고 분쟁이 협정 발효일 이후에 발생하였으므로 판정부의 관할권이 성립한다고 판정하였다. (Micula 대 루마니아 사건, ICSID ARB/05/20, 2008.9.25. 관할권 판정)

미국계 사모펀드인 Lone Star는 2003년 우리나라의 외환은행 주식 지분 51%를 사들인 뒤 2012년 하나금융지주에 매각했는데, Lone Star의 벨기에 소재 자회사 LSF-KEB Holdings SCA 등은 한국 정부가 매각 승인을 지연시키고 매각과정에서 주식양도 소득세를 과세한 것이 한-벨기에·룩셈부르크 투자보장협정상의 공정·공평 대우 의무 등을 위반한 것이라고 주장하며 2012년 11월 ICSID 중재를 청구하였다. 중재 심리과정에서 피청구국인 한국 정부는 외환은행 매각승인과 조세부과에 관한 분쟁이 2011년도 한-벨기에·룩셈부르크 투자보장협정이 발효된 2011년 3월 이전에 이미 구체화(crystallize)되었기 때문에 이 분쟁에 대한 중재 관할권이 없다고 주장하였다. 2011년도 한-벨기에·룩셈부르크 투자보장협정은 종전 1979년도 협정을 전면 개정한 협정이었는데(1979년도 협정은 2011년도 협정의 발효일에 종료되고 2011년도 협정으로 대체), 이 2011년도 협정은 발효일 이전이든 이후든 모든 투자에 대해서는 적용되나, 종전 1979년도 협정의 대상이 되는 투자 분쟁에 대해서는 적용되지 않는다고 규정하고 있다. 이에 대해 청구인 측은 특히 2011년도 협정 발효일 이전 한국 정부가 취한 일련의 행위는 2011년 협정 발효일 이후의 행위로 이어지는 복합행위 또는 계속행위였기 때문에 한국 정부의 전체 행위에 대해 2011년 협정이 적용된다고 주장하였다. 중재판정부는 복합행위 또는 계속행위에 대한 청구인의 주장에 대해 한국 정부의 전체적인 행위들이 개별 행위와는 법적으로 구별되는 성격을 가진 행위로서 별개의 협정위반을 구성함을 증명해 보이지 못했다고 평가하면서, 2011년 이전의 한국정부의 행위에 대해서는 관할권이 성립하지 않고 단지 2011년 이후의 사건에 대한 참고사항으로만 다룰 수 있다고 하였다. 중재판정부는 또 한편으로는, 하나금융에 대한 외환은행 매각 관련 분쟁은 그 이전의 홍콩상하이은행(HSBC)에 대한 외환은행 매각 시도 관련 분쟁과는 특히 금융위원회의 역할 측면에서 성격을 달리한다는 이유를 들어, 분쟁이 2011년 이전에 이미 구체화되었기 때문에 전체 분쟁에 대하여 중재 관할권이 없다는 피청구국의 주장도 받아들이지 않았다. 중재판정부는 결국 2011년도 협정 발효일 전후로 각 분쟁을 별개로 보아, 2011년도 협정의 발효 전에 발생한 Lone Star의 HSBC에 대한 외환은행 매각 시도와 관련된 분쟁에 대해서는 관할권을 가지지 않으나, Lone Star가 외환은행을 하나금융에 매각하는 것과 관련한 2011년 하반기의 한국 정부의 행위에 관한 분쟁은 HSBC 관련 분쟁과 구별되고 2011년도 협정 발효 이후의 분쟁이므로 이에 대해서는 관할권이 있다고 판정하였다. 또한 중재판정부는 다수의견으로 2011년 이후의 조세분쟁에 관한 관할권도 인정하였다. (LSF－KEB Holdings 대 대한민국 사건, ICSID ARB/12/37, 2022.8.30. 판정)

한편, 이 사건과는 대조적으로, 분쟁을 야기한 사건과 이에 대한 당사자 간 분쟁이 협정 전에 발생하여 그 분쟁이 동일한 성격을 가지고 협정 발효 이후까지 지속되었지만 분쟁 자체는 협정 발효 전에 발생한 것으로 보아 중재 관할권이 없다고 판정된 사례도 있다. Empresas Lucchetti라는 칠레의 파스타 생산·판매 기업이 1997년 페루의 수도 리마시 당국으로부터 야생동물 보호구역 인근에 파스타 공장 건축 허가를 받았으나 시 당국은 이후 환경문제를 이유로 이 공장 허가를 취소하였다. 이 회사는 페루 법원에 취소 무효 확인 소송을 제기하여 1999년 승소하여 운영허가를 받았고 2년 반 기간 동안 공장을 운영하였다. 그런데 리마시 당국은 패소 이후에도 여러 가지 방법으로 공장 폐쇄를 지속 시도하다가 2001년 8월 22일 시 조례 2개를 제정하여 이 회사의 파스타 공장 허가를 취소하고 공장을 폐쇄 조치하였다. 칠레-페루 투자협정은 그 직전인 2001년 8월 3일에 발효되었다. 이 협정은 발효 이전에 이루어진 투자에는 적용되나 협정 발효 이전에 발생한 분쟁에는 적용되지 않는다고 명시하고 있다. 자, 이 사건은 칠레-페루 투자협정의 적용대상, 즉 이 협정상의 ISDS 중재 관할권을 인정받을 수 있었을까?

실제로 2002년 청구된 ICSID 절차에서 페루 정부 측은 이 사건이 1997년 내지 1998년부터 지속되어 온 하나의 분쟁으로서 분쟁이 협정 발효 이전에 구체화(crystallize)되었으므로 중재 관할권이 없다고 주장한 반면, 청구인 측은 당초 사건은 1999년 법원판결로 종결된 것이고 자신이 제기한 분쟁은 협정 발효 이후 발령된 리마시 조례 2개를 다투는 것이므로 관할권이 있다고 주장하였다. 결국 1998년 이후 진행된 사건들이 그 이전 것과 하나의 동일한 분쟁을 구성하느냐, 아니냐의 문제로 귀착되는데, 중재판정부는 동일 분쟁 여부는 분쟁의 대상이 되는 문제

(subject matter)와 사실이 동일한지, 아닌지에 달려 있다고 보았다. 중재 판정부는 이전 분쟁을 발생시켰던 실질적인 원인이나 기원이 된 문제, 즉 파스타 공장으로 하여금 인근 환경지역 보전에 관한 법규를 준수토 록 하려는 리마 시의 방침과 이 규정의 적용을 막으려는 투자자의 노력 이 이후 분쟁에도 계속해서 중심에 있었다는 사실을 근거로 이 분쟁은 협정 발효일 이전에 구체화된 것이고 2001년 시 조례의 채택은 기존 분 쟁을 단순히 지속시킨 것에 불과하다고 판단하여 관할권이 없다는 판 단을 내렸다. (Empresas Lucchetti 대 페루 사건, ICSID ARB/03/4, 2005.2.7. 판정)

제1장에서 언급된 사건이지만, 아르헨티나인 Emilio Agustin Maffezini 씨는 스페인 Galicia 지역산업개발공사(SODIGA)와 합작으로 화학제품을 생산·판매하는 회사를 스페인에 설립하였는데, SODIGA가 제시한 비용 추계를 훨씬 초과하는 공장 건설 공사 비용과 환경평가에 따른 추가 비용이 발생한 데 이어 자신의 동의 없이 3천만 페소의 자금 이 현지 투자회사로 이체가 이루어지는 등 손실이 발생하자 1997년 ICSID 중재를 청구하였다. 스페인 측은 아르헨티나-스페인 투자협정이 1992년에 발효되었는데, 청구인이 제기한 SODIGA의 부당 조치는 1989년부터 1992년 상반기에 걸쳐 발생한 것이므로 ICSID는 이 사건에 대한 관할권이 없다고 주장하였다. 중재판정부는 분쟁을 야기한 사건 (measure)이 일어난 후에 당사자 간 견해 차이의 표명에서 시작하여 시 간이 지나면서 법적 주장, 당사자 간 협의와 공방 등을 통해 종국적으 로 구체적인 법적 청구(claim)를 할 수 있는 모습을 갖추게 될 때 비로 소 분쟁(dispute)이 존재하는 단계에 도달하는 것이라고 하면서, 이 분쟁 의 경우, 1994년 이전에도 여러 사건이 있었으나, 당사자 간에 ICSID

절차 제기의 전제가 되는 법적 의미의 분쟁은 당사자 간 투자 철회 논의가 이루어진 무렵에 비로소 모습을 갖추기 시작했다고 하고 이 시점이 투자협정 발효 이후이므로 관할권이 있다고 보았다. (Maffezini 대 스페인 사건, ICSID ARB/97/7, 2000.1.25. 관할권 판정)

## 중재청구 원인

(투자유치국의 의무 위반) ISDS 중재청구를 제기할 수 있는 투자분쟁의 범위는 원칙적으로 투자유치국에 의한 투자협정상 의무 위반 사항이다. 투자자가 입은 손실이 투자유치국이 투자협정상 의무를 위반한 결과로 발생하였을 때 ISDS 중재를 제기할 수 있는 것이다. 여기에서 '원칙적으로'라는 표현을 사용한 것은 투자협정에 따라서는 투자와 관련된 모든 분쟁이 ISDS 중재 대상이 되는 것으로 매우 폭넓게 규정하는 경우나, 협정 위반뿐만 아니라 투자계약(investment agreement), 투자인가(investment authorization) 등에 대해서도 ISDS 중재 제기가 가능하도록 규정하는 경우가 있기 때문이다.

반대로, 어떤 투자협정은 특정 부문이나 산업에서의 투자분쟁이나 투자협정상 투자유치국의 특정 의무 위반에 관한 투자분쟁을 ISDS 중재의 범위에서 제외하기도 한다. 예컨대, 한-페루 FTA의 투자 장은 국공채에 대한 투자의 경우 투자유치국의 부채 재조정과 관련한 의무위반 주장을 원칙적으로 ISDS에서 제기하지 못하도록 규정하고 있고, 한-인도네시아 CEPA(포괄적경제동반자협정, 내용상 FTA와 동일)는 공정·공평 대우, 충분한 보호 및 안전 제공, 이행요건관련 의무를 ISDS 청구

대상에서 제외하고 있다. 우리와는 직접 관련은 없지만, NAFTA를 대체하여 2020년 7월 발효된 미국-멕시코-캐나다 협정(USMCA)의 경우에도 미국-멕시코 간 ISDS 대상이 되는 협정상의 의무를 내국민대우, 최혜국대우, 직접수용 등 세 가지 의무 위반만으로 한정하고, 대우의 최소기준(공정·공평 대우, 충분한 보호 및 안전 제공 포함), 이행요건, 송금 보장, 간접수용 등을 ISDS 대상에서 제외하고 있다.

**(우산조항)** 이와 관련하여, 먼저 '우산조항'(umbrella clause)이라고 불리는 포괄적인 분쟁범위 조항을 살펴보려고 한다. '우산조항'이란 투자유치국과 외국 투자자 간에 체결되는 계약의 이행을 보장할 목적으로 투자협정에 투자유치국이 투자계약을 이행해야 한다는 의무를 명시한 규정을 의미한다. 우산조항은 대체로 아래와 같은 형태를 취한다.

---

각 당사국은 다른 쪽 당사국의 자연인 또는 회사의 투자에 대하여 약속한 어떠한 의무도 준수한다.

Each Party shall observe any obligation it may have entered into with regard to investments of nationals or companies of the other Party.

---

투자유치국이 투자계약을 준수해야 할 의무를 투자협정문에 명기함으로써 투자유치국의 투자계약 위반은 곧 투자협정문의 이 조항 위반이 되는 것이다. 따라서 이 조항은 투자유치국이 상대방 투자자와 맺은 계약상의 의무를 투자협정상의 의무로 전환하는 효과가 있다.[24] 이렇게 되면 관련 계약에 대한 투자유치국의 위반이 발생한 경우에도 외국 투자자가 ISDS 절차를 바로 이용할 수 있게 된다. 우리나라가 과거

에 체결한 꽤 많은 투자보장협정에 이러한 우산조항이 포함되어 있다.

　그런데, 한-미 FTA 등 우리나라가 최근에 체결한 FTA의 투자 장에서는 이렇게 포괄적인 규정을 포함하지는 않으나 투자협정 위반뿐만 아니라 투자인가나 투자계약 위반의 경우에도 중재 청구를 할 수 있다고 명시한 사례가 있다. 미국은 NAFTA에서는 투자분쟁의 범위를 FTA 협정 위반으로 국한하였으나, 1994년 모델 투자협정문에서 협정 위반뿐만 아니라 투자계약이나 투자인가 관련 분쟁도 ISDS 중재 제기가 가능하다고 명시한 이래 거의 모든 투자보장협정과 FTA에서 투자계약이나 투자인가 관련 분쟁도 ISDS 절차가 적용됨을 규정하고 있다.

　투자자 보호의 측면에서는 우산조항이 삽입되는 것이 바람직하다고 할 수 있다. 그러나 최근에는 우리나라의 포함하여 대부분의 국가들은 투자협정에 우산조항을 삽입하는 데 대해서는 소극적이다. 우리 정부도 앞으로 투자보장협정을 체결할 때 우산조항을 삽입하지 않는 방향으로 교섭한다는 방침을 가지고 있는 것으로 알려지고 있다. 한편, 우리나라가 체결한 FTA를 보면, 초기에 체결한 한-칠레 FTA나 한-싱가포르 FTA에서는 투자분쟁 범위를 협정 위반으로 국한하였는데, 우리나라가 미국과 FTA를 체결한 2007년 이후에는 FTA의 투자 장에서 투자계약이나 투자인가의 위반도 ISDS 중재 청구 대상이 된다고 규정하는 경향이 있는 것으로 보인다. 어쨌든 해외투자와 관련하여 투자유치국과 분쟁이 발생하여 ISDS 청구를 고려할 때에는 우리나라가 해당 투자유치국과 체결한 투자협정에서 ISDS 중재를 청구할 수 있는 분쟁의 범위를 어디까지로 규정하고 있는지 면밀하게 살펴보아야 한다.

## 준거법

ICSID 협약은 중재과정에서 적용할 실체적 법규로서 무엇이 준거법(governing law)이 되는가의 문제에 대하여 분쟁당사자들이 합의한 법이 우선 적용된다고 규정하고 있다(제42조 제1항 첫 번째 문장). 어떤 법을 가지고 분쟁의 시비를 가릴 것인지를 분쟁당사자들이 결정하도록 하는 것이다. 따라서 투자협정에 준거법에 관한 규정이 있을 경우, 이 규정에 따르게 될 것이다. 그런데, 우리가 체결한 투자보장협정을 보면, ISDS 절차에서 적용할 준거법에 관한 규정이 없는 경우가 의외로 많다. ICSID 협약은 준거법에 대한 합의가 없으면 투자유치국의 법과 적용 가능한 국제법을 적용하도록 규정하고 있다(제42조 제1항 두 번째 문장). 물론 여기에서 언급된 국제법에는 투자협정도 포함된다. 그간의 중재판정례에 비추어 볼 때, 이 경우 국내법과 국제법 간 적용 우선순위가 정해져 있기보다는 상황에 따라 상호 연계하여 적용될 수도 있고 적절한 경우에는 국제법이 홀로 적용될 수도 있는 것으로 보인다.

영국 호텔 경영회사 Went Hotels Limited사는 1989년과 1990년에 이집트 국영기업체인 Egyptian Hotel Company로부터 2개의 호텔을 임차하여 운영하고 있었는데, 임대계약을 둘러싼 분쟁이 발생하여 1990년대 중반에 임대주로부터 이 2개 호텔의 운영권을 박탈당하자 영-이집트 투자보장협정상의 수용을 주장하며 1998년 ICSID 중재를 신청하여 결국 배상금 판정을 받아내었다. 패소한 이집트 정부는 준거법에 대한 양 당사자의 합의가 없는 상태에서 중재판정부가 ICSID 협약 규정에 따라 이집트 국내법을 준거법으로 적용하지 않은 것은 중재판정부의 월권에 근거한 판정의 취소사유에 해당한다고 하면서 우리가 제9장에서 살펴볼 판정취소절차를 청구하였다. 판정취소위원회는 ICSID 협약 제42조 제1항 두 번째 문장의 국내법과 국제법과의 관계에 관한 해석에 있어서 종전의 판례와 학설에서 다양한 견해가 표명되어 왔음을 상기하면서, 국제법이 국내법의 흠결을 보완·교정하는 역할을 하는 것인지, 아니면 강행규범으로서의 국제법에 일치하지 않는 국내법을 통제하는 역할을 하도록 적용되는 것인지에 관한 일률적 법칙이 없고 사안에 따라 양자의 비중이 다르게 강조될 수 있다고 지적하고, ICSID 협약이 국제법과 국내법의 적용범위를 명확하게 구분 짓는 선을 긋고 있지 않으므로 중재판정부가 일정한 해석상의 융통성을 갖고 있는 것으로 본다고 하였다. 판정취소위원회는 특히 이집트가 투자협정에 동의하여 헌법에 따라 이를 국내법 체제로 수용한 것에서 나타난 바와 같이 투자협정을 국내법과 동등한 지위에 있는 것으로 받아들이고 있으므로 당초의 중재판정부가 투자협정을 주요 법원(法源)으로 의존한 것은 이집트 국내법을 벗어났다거나 상반되게 적용한 것으로 볼 수 없다고 하면서 준거법 적용상 하자가 없다고 판정하였다. (Wena Hotels Limited 대 이집트 사건, ICSID ARB/98/4, 2002.2.5. 판정취소위원회 결정)

미국의 2004년 모델 투자협정문을 벤치마크하여 최근에 체결된 다수의 FTA들의 투자 장은 투자협정 위반 청구의 경우와 투자인가나 투자계약 위반 청구의 경우를 구분하여 준거법을 정하고 있다. 투자자가 투자유치국의 투자협정 의무 위반을 사유로 ISDS 중재를 제기한 경우에는 해당 투자협정과 적용 가능한 국제법 규칙이나 원칙(applicable rules/principles of international law)이 준거법이 된다. 그리고 투자인가나 투자계약 위반 청구의 경우에는 해당 투자인가나 투자계약에서 적시된 법이 준거법이 되고 적시되어 있지 않은 때에는 투자유치국의 국내법과 적용 가능한 국제법 규칙이 준거법이 된다. 물론, 투자계약상 분쟁이 발생하였을 때 투자계약상의 위반을 다툴 때에는 투자계약에 적시된 법이 준거법이 되겠지만, 투자자가 계약 밖의 내용으로서 투자유치국에 의한 투자협정상의 의무 위반을 제기하였을 때에는 이 부분에 대해서는 투자협정에 정한 법이 준거법이 될 것이다.

투자협정 위반 청구의 경우 투자협정 자체가 준거법이 된다고 하였는데, 이와 관련하여 중요한 국제법 원칙 중 하나는 투자유치국이 자신의 국내법을 이유로 투자협정 위반을 정당화할 수 없다는 것이다. 유엔 국제법위원회(ILC)가 2001년에 제정한 '국제위법행위에 대한 국가책임 협정 초안'은 "책임 있는 국가는 [국가의 국제 책임] 의무를 준수하지 못한 것을 정당화하기 위하여 국내법 규정에 의존할 수 없다."(제32조)라고 확인하고 있다. 이 원칙은 국제법의 중요한 원칙으로서 그간 여러 중재판정례에서 확인되었다.

다만, 투자유치국이 투자협정 위반을 자신의 국내법을 이유로 정당화할 수 없다고 하였지만, 이 경우에도 국내법이 준거법으로서의 역할이 전혀 없는 것은 아님에 유의할 필요가 있다.25 극히 일부이지만, 한-중 투자보장협정(개정협정, 2007년 발효)이나 한-카타르 투자보장협정(1999년 발효)에서와 같이 준거법의 하나로 투자유치국의 국내법을 규정하는 경우가 있다. 이는 중재판정 과정에서 투자유치국의 국내법이 판단기준의 하나가 되도록 함으로써 투자자 보호 측면에서 볼 때에는 다소 아쉬운 규정이라고 볼 수 있다. 그런데 준거법을 투자협정, 즉 국제법으로 하더라도 투자협정 자체가 국내법을 실체적 규정의 일부로 포함하는 경우가 있다는 것을 상기할 필요가 있다. 적용대상투자가 설립 후 투자인 경우 투자유치국의 법률과 규정에 따라 이루어져야 한다는 요건이나 수용이 국내 법적 절차에 따라 수행되어야 한다는 요건 등이 그 예다. 이런 경우에는 국내법 자체가 준거법으로 투자협정에 명시되어 있지 않더라도 중재판정부는 투자유치국의 국내법에 따라 투자나 수용이 이루어졌는지를 검토하게 될 것이다. 이런 측면에서 볼 때, 중재절차에서 국내법적 측면을 완전히 무시할 수는 없고 국내법이 일정한 역할을 한다고 할 수 있다.

(조약법에 관한 비엔나 협약) 앞에서 준거법으로 언급한 '적용 가능한 국제법 규칙이나 원칙'이란 해당 투자협정을 비롯한 관련 국제조약과 국제관습법 등을 포함하는 것으로 이해된다. 특히 어느 국제협정을 둘러싸고 분쟁이 발생하는 경우 해당 협정의 특정 조문을 어떻게 해석하느냐 하는 문제가 관건적 이슈가 되는 경우가 많은데, 이 경우, 협정의 해석 기준이 되는 원칙으로는 일관되게 1969년 '조약법에 관한 비엔나 협약'(VCLT, Vienna Convention on the Law of Treaties)이 적용 가능한 국제법 규칙이 된다. 이 협약의 제31조와 제32조에 규정된 조약해석 원칙은 국제관습법을 반영하고 있는 것으로 널리 받아들여지고 있다.26 이 협약은 대부분의 국가가 당사국이지만, 설사 이 협약을 비준하지 않은 국가가 있다하더라도 이 협정이 제시하는 조약해석 원칙을 부인하지는 않는다. 투자협정의 경우도 예외는 아니다. 국제투자중재에 있어서 중재판정부는 물론이고 분쟁당사자들은 투자협정상의 특정 규정에 대한 해석이 문제가 될 경우 예외 없이 이 비엔나협약상의 조약해석 원칙을 원용한다. 조약법에 관한 비엔나 협약에서 조약해석 원칙을 담은 조항인 제31조와 제32조 중 제31조 제1항이 가장 중요한데, 이 조항은 아래와 같이 규정되어 있다.

조약은 조약문의 문맥 및 조약의 대상과 목적으로 보아, 그 조약의 문면에 부여되는 통상적 의미에 따라 성실하게 해석되어야 한다.

A treaty shall be interpreted in good faith in accordance with the ordinary meaning to be given to the terms of the treaty in their context and in the light of its object and purpose.

즉, 조약 해석은 (i) 신의성실, (ii) 용어의 통상적 의미, (iii) 용어의 문맥과 (iv) 조약의 대상·목적에 따라 이루어져야 한다는 것이다.[27] 협정문을 해석할 때 특정 용어의 뜻은 일단 그 용어의 사전적 의미에서 출발하여 그 용어가 사용된 문맥을 보고 해당 조약의 대상과 목적을 감안해서 종합적으로 해석해야 한다는 것이다. 이러한 해석방식에서 파생된 또 하나의 중요한 원칙으로서 중재 심리과정에서 많이 원용되는 것으로 유효성의 해석 원칙이라는 것이 있다. 조약문에 포함된 어떠한 용어도 의미 없이 포함되지는 않았다는 원칙이다. 따라서 어느 조약 문언이든 비엔나 협정 제31조 제1항에 따라 구체적으로 의미 있는 뜻이 부여되어야 하며, 포함된 조약 문언에 아무런 의미도 부여하지 않도록 만드는 해석은 타당하지 않다는 것이다.

(당사국의 협정 해석 권한) ISDS 중재 과정에서 투자협정상 특정 조항의 해석에 관한 분쟁이 있는 경우 투자협정 당사국들이 단독 또는 공동으로 중재판정부에 협정의 해석을 제시할 수 있도록 하는 규정이 포함되는 수가 있다. 이 규정은 중재판정부가 투자협정을 성안했던 당시 당사국이 의도했던 해석과 일치하지 않는 해석을 내릴 수 있는 가능성을 차단하기 위한 것이다. 특히 투자자는 경우에 따라서는 국제중재에서 피

청구국 투자유치국에 대항하여 승소하기 위해 특정 협정조항에 대해 자기에게 유리한 자의적인 해석을 제시할 개연성이 높다고 할 것이다. 투자자의 모국은 자국 투자자의 이익을 수호할 책임이 있는 것은 사실이지만, 협정당사국으로서 다른 쪽 당사국, 즉 투자유치국과 함께 협정 시행 과정에서 협정의 일체성(integrity)을 보전할 임무도 있는 만큼, 투자자나 중재판정부의 자의적인 협정 해석을 막기 위해 투자유치국과 함께 문제된 협정조항에 대한 권위 있는 해석을 제시할 필요가 있을 수 있다. 협정당사국 공동의 해석이 나오는 경우, 일반적으로 중재판정부는 투자협정의 해당 문구에 대한 1차적인 해석 권한이 없으며, 협정당사국들의 해석에 구속되게 된다. 협정당사국의 공동해석까지는 아니더라도 중재판정부에 제출되는 일방 당사국, 즉 비분쟁 당사국(투자자의 모국)의 의견은 협정당사국의 공동 해석처럼 구속력은 없으나 중재판정부는 이를 비중 있게 취급하게 된다. 사실 이러한 명문 규정이 없어도 투자협정의 양 당사국은 그러한 해석 권한을 원천적으로 가진다고 할 수 있으나 투자협정에 이런 규정을 포함하고 당사국의 공동해석이 구속력을 가짐을 명문화하는 경우가 많아지고 있다. 특정 중재절차 과정에서 나온 것은 아니지만 이후 중재판정부들의 해석 기준이 된 것으로, 앞에서도 여러 번 언급된 2001년 NAFTA 자유무역위원회의 '대우의 최소기준에 관한 해석선언'이 대표적인 협정당사국들의 공동해석 사례라고 할 것이다.

CHAPTER

# 09

## 중재의 절차

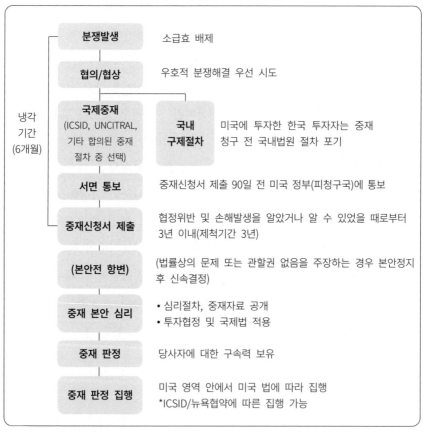

 ISDS 절차 흐름도(한-미 FTA하에서 한국 투자자의 경우)
(출처: fta.go.kr/us/data/4/12에서 수정)

## 중재의 제기

　대부분의 투자협정은 분쟁이 발생했을 때 정식 중재절차로 진행되기 전에 분쟁당사자들(투자자와 투자유치국)이 분쟁을 원만하게 해결하도록 유도하기 위한 규정을 두어 가지 두고 있다.

**(협의와 협상)** 첫 번째는 투자분쟁의 당사자로 하여금 분쟁의 초기 단계에서 우선 협의와 협상을 통해 분쟁을 우호적으로 해결할 것을 권장하는 조항을 두는 것이다. 예컨대, 한-일 투자협정 제15조 제2항은 아래와 같이 규정하고 있다.

---

투자분쟁이 발생하는 경우, 동 분쟁은 가능한 한 협의나 협상에 의하여 해결한다.

In the event of an investment dispute, the investment dispute shall, if possible, be settled by consultation or negotiation.

---

　'가능한 한'이라는 조건이 붙었으므로 강제규정은 아니다. 그러나 투자자는 이 규정의 취지에 따라 분쟁의 초기 단계에서 투자유치국 정부와 협의를 통해 해결방법을 모색할 수 있는 기회를 갖게 된다. 투자자는 투자협정상의 이러한 규정을 근거로 투자유치국에 협의나 협상을 요청할 수 있기 때문이다. 투자자는 실제로 이 과정에서 사실관계를 확인하고 분쟁의 쟁점을 분명하게 할 수 있을 뿐 아니라, 나중에 정식으로 중재청구를 할 때 필요할 수 있는 정보를 수집·준비하는 등 실질적인 도움을 얻을 수도 있다. 따라서 분쟁 초기에 투자자가 투자유치국 정부

와 이러한 협의나 협상을 선행하는 것이 일반적인 양상이 될 것이다.

**(냉각기간)** 두 번째는 투자분쟁이 이러한 협의를 통해서도 원만하게 해결되지 못할 경우 결국 ISDS 중재절차로 갈 수밖에 없는데, 대부분의 투자협정은 분쟁이 발생한 후 일정기간이 지나야만 투자자가 중재절차를 요구할 수 있도록 규정하고 있다. 이 기간을 '냉각기간'(cooling period)이라고 한다. 이 냉각기간은 이 기간 동안 당사자들이 마지막까지 노력해서 원만한 합의를 모색하도록 하는 장치라고 할 수 있다. 이 기간은 일반적으로 6개월이지만, 3개월이나 12개월로 규정한 협정도 있다. 일반적으로 냉각기간의 기산점은 청구를 야기한 사건이 발생한 날이나 분쟁의 원만한 해결을 위해 협의 요청을 한 날 등으로 규정된다. 엄밀한 의미에서는 다를 수 있겠지만, 대체로 분쟁발생 시점으로 이해하면 된다. 한-미 FTA의 경우, 청구를 야기한 사건이 발생한지 6개월이 경과한 이후에야 ISDS 절차를 청구할 수 있도록 하고 있고, 앞에서 인용한 한-일 투자협정의 경우에는 투자자가 협의나 협상을 요청한 날로부터 3개월 이내에 투자분쟁이 해결되지 않으면 ISDS 절차를 청구할 수 있다고 규정하고 있다.

사전 협의 · 협상 규정이나 냉각기간 준수를 위반하여 제기된 중재청구가 유효한 것인지에 관하여 다수의 중재사건에서 쟁점이 되었는데, 이에 대한 중재판정부들의 판단은 케이스별로 서로 다른 것으로 보인다. 어떤 케이스에서는 냉각기간이 원래 분쟁의 중재회부 이전에 피청구국이 분쟁을 해결할 수 있는 기회를 갖도록 하기 위한 것이므로 중재판정부의 관할권 성립 여부를 가르는 중대한 요건으로 본 반면, 어떤 케이스에서는 냉각기간이 단순한 요식적 · 절차적 규칙이므로 이를 엄밀하게 준수하지 않았다고 해서 중재 관할권이 없다고 판단할 사항은 아니라고 판시하기도 하였다. 이 문제는 결국 중재 청구를 둘러싼 제반 상황과 심리 대상이 되는 분쟁의 성격 등 여러 가지 고려요소를 감안하여 사안별로 결정된다고 봐야 할 것 같다.

(제척기간) 투자분쟁이 당사자 간 해결되지 않은 상태로 남아 있다고 할 때, 투자자는 언제까지 ISDS를 청구할 수 있을까? 대부분의 투자협정은 중재청구를 야기한 사건을 인지한 후 일정기간이 초과된 경우에는 중재청구를 제기할 수 없다고 규정하고 있다. 이러한 중재 제기 가능 시한을 '제척기간'(limitation period)이라고 한다. 제척기간은 이 기간 내에 투자자가 권리를 행사하지 않을 경우 ISDS 절차를 청구할 수 있는 권리가 소멸되도록 함으로써 법적 안정성을 기하기 위한 것이다. 제척기간은 협정에 따라 3년 내지 5년의 기간을 설정하고 있다. 제척기간의 기산점은 위반 사실과 자신 또는 자신의 투자가 손실이나 손해를 입었다는 사실을 청구인이 최초로 알았거나 알았어야 할 날이며 제척기간의 종료 시한은 중재를 신청한 날이 된다. 여기서 손실·손해를 입었다는 사실을 알았다는 뜻은 그 손실·손해에 대한 구체적인 액수를 분명하게 알게 된 것을 의미하는 것은 아니며, 그 액수를 정확하게 산정할 수는 없지만, 투자유치국의 조치로 인하여 자신이나 자신의 투자에 손실이 초래되었다는 사실을 인식하게 된 것을 의미하는 것으로 해석된다.

제5장에서 송금 보장과 관련하여 살펴보았던 사건인데, 제척기간에 관한 판정도 포함하고 있어 살펴보겠다. 캐나다 광물회사 Rusoro Mining Ltd.사는 베네수엘라에 광산 채굴권을 획득하여 금 채굴·정련·판매·수출 등의 사업을 시행하고 있었는데, 베네수엘라 정부가 외환부

족 사태 해소를 위해 금 산업에 관한 일련의 조치(2009년: 금 처분 및 수출 규제와 대금 처리 제한, 2010년: 2009년 조치의 완화, 2011년: 금 산업 국유화 조치)를 취함에 따라 불법 수용 등을 이유로 2012년 ICSID 중재를 청구하였다. 베네수엘라 정부 측은 문제가 되는 베네수엘라 정부 조치는 복합행위로서 복합행위의 시작부터 계산할 때 제척기간이 초과되었으므로 중재판정부의 관할권이 없다고 주장하였다. 중재판정부는 베네수엘라 정부의 일련의 행위는 그 내용이 서로 달라 하나의 복합행위로 인정할 만한 연계성이 없어 복수의 독립된 행위라고 보았다. 중재판정부는 이 경우 2009년 조치는 3년 전에 발생하였고 피해 및 손실 가능성을 인지한 시점도 그 이전이므로 관할 대상에서 제외될 것이지만 그 이후의 조치에 대한 청구에 대해서는 관할권이 있다고 판정하였다. (Rusoro 대 베네수엘라 사건, ICSID ARB(AF)/12/5, 2016.8.22. 판정)

한국의 안성주택산업은 2006년부터 중국에 골프장과 휴양시설을 건설·운영하기 위한 투자를 하였으나 인근 골프장 건설로 인해 수익성이 악화되고 인접 토지를 중국 당국과 사전에 합의한 가격 이상으로 매입해야 하는 등 손실이 발생하자 골프장 지분을 헐값으로 매각하게 되어, 2014년 ICSID 중재를 청구하였다. 중국 정부 측은 청구인이 3년의 제척기간이 지나 중재신청을 하였으므로 중재 관할권이 성립하지 않는다고 주장하였다. 이렇게 하여 투자자가 손실·피해를 인지한 시기가 언제였는지가 중재 관할권 여부를 결정하는 쟁점이 되었는데, 중재판정부는 투자자가 손실·손해를 인지한 시점으로 주장한 골프장 지분 매매가격이 확정된 날은 손실규모가 수치로서 확정된 날일 뿐이고 청구인이 인접지역 골프장 건설 가능성을 파악하고 인접 토지를 고가로 매입해야 했던 2011년 이전 시점부터 피해·손실을 인지할 수 있었을 것으로 판단하여 제척기간이 초과되었음을 이유로 관할권을 부인하였다. (Ansung 대 중국 사건, ICSID ARB/14/25, 2017.3.9. 판정)

**(법정 쇼핑 방지)** 앞에서 언급한 대로, 일반적으로 투자협정은 투자자가 선택할 수 있는 국제중재절차로 (i) ICSID 중재, (ii) UNCITRAL 중재규칙, (iii) 기타 분쟁당사자가 합의한 중재기관 또는 규칙을 제시한다. 투자유치국은 협정에서 이미 이 세 가지 채널 모두에 동의한다는 점을 명시하였으므로 실제로 이용하게 될 채널에 대한 선택권은 없다. 중재절차를 이용하려는 투자자는 중재청구서를 제출하면서 자신이 추구할 중재 채널을 결정한다. 따라서 결국 이용하게 될 중재 채널에 대한 선택권은 투자자에게 있게 된다. 그러나 투자자가 일단 이 중 하나의 채널을 선택해서 중재 청구를 하였다면 다른 채널은 이용할 수 없다. 즉, 투자자의 선택은 일단 이루어지면 최종적이라고 할 수 있다. 이렇게 하는 이유는 투자자가 여러 구제절차를 오가면서 자신에게 유리한 절차를 선택하는 소위 '법정 쇼핑'(forum shopping)을 방지함으로써 중재절차 진행상의 법적 안정성을 기하기 위한 것이다.

**(국내절차의 포기)** 청구인 투자자가 중재절차를 제기한다는 통보를 ICSID 사무국에 제출할 때에는 해당 분쟁의 해결을 위해 투자유치국의 어떠한 국내 구제절차나 다른 분쟁해결절차도 이용하지 않겠다는 서면 포기서가 수반되어야 한다. 청구인이 투자 기업을 대리하여 중재를 청구한 경우에는 청구인뿐만 아니라 이 기업의 서면 포기서도 제출하여야 한다. 기업의 경영에 영향을 미칠 수 없는 소수지분권자는 현실적으로 기업의 서면 포기서를 제출하기가 어렵기 때문에 자신의 손해에 대해

서만 서면 포기서를 낼 수 있어 자기 자신을 위해서만 중재청구를 할 수 있다. 이와 같은 포기 조항을 두는 이유는 투자자가 동일한 사안에 대하여 국내 구제절차와 국제 분쟁해결절차를 병행하여 진행하거나 순차적으로 여러 절차를 활용할 수 있도록 허용하게 되면, 여러 절차에 대응해야 하는 투자유치국에 과도한 부담을 줄 수 있고 법률관계의 미확정 상태가 지속되거나 서로 다른 판결이 나올 수도 있는 등 부작용이 있을 수 있기 때문이다.

여기에서 포기해야 하는 '국내 구제절차'란 투자유치국 국내의 사법적·행정적 절차를 말한다. 여기서 사법적 절차는 명확하게 구분되는 반면, 행정적 절차는 어디까지를 말하는지 불분명한 측면이 있다고 느낄 수 있다. 국내의 행정적 구제절차란 국내법상 인정되는 기속적 결정을 구할 수 있는 준사법적 기능을 갖춘 행정적 구제절차를 의미한다. 투자자가 ISDS 절차를 제기하기 전에 이용할 수 없는 행정적 구제수단을 너무 폭넓게 해석하게 되면 투자자의 권리를 지나치게 축소하게 될 뿐만 아니라, 오히려 투자자 애로 해소를 위한 옴부즈맨 제도와 같이 투자문제를 원만하게 해결하는 것을 지원하기 위해 마련된 국내의 다양한 행정적 절차를 거치지 않고 곧바로 국제중재에 제소하도록 부추기는 부작용을 낳을 수 있다.[1]

(택일방식과 포기방식) 투자협정에서 국내 구제절차와 국제중재절차의 이중 진행을 방지하는 장치를 규정하는 방식으로는 (i) '택일방식'(갈림길 조항, fork-in-the-road approach)과 (ii) '포기방식'(waiver approach)이 있다.

택일방식은 청구인으로 하여금 분쟁초기에 국내 절차 또는 국제중재절차 중 하나를 선택하도록 하고 일단 한 절차를 이용하기 시작하면 다른 절차를 이용하지 못하도록 하는 방식이다. 즉, 택일방식은 분쟁해결절차의 처음 선택이 최종 선택이 되도록 하는 방식이라 하겠다. 이 경우 투자자가 택일조항의 존재를 모른 채 분쟁을 국내법원에 제기한 경우 국제중재 이용이 제한되므로 주의를 요한다고 하겠다. 이 문제에 대해서는 동일 분쟁의 의미와 관련하여 나중에 별도로 좀 더 깊이 살펴볼 예정이다.

한편, 포기방식은 분쟁을 국내법원에서 다투던 도중에도 확정판결이 나오기 전이라면 이를 중단하고 국내절차 이용권을 명시적으로 포기하면 국제중재절차를 제기할 수 있도록 하는 방식이다.

한-미 FTA에서는 미국이 피청구국일 경우에는 포기방식을, 한국이 피청구국일 경우에는 택일방식을 따르도록 하였다. 왜 이렇게 기준을 다르게 하였을까? 약간 이론적인 측면으로 들어가는 것 같지만 포기방식을 택하느냐, 택일방식을 택하느냐 하는 문제는 피청구국인 투자유치국이 국제법과 국내법 간의 관계에 있어 어떤 체제를 택하고 있느냐와 관련이 있다. 미국의 경우, FTA는 그 자체는 국내 법률체제로 편입될 수 없고 국내이행입법을 통해 그 내용이 국내 법률체제에 편입되는 소위 이원주의(dualism)를 채택하고 있어 투자자는 미국 국내법원에서 오로지 국내법의 위반사항만을 다툴 수 있을 뿐 투자협정 자체의 위반은 다툴 수 없게 되어 있다. 이처럼 미국에서는 어차피 국내구제절차에서는 국제법인 FTA의 위반을 주장하는 것이 불가능하기 때문에 포기방식을 택해서 앞으로 국내 구제절차를 이용하지 않겠다고 약속하면 ISDS 중재절차를 제기할 수 있도록 하는 것이다.

한편, 우리나라를 비롯한 대부분의 국가들은 국제법이 별도의 이행입법 없이 곧바로 국내법 체제에 편입되는 소위 일원주의(monism)를 택하고 있다. 우리 헌법 제6조 제1항은 "헌법에 의하여 체결·공포된 조약과 일반적으로 승인된 국제법규는 국내법과 같은 효력을 가진다."라고 규정하고 있다. 이 경우 투자협정과 같은 국제법의 위반사항에 대해 국내법원에서도 직접 다툴 수 있으므로 국내법원과 국제중재의 결론이 상충되는 것을 피하기 위해 한 번 국내 사법절차를 선택했다면 국제중재절차를 택할 수 없도록 하는 택일방식을 채택한 것이다.[2]

(동일한 분쟁) 그런데, 여기서 국제중재절차에서 제기될 투자분쟁과 동일한 분쟁이 국내절차에 제기되었을 경우 이중절차를 배제하는 조항이 발동되는 것이므로 구체적으로 '동일한 분쟁'이 무엇인가 하는 문제가 발생한다. 원래 중복제소금지(Lis pendens) 원칙은 두 개 이상의 법정에서 진행 중인 재판에서 소송의 당사자, 대상 및 원인이 같은 경우에는 동일한 사건으로 보고 두 번째 법정에서 구제조치를 추구하지 못하도록 하는 것을 의미한다.[3] 이러한 원칙을 투자분쟁에 그대로 적용하는데에는 현실적인 문제가 있다. 국내 구제절차에서는 투자자 자신보다는 투자유치국 내의 투자 기업이 당사자가 되는 경우가 많은 점, 국내 구제절차의 대상에 있어서도 투자협정 위반보다는 투자계약이나 국내법 위반을 다투는 경우가 많은 점 등으로 인해 이 원칙대로라면 국내 구제절차에 회부되었던 사건과 국제중재절차에서 제기하고자 하는 사건이 결국 대부분 서로 다른 사건으로 간주되게 됨으로써, 이중 절차 방지라는 당초의 목적을 달성하기 어려워진다.

　　투자협정들은 분쟁의 동일성 여부를 판단하는 기준을 명시적으로 제시하고 있지는 않지만, 관련규정을 자세히 보면, (i) 동일한 분쟁인지 여부를 결정하는 기준으로 중재를 야기한 투자유치국의 조치(measure) 가 동일한지의 여부로 보는 투자협정이 있고, (ii) 분쟁의 원인이 된 조 치는 동일하더라도 청구의 대상(청구인이 주장하는 투자유치국의 위반 내용) 이 다르면 다른 분쟁으로 보는 투자협정이 있다는 것을 알 수 있다. 미 국의 2012년 모델 투자협정문은 '협정위반을 구성하는 것으로 주장되어 지는 조치(measure)에 대하여' 투자자와 투자기업이 모두 국내절차를 포 기하도록 하고 있어 투자유치국의 동일한 조치에 관한 것이면 그 이외 의 요소와 상관없이 동일 분쟁으로 간주하는 입장을 취하고 있는 것으 로 보인다. 한-베트남 투자보장협정 등 우리나라가 체결한 일부 투자 협정도 이 모델 협정을 벤치마크하여 동일한 방식으로 규정하고 있다. 한편, 한-미 FTA 투자 장에서 한국이 투자유치국인 경우를 보면 국내 절차의 당사자가 투자자가 되었든, 투자 기업이 되었든 상관없이 '청구 내용이 협정상의 실체적 의무(obligation) 위반에 관한 것'이면 동일 분쟁 으로 본다는 것을 알 수 있다. 앞으로 이 부분은 구체적인 중재 케이스 를 통해 보다 분명해질 것으로 보인다.

두 번째의 접근방식에서 판결한 실제 중재사례를 보자. 알바니아 건설부와 도로 건설 계약을 체결하고 공사를 진행하던 그리스 건설회 사 Pantechniki사가 1997년 시민 봉기로 공사장 약탈 등 피해를 보게 되어 알바니아 정부에 손해배상을 청구하였으나 거절당하고 법원에 제 소하였으나 하급심에서 패소한 이후 ICSID 중재 청구를 하였는데, 알바 니아 법원에 제소된 건과 ICSID 중재가 신청된 건이 동일한 분쟁인지 가 문제되었다. 중재판정부는 이 분쟁이 알바니아 건설부와 체결한 계 약상의 다툼이라는 점에서 알바니아 법원에 제소된 분쟁과 ICSID 중재 청구된 분쟁의 청구원인이 동일하기는 하나, 청구인이 알바니아 법원의 부당한 판결로 인하여 공정한 사법 절차를 제공받을 투자협정상의 권리가 부인되었다는 점에 근거하여 중재를 신청하였으므로 이는 국내 법원에 제소된 사건과는 다른 사건이라고 하면서 중재 관할권이 있다고 판단하였다. (Pantechniki 대 알바니아 사건, ICSID ARB/07/21, 2009.7.30. 판정)

(국내구제절차 소진) 국제법상 '국내구제절차 소진'(exhaustion of local remedies)의 원칙이라는 것이 있다. 이 원칙은 한 국가가 타 국가로 인하여 피해를 입은 자신의 국민을 위하여 국제법상 외교적 보호권을 행사하려면 그 전에 그 국민이 해당 타 국가의 국내 구제절차를 모두 소진할 것을 요구하는 원칙이다. 이러한 원칙은 주권평등의 원칙에 따라 타 국가의 주권을 존중하는 차원에서 그 국가가 국내의 행정적·사법적 구제수단을 통해 스스로 문제를 해결할 수 있는 기회를 준다는 취지에서 나온 원칙이다.4 국내 법정이 공정하고 독립적으로 심판한다는 전제하에 투자분쟁을 국내 법정에 회부하게 되면 보다 빠르고 저비용으로 절차를 진행할 수 있고, 국내법의 적용에 관한 전문지식을 바탕으로 투자유치국의 잘못된 조치를 시정할 수 있는 가능성이 크며, 국내법원에 의한 판결이므로 국제중재보다 판결 이행상 수용성이 더 클 것이라고 예상할 수 있다.5

그런데 국제투자중재에 있어서는 앞에서 설명한 대로 오히려 국내구제절차를 포기할 것을 요구하고 있는 점에서 국제공법상 외교적 보호권이 행사되는 경우와는 다르다고 하겠다. 종전에 체결된 투자협정 중에는 투자자가 국제중재 제기를 하기에 앞서 국내절차 소진까지는 아니더라도 국내절차를 필수적으로 거칠 것을 규정한 투자협정이 일부

있다. 예컨대 한-아르헨티나 투자보장협정은 분쟁이 발생한 경우 국제
중재에 앞서 투자유치국의 권한 있는 재판소에 먼저 회부할 것을 요구
하고, 재판이 18개월이 지나도록 최종 결정이 내려지지 않았거나 최종
결정이 내려졌지만 분쟁이 해결되지 않을 경우에야 비로소 국제중재에
회부할 수 있도록 규정하고 있다. 그러나 이러한 국내 구제절차의 선행
요건은 어디까지나 투자분쟁이 국제중재에 회부되기 전 국내 절차를
통해 해결될 수 있는 기회를 부여하기 위한 취지에서 그렇게 합의한 경
우이며 국내절차 소진 조항과도 그 내용이 다르다고 할 수 있다. ICSID
협약 제26조는 국내 구제절차의 포기가 원칙임을 밝히고 있으며, 예외
적으로 당사국이 국내 구제절차의 소진을 국제중재에 대한 동의의 조
건으로 요구할 수 있는 가능성을 열어두고 있다. 요약하자면, 일반적인
경우에는 국제관습법상 국내 구제절차 소진은 명시적으로나 암묵적으
로 포기하지 않는 한, 당연히 적용되는 원칙인 데 반하여, 투자분야에
있어서는 오히려 국내 구제절차 소진은 명시하지 않으면 면제되는 것
으로 간주된다.[6]

(절차의 남용 금지) 중재판정부들은 투자자가 ICSID 협약과 개별 투자협
정이 보장하는 국제중재를 통한 분쟁해결절차를 남용하기 위한 것으로
보이는 중재청구에 대해서는 관할권 행사를 거부함으로써 판정을 내리
지 않는 경향이 있다. 관할권 자체가 부인되는 것은 아니고 관할권은
있다 하더라도 중재판정부가 관할권을 행사하기를 거부하는 것이다.
ICSID 중재규칙이나 투자협정에 중재절차의 남용에 관한 규정이 있는
것은 아니다. 그러나 권리의 남용은 국제관습법상 보편적으로 받아들여
지는 신의성실 원칙에 반하는 행위이기 때문에 관할권 행사 거부의 사

유가 된다. 그렇다고 하여 중재절차의 남용 여부를 검토하는 데 있어서 투자자 측의 악의가 있었음을 별도로 보여주어야 하는 것은 아니다. 중재절차의 남용 여부를 판단하는 일률적인 기준은 없으나 여러 정황상 투자활동보다는 예상할 수 있는 국내분쟁을 단순히 국제중재로 전환하기 위한 목적으로 투자하거나 기존 투자를 재구성한 사실 등이 객관적으로 증명되는 경우 이에 해당된다고 하겠다. 그리고 투자자의 중재제기에 대하여 중재판정부가 절차의 남용으로 판단하여 관할권 행사를 거부하는 것은 매우 예외적인 상황에서 내릴 수 있는 것으로서, 절차의 남용을 그냥 추정할 수는 없으며 투자나 투자 재구성 당시 가까운 시일 내 구체적인 분쟁이 발생할 개연성이 높은 것으로 예상할 수 있었다는 데 대한 충분히 설득력 있는 사실적 증거를 제시해야 하는 등 중재절차의 남용을 판단하는 기준은 그 임계치가 매우 높다고 하겠다.[7]

　중재절차의 남용에 관한 구체적인 기준을 검토한 최근의 중재판정례 하나를 보겠다. 제4장에서 공정·공평 대우 의무를 다루면서 잠시 살펴본 사건이다. 미국 유한책임회사인 Gramercy Funds Management LLC 등이 2006년에서 2008년 사이에 페루의 농지개혁채권을 다량으로 구입하였다. 이 채권은 페루정부가 1970년대 농지개혁의 일환으로 토지를 수용하면서 이에 대한 보상대신 토지소유자에게 장기채권 형식으로 배분한 것이었는데, 그간 페루의 초인플레이션으로 인해 채권의 실질가치는 거의 제로에 가깝게 떨어진 상태였다. 이 미국 회사들이 채권을 구입할 시점에는 이 채권에 대한 실질가격 산정 문제를 둘러싸고 헌법재판소를 포함한 국내 쟁송과 국회 논의가 많이 진행되고 있었다. 그런데 칠레 대법원이 2003년 판결을 내리고 이에 기초하여 재무부가 규정을 공포하며 농지개혁채권 가격산정 및 부채상환방식이 정해지자 이 미국 회사들은 미국-페루 FTA상의 대우의 최소기준 위반 등을 주장하며 ICSID 중재를 청구하였다. 페루 정부 측은 청구인 측이 이미 국내적으로 있던 분쟁을 국제분쟁으로 만들기 위한 목적으로 해당 투자를 했다고 하면서 청구인의 국제중재 신청은 절차의 남용이므로 관할권을 부인해야 한다고 주장하였다.

중재판정부는 그간의 판례를 보면, 이미 존재하는 국내분쟁을 국제분쟁으로 전환하기 위한 유일한 목적으로 투자를 하거나 기존 투자를 재구성하는 것, 해당 자산이 이미 투자유치국과 분쟁 상태에 있는 상황에서 투자를 하거나 재구성하는 것, 예측 가능한 특정 분쟁에 대하여 협정상 보호를 예상하고 투자하거나 투자를 재구성하는 것, 정상적인 거래로 볼 수 없는 명목 가격으로 자산을 취득하는 것, 또는 신의성실이라는 국제원칙을 위반하여 투자를 하는 경우에는 중재판정부들은 사건의 모든 상황을 검토한 후, 투자자의 행위가 절차의 남용에 해당된다고 결론을 내리고 관할권 행사를 거부하였다고 상기하였다. 그러나 중재판정부는 투자자가 투자유치국과 미래에 있을 수 있는 분쟁의 일반적인 리스크로부터 보호하기 위한 것이나 자신에게 유리한 투자보장 체제를 제공하는 것으로 인식되는 외국에 자신의 투자를 위치시키는 것 등은 정당한 것으로 보는 것이 그간의 중재판정부들의 판단이었다고 지적하였다. 중재판정부는 결국 정당한 투자와 절차의 남용을 구분하는 선은 투자자가 투자 시점에서 해당 자산이 투자유치국과의 분쟁 하에 있음을 알았거나 미래에 투자유치국과 구체적인 분쟁이 일어날 것이라는 것을 높은 개연성을 갖고 예상할 수 있었을 경우라고 정리하고, 절차를 남용하기 위해 중재청구를 했다고 판단하기 위한 임계치는 매우 높아야 하며 오직 예외적인 상황에서만 그렇게 하여야 한다고 하였다.

　이러한 기준에 따라 중재판정부의 다수, 즉 3인의 판정위원 중 2인은 해당 투자자의 중재절차 청구는 남용이 아니라고 판단하였다. 그러나 중재판정부 한명은 청구인이 채권을 취득할 당시 진행 중인 분쟁이 있었고, 청구인이 투자하기 전부터 손실이 이미 발생하였으며, 청구인이 페루에서 경제활동을 하고자 하는 의도가 없었다는 점에서 이 국제중재 제기는 남용에 해당된다는 소수의견을 제시하였다. 이 소수의견을 낸 중재판정인은 이런 법적인 측면에서뿐만 아니라 채권의 원소유주에게는 명목적인 대가만을 지급하고 페루 정부가 마련한 채권보유자 보상을 위한 국내절차는 무시한 외국 투자자에게 국제중재절차를 통해 뜻밖의 횡재를 안기는 것이 정의면에서 과연 공정한 것인지에 대해 의문을 제기하였다. (Gramercy 대 페루 사건, ICSID UNCT/18/2, 2022.12.6. 판정)

　이 밖에 절차의 남용으로 관할권 행사가 거부된 대표적인 케이스를 두 가지 더 들어보자. 한 체코인이 합금 수출입 회사와 합금 국제 중개 회사를 체코 공화국에서 운영하고 있었는데, 탈세 혐의로 수사를 받던 중 이스라엘로 탈출하여 이스라엘 국적을 취득한 후 2001년 Phoenix라는 회사를 새로 설립하고 자신이 체코 공화국에서 운영 중이던 2개 회사의 주식을 전량 매입하였다. 그리고는 Phoenix사의 이름으로 체코 정부의 투자자 보호 위반을 이유로 2006년 ICSID 중재를 제기하였다. 중재판정부는 이스라엘 내 회사의 설립과 체코 공화국 내 2개 회사의 매입 과정, 특히 두 회사의 소유주로 되어 있던 자신의 부인과 딸로부터 매입한 점, 이를 매입한 지 2달 만에 Phoenix가 투자분쟁을 체코 정부에 통보한 정황 등을 면밀히 살펴본 후, Phoenix가 체코 공화국 내 회사를 매입한 것은 선의의 투자활동이라기보다는 ICSID 중재 절차를 활용하기 위한 목적으로 이루어진 것으로 보아 ICSID 관할권을 인정할 수 없다고 판시하였다. (Phoenix 대 체크공화국 사건, ICSID ARB/06/5, 2009.4.15. 판정)

또 하나의 사건은 ICSID가 아닌 PCA(Permanent Court of Arbitration)에 중재를 청구한 사건이다. 홍콩에 본부를 둔 Philip Morris Asia Ltd.는 호주 정부가 2011년 시행한 담배포장 규정이 Philip Morris Australia의 영업에 악영향을 미쳤다는 주장을 하면서 홍콩-호주 투자보장협정에 근거하여 2011년 중재를 청구하였다. 이 분쟁이 명료화되기 수개월 전에 Philip Morris Australia는 모회사를 Philip Morris의 스위스 지사에서 홍콩에 본부를 둔 Philip Morris Asia로 옮겼다. 중재판정부는 호주의 담배포장 규정에 관한 분쟁이 예상 가능했는지와 Philip Morris가 이 분쟁에 대해 중재절차를 이용하기 위해 투자를 재구성하였는지를 검토하였다. 중재판정부는 2000년 중반 호주 수상을 비롯하여 여러 기관에서 담배포장 규제 강화에 관한 논의를 공개적으로 하고 있었기 때문에 이러한 조치가 곧 있을 것이고 이에 따라 분쟁이 발생할 것으로 예상되었다는 점, 그 시점에 Philip Morris 측의 경영진들이 조약상의 보호를 받기 위한 것을 유일한 목적으로 한 것은 아니더라도 이를 주된 목적으로 하여 소속 본부 이동이라는 투자 재구성을 추진한 것이 사실로 확인되었다는 점에 비추어 볼 때, Philip Morris 측이 수개월 내 분쟁이 있을 것으로 예상하고 홍콩-호주 투자보장협정에 따라 분쟁을 국제중재에 부치기 위한 주요 목적에서 투자를 재구성한 것으로 결론짓고 이러한 중재 제기에 대해서는 관할권을 행사할 수 없다고 판정하였다. (Philip Morris Asia Ltd. 대 호주 사건, PCA No. 2012-12, 2015.12.17. 관할권 판정)

## 중재의 진행

**(중재판정부의 구성)** ICSID 중재청구가 있는 경우 해당 분쟁사건을 심리하기 위한 중재판정부(arbitral tribunal)를 설치하게 되는데, 분쟁당사자가 달리 합의하지 않는 한, 중재판정부는 3인으로 구성된다. 분쟁당사자(청구인 투자자, 피청구국 투자유치국)가 각 1명씩 중재인을 임명하고 의장중재인(president of the tribunal)은 분쟁당사자들 또는 아주 드물게는 이미 임명된 중재인 2명이 합의하여 선임한다. 의장중재인에 대한 합의가 이루어지 못할 때에는 ICSID 행정위원회(Administrative Council) 의장이 임명한다. 중재인에는 자국인을 임명해도 된다. 이렇게 중재판정부는 투자분쟁 사건에 대한 중재청구가 있을 때마다 개별적으로 설치된다. ICSID는 각 회원국으로부터 최대 4명까지의 중재인 후보를 추천받아 중재인 후보 명부를 유지하고 있다. ICSID 협약은 중재인의 자격요건으로 독립적인 판단을 내릴 것으로 믿을 수 있는 사람으로서 고도의 도덕성과 법률·상업·산업 또는 금융 분야에서 능력을 인정받을 것을 요구하고 있다(제14조). ICSID 홈페이지에는 이렇게 추천된 후보 명부를 공개하고 있다.[8] 2023년 3월 현재 현재 우리나라 중재인 후보는 4명이 있는데, 모두 국내 유수 대학교 법학전문대학원의 현직 또는 전직 교수들이다. 다만, 실제로 중재청구가 있을 때 이 후보 명부에 등재되어 있는 후보 중에서만 중재인을 선임해야 하는 것은 아니다.

최근 유럽연합 집행위원회(EU Commission)는 지금처럼 중재청구가 있을 때마다 새로운 중재판정부를 임시적으로 구성할 것이 아니라 아예 일정수의 법관으로 구성된 중재법원을 상설화해서 중재분쟁을 담당토록 함으로써 판정의 일관성·신뢰성 문제, 정당한 정부 규제권한 행사 침해 문제, ISD 절차 남소 등 ISDS 제도에 대해 기존에 제기되던 다양한 우려를 해소하도록 하자는 제안을 하고 실제로 캐나다, 베트남 등과 체결한 투자협정에 이를 반영하기도 하였다. 그러나 우리나라가 체결한 투자협정에서는 상설 중재법원을 규정한 사례가 없고 아직까지는 국제적으로도 상설 중재법원 제도가 널리 활용되지 않고 있는 상황이다.

**(병합)** 다시 중재판정부 구성에 관한 설명으로 돌아가 보자. 서로 다른 신청인이 제기한 중재가 법적·사실적 쟁점이 유사한 경우가 있을 수 있다. 예컨대, 경제위기에 처한 투자유치국이 자국에 진출한 외국인 투자의 권리에 영향을 미치는 제한 조치를 취했다고 하자. 이 나라에 진출한 다양한 투자자들이 투자유치국과 체결한 투자협정에 따라 ISDS 중재를 청구할 수 있다. 이런 경우, 당사자들이 합의한다면, 하나의 중재판정부가 여러 개의 청구를 병합하여 심사하도록 할 수 있다. 현실적으로는 여러 개의 청구가 통합될 수 있는 경우는 서로 다른 여러 개의 투자협정에 대한 청구보다는 하나의 투자협정에 대한 청구들이 통합될 가능성이 더 클 것이다. ICSID 협약이나 중재규칙에는 청구 병합에 관한 규정이 없지만, 청구를 병합하게 되면 법 적용의 일관성을 달성할 수 있고9 비용도 절감할 수 있기 때문에 많은 투자협정에서는 중재절차의 병합 조항을 두고 있다.

**(잠정 보호조치)** 중재판정부는 심리절차를 진행하는 과정에서 당사자의 권리를 보전하기 위하여 또는 중재판정부의 관할권을 유효하게 보장하기 위하여 분쟁당사자들의 보유·통제하에 있는 증거를 보전하거나 중

재판정부의 관할권을 보호하라는 명령 등 잠정 보호조치를 명할 수 있도록 하고 있다(ICSID 협약 제47조, ICSID 중재규칙 제39조). 다만, 유의할 점은 중재판정부가 협정 위반 등으로 주장되는 조치의 적용 자체를 금지할 수는 없다는 것이다(예컨대, 한-미 FTA 제11.20조 제10항).[10] 이는 주권을 보유한 국가를 상대로 제기되는 분쟁의 특성상, 중재판정부는 최종판정에서도 재산의 원상회복이나 금전배상만을 결정할 수 있을 뿐, 피청구국의 조치 자체를 잠정조치 또는 최종판정을 통해 개정하거나 취소할 수는 없기 때문이다. 투자협정은 또한 투자자가 중재가 진행 중인 동안 자신의 권리와 이익을 보전하기 위한 목적으로 투자유치국의 사법기관에 임시 가처분을 구하고 금전적 손해배상의 지급이나 분쟁의 실질적 해결을 수반하지 않는 소송을 할 수 있도록 허용하고 있다. 이는 국내·외 중복 구제절차를 진행하지 못하도록 한 규정과는 다른 성격이라고 할 수 있다.

(입증책임) 중재 심리절차에 대해서는 중재판정부가 분쟁당사자들과 협의하여 정하지만, 일반적으로 청구인 투자자가 먼저 자신의 주장을 담은 서면 입장서(memorial)를 제시하면 피청구국 투자유치국이 이에 대한 자신의 입장을 담은 반박 서면 입장서(counter-memorial)를 제시하게 된다. 보통의 경우, 이에 대해 청구인은 피청구국의 반박 서면 의견서에 대한 자신의 답변서(reply)를 제출하게 되고 피청구국이 재반박 서면 의견서(rejoinder)를 제출하게 된다. 이렇게 두 차례의 서면 입장서를 주고받은 후 구두 청문회(hearing)가 개최되어 중재판정부 앞에서 양 당사자들이 공방을 벌이게 된다.

중재심리에서 청구인과 피청구국이 각자 자신의 주장을 펼쳐나가는 과정에서 입증책임이 누구에게 있는지가 매우 중요하다. 입증책임의 대원칙은 주장을 펼치는 측에 일차적인 입증책임이 있다는 것이다. 이에 따를 때, 우선 투자유치국의 협정 위반을 주장하는 청구인 투자자가 자신의 주장을 뒷받침하기 위한 1차적인 입증 책임을 지는 것은 당연하다. 투자협정에 따라서는 투자자의 중재청구 남용을 방지하는 차원에서, 청구인 투자자가 피청구국의 협정 위반을 주장하는 자신의 입장에 대해 입증책임을 진다는 것을 명기하는 경우도 있다. 우리나라도 앞으로 투자보장협정을 체결할 때 중재 절차에서 청구인 투자자의 1차적인 입증책임을 명문화하는 방향으로 추진할 방침인 것으로 알려져 있다. 한편, 청구인 투자자의 주장이 중재판정부에 의해 심리되기 위해서는 해당 사건에 대하여 중재판정부가 관할권을 갖고 있어야 하는데, 많은 중재심리에서 피청구국은 본안 전 선결적 주장으로 중재판정부의 관할권 없음을 주장할 것이다. 이 경우에는 중재판정부의 관할권이 없다는 자신의 주장을 뒷받침할 1차적인 입증책임을 피청구국이 지게 될 것이다.

청구인 투자자가 투자유치국의 의무위반에 관해 일응(prima facie) 설득력 있는 입증을 하게 된 이후에는 협정 의무 위반을 하지 않았다고 주장하거나 설사 협정 의무 위반을 구성할 수 있다 하더라도 이는 협정상의 예외(일반적 예외, 안보 예외 등)에 따라 허용된다고 항변하는 투자유치국이 자신의 주장을 입증하는 2차적인 책임을 안게 된다.

이러한 입증책임 분배원칙은 국제중재에 적용되는 국제법의 일반원칙이기도 하며, 무역에 관한 분쟁을 다루는 WTO 분쟁해결절차에서도 확립된 것이다.

**(투명성)** ISDS 중재절차는 분쟁당사자 간의 합의에 따라 분쟁을 중재에 의해 해결하는 국제상사중재제도에 기반하고 있는데, 국제상사중재절차는 비공개로 진행되는 것이 원칙이다. 그러나 ISDS 절차에서는 일반 상사중재사건과 달리 투자유치국이 주권국가로서 중요한 정책적·공적 목표를 달성하고자 취한 조치가 분쟁의 대상이 되는 경우가 많기 때문에 분쟁 당사자뿐만 아니라 일반 국민들에게까지 영향을 미칠 수 있다.[11] 그럼에도 불구하고 ISDS와 같이 일국의 주권에 영향을 미칠 수 있는 중요한 사안을 다루는 절차가 비공개로 진행되는 데 대해서는 비판이 많을 수밖에 없다. 한-미 FTA를 국내 비준하는 과정에서 시민사회단체를 중심으로 국내 공공정책 수행에 심대한 영향을 미칠 수 있는 ISDS 중재절차가 어떻게 일반 국민들에게 그 내용을 숨긴 채 밀실에서 이루어지도록 규정되어 있느냐 하는 비판이 많이 제기되었다. 다른 나라에서도 유사한 비판이 많았다.

최근 여러 국가들은 이러한 비판에 직면하여 ISDS 중재과정에서 투명성을 증가시키고 제3자의 참여를 확대하기 위한 여러 가지 제도들을 투자협정에 도입하기 위한 노력을 경주해 왔다. 이는 바람직한 방향이라고 생각된다. 다만, 투자자의 입장에서 보자면, 중재절차가 과도하게 공개되는 경우, 영업비밀이나 투자전략과 같은 민감한 사안이 공개되는 것을 우려하지 않을 수 없다. 투자유치국의 경우에도 내부 행정절차나 규제방식이 공개됨으로써 외국인 투자 유치에 부정적인 영향을 미칠 수 있는 가능성에 대한 우려가 있을 수 있다. 또한 분쟁의 자세한 내용이 공개됨으로써 불필요하게 정치화될 수도 있다.[12] 결국 이해관계가 있는 제3자에 대해 절차를 적절히 개방하면서도 중재절차의 기능과 효율성이 저하되지 않도록 균형을 찾는 것이 중요한 것으로 보인다.

투명성 증진을 위한 최근의 투자협정문의 진화상황을 살펴보면, 중재 과정에서 제출되거나 생산된 문서의 공개, 비분쟁당사자의 의견제출, 심리 공개 등을 규정하고 있는 것이 특히 눈에 띈다. 그러면서도 투자자의 비밀 영업정보나 당사국 국내법상 보호되는 정보에 대해서는 공개를 제한하는 등 그 부작용을 줄이려는 노력도 함께 이루어지고 있다. 우리나라의 경우, 종전에 체결한 대부분의 투자보장협정은 중재 심리절차나 판정문의 공개를 의무화하지 않았다.[13] 미국의 경우 NAFTA의 투명성 조항 결여에 대한 비판에 따라 기밀 정보 또는 기업 비밀의 보호 필요성과 합치하는 범위 내에서 분쟁해결 메커니즘의 운용에 있어 최대한의 투명성을 확립하는 방향으로 2004년 모델 투자협정문을 개정하였고 이어 체결된 한-미 FTA에서도 이러한 투명성 조항이 반영되어 있다. ICSID에서도 2006년 중재규칙을 개정하여 투명성과 제3자 참여권을 새로이 규정한 데 이어 2022년 중재규칙을 추가 개정하여 투명성을 강화하는 국제적 흐름과 같이 하고 있다. 특히 비분쟁당사자가 분쟁당사자와 다른 관점이나 지식을 중재판정부에 제공해 줄 수 있다면 비분쟁당사자가 중재판정부의 심리과정에서 의견(외부조언자 서면입장, amicus curiae submission)을 제시할 수 있도록 하고 있다. 우리 정부도 향후 FTA의 투자 장과 함께 투자보장협정에서도 투명성을 강화하는 방향으로 협상을 진행해 나갈 방침으로 알려져 있다.

## 중재결과의 집행

중재판정부는 심리절차를 거쳐 중재청구사항에 대하여 내린 자신의 결정을 담은 판정(award)을 내게 된다. 중재판정은 투자협정에 관련 투명성 규정이 있거나 당사자가 달리 합의하는 경우 외에는 일반적으로 공개하지 않는다.

**(구제조치 내용)** 중재판정부의 판정에 포함되는 구제는 금전적인 것(배상)과 비금전적인 것으로 나눌 수 있다. 비금전적 구제는 패소한 투자유치국에게 투자자 자산을 분쟁 발생의 이전의 상태로 원상회복하도록 명령하거나 특정 입법적·행정적·사법적 조치를 철회하거나 수정하도록 명령하는 것까지 포함할 수 있다. 이론적으로는 청구인 투자자는 중재판정절차를 청구하면서 금전배상, 조치의 교정이나 철회, 원상회복 등의 다양한 구제조치를 구할 수 있고 중재판정부도 이에 따라 다양한 형태의 구제조치를 명령할 수 있다. 그러나 실제에 있어서는 금전적 구제가 양쪽 당사자들에게 선호되는 현실적 방식이라고 하겠다.[14] 패소한 투자유치국의 입장에서는 원상회복이나 이미 취해진 조치를 철회하는 비금전적 구제보다는 금전적 구제(배상)가 주권국가로서 국내적으로 덜 민감할 수 있고, 승소한 투자자의 입장에서도 주권국가를 상대로 비금전적 구제를 확보하는 것이 쉽지 않기 때문이다. 이러한 점을 감안, 점차 많은 투자협정들은 중재판정부가 피청구국에 최종적인 패소판정을 내릴 경우 (i) 금전적 손해배상과 이에 대한 이자, (ii) 재산의 원상회복이라는 두 가지의 구제조치만을 명령할 수 있다고 제한하면서, 재산의 원상회복을 명령할 때에는 패소한 투자유치국이 원상회복 대신 금전적 손해배상과 이자를 지불할 수 있음을 밝히도록 하고 있다.

청구인이 투자 기업을 대신하여 중재를 제기하여 승소한 경우에는 금전적 배상이나 원상회복은 당연히 청구인이 아닌 당해 기업에 주어져야 할 것이다. 물론 이 경우 청구인은 그 기업의 내부 분배 원칙에 따라 배상금을 분배받게 될 것이다.

**(금전적 배상)** 이와 같은 사정으로 금전적 배상은 투자협정을 통해 인정되는 가장 일반적인 보상방식이라고 할 수 있다. 보상액 산정방식에 관하여 보상의 근거가 수용일 경우 수용된 투자의 수용일 직전 공정시장가격과 동등한 금액을 지급하여야 하나, 그 이외의 사유를 근거로 배상해야 할 경우에는 산정기준에 관한 특별한 규정이 없다. 또한 공정시장가격의 산정방식에 관해서도 규정이 없으므로 배상액 산정에 있어서 중재판정부는 광범위한 재량을 가진다고 할 수 있다.

금전적 배상을 할 경우 장래이익 손실분의 산정 여부가 문제가 될수 있다. 국제분쟁 사례상 장래이익에 대한 배상 필요성은 일반적으로 인정되며, 유엔 국제법위원회(ILC)가 2001년 제정한 '국제위법행위에 대한 국가책임 협정 초안'이 "금전배상은 확정될 수 있는 범위 내의 상실이익을 포함하여 금전적으로 산정될 수 있는 모든 손해를 포괄한다."(제36조 제2항)라고 규정하고 있는 데서 알 수 있듯이 장래이익 손실분에 대한 보상은 구체적으로 소명이 된다면 일반적으로 인정되는 법리라고 할 수 있다.

**(징벌적 배상 판정 금지)** 일부 투자협정은 또한 징벌적 배상 판정을 하지 못하도록 명문화하고 있다. 이는 투자협정에 규정되어 있는지 여부를 떠나 국제법상 널리 받아들여지는 일반원칙이다.

**(중재절차 비용)** 중재판정부는 최종 판정 시 중재절차에 소요된 비용

(ICSID 비용, 중재인 수수료 등)과 분쟁당사자 각 측의 변호사 비용을 적절히 배분하는 판정을 한다. ICSID 협약이나 관련 규정에는 중재판정부가 중재 비용을 분쟁당사자에게 배분할 때 사용할 명확한 기준이 없다. 그간의 판례에서도 일률적인 관례는 없어 보인다. 중재 비용은 양 당사자가 반분하고 변호사 고용 등 비용은 각자 부담하는 것이 주류적인 경향인 것으로 보인다. 그러나 때에 따라서는 중재 비용과 법률 비용의 전부 또는 일부를 패소자에게 부담시키는 경우도 있다. 2014년에 판결이 나온 중재 건인데, 앞에서 두어 번 인용했던 사건이다. 프랑스인 Renée Rose Levy de Levi가 페루 정부를 상대로 제기한 중재건의 경우를 보면, 중재판정부는 패소한 청구인이 자신의 비용은 물론, ICSID 비용과 중재인 수수료와 비용을 부담하도록 하고 승소한 피청구국은 자신의 비용만을 부담하도록 하였다.

**(판정의 효과)** 중재판정은 그 자체로서 최종적이며 당사자에 대해 구속력을 가진다. 판정의 법적 부당성을 검토하기 위한 절차인 상소 절차는 없는 것이 일반적이다. 중재판정은 판정일로부터 120일이 경과되고 판정의 수정 또는 취소 요청이 없거나 또는 수정·취소 절차가 완료되면 집행절차에 들어가게 된다.

판정의 '수정'(revision)은 판정 후 판정에 결정적으로 영향을 미치는 성격의 사실이 새로이 발견된 것을 근거로 판정의 수정을 신청하는 것을 말하는데, 신청인은 사실의 발견 후 90일 이내에 판정의 수정을 신청할 수 있다(ICSID협약 제51조).

판정의 '취소'(annulment)는 (i) 중재판정부의 구성상 하자, (ii) 중재판정부의 명백한 월권, (iii) 중재인이 부패 행위에 연루된 경우, (iv)

근본적 절차규칙의 심각한 위반, (v) 판정에 대한 근거를 제시하지 못한 경우 등 5가지 사유 중 하나가 있을 때 판정을 무효화하는 절차로서 원칙적으로 판정일로부터 120일 이내에 이루어져야 한다(ICSID협약 제52조). 어느 한쪽 당사자 측에 의해 판정의 취소를 구하는 청구가 제기되면 또 다른 3명의 중재인으로 구성된 판정취소위원회(ad hoc Committee)가 설치되어 해당 청구를 검토하게 되는데, 이런 일이 가끔씩 발생한다.

ICSID 중재절차에는 상소제도가 없는 반면, 이러한 취소 규정을 두고 있다. 그러나 주의할 점은 취소와 상소는 법적 성격이 서로 다르다는 것이다. 상소는 원래의 판정에서 법 해석이나 법 적용상 부당함이 있을 경우 이를 교정하는 것인 반면, 취소는 위와 같이 5개의 구체적인 하자가 있을 때 판정 자체를 취소하는 것이다. 따라서 판정의 취소는 상소와는 달리, 잘못된 판정을 교정하는 행위가 아니기 때문에 판정취소위원회는 당초의 중재판정부의 실체적인 심리와 심리결과 도출된 판정을 대체하지 못한다. 다만, 앞에서 열거한 다섯 가지 취소사유 중 하나에 해당되는 것으로 판단될 경우, 당초 중재판정부의 해당 판정을 무효화시킬 뿐이다. 중재판정부의 법적 논리가 옳고 그름을 따지는 것이 아니라는 것이다. 소수의견이 있다고 해서 소수의견에 기초하여 재심을 요청할 수 있는 것은 더더욱 아니다. 이렇듯 판정의 취소는 매우 엄격한 요건하에서 검토되어지는 절차이므로 판정 취소를 얻어내기가 매우 어렵다.

2012년 8월, 미국계 사모펀드 Lone Star와 한국 정부 사이에 진행된 ICSID 중재절차의 판정이 내려졌다. 한국 정부가 Lone Star의 외한은행 매각에 대한 승인을 지연하여 Lone Star가 손해를 입게 되었으므로 이에 대하여 일정부분 배상을 하라는 내용이다. 판정에는 정부의 책임을 부인하는 소수의견이 있었다. 그런데 언론보도에 의하면, 정부의 고위 당국자가 소수의견을 토대로 판정 취소를 할 수 있으며 충분히 승산이 있다고 공개적으로 밝혔다고 한다. 판정문에 담긴 소수의견은 판정 취소 사유가 아니기 때문에 이러한 주장이 언론에 보도된 대로라면 근거가 없다고 하겠다.

**(집행)** 이렇게 하여 최종적으로 확정된 중재판결은 집행을 위하여 회원국 국내법원의 승인을 필요로 하지 않으며, 직접적으로 집행되어야 한다. ICSID 협약 제54조 제1항은 각 당사국은 협약에 따른 중재판정을 구속력 있는 것으로 승인하고 판정에 따른 금전적 의무를 그 영토 내에서 국내법원의 최종판결인 것처럼 집행해야 한다고 규정하고 있다.

그런데도 중재판정 결과를 패소한 투자유치국이 무시하거나 이행하지 않으면 어떻게 될까? ICSID 협약 당사국이면 어느 나라에서나 ICSID 중재판정의 승인·집행을 구할 수 있으므로 집행을 구하는 투자자는 패소한 투자유치국의 재산이 소재하는 제3국에서도 집행을 추구할 수 있다. 또한 ICSID 협약 당사국이 판정을 집행할 의무를 이행하지 않을 경우, 협약 제27조 제1항에 따라 투자자의 모국은 외교적 보호권을 행사할 수도 있고 협약 제64조에 따라 국제사법재판소(ICJ)에 제소할 수도 있다. 한-미 FTA의 투자 장에서처럼, 일부 투자협정에서는 이 경우 국가 간 분쟁해결절차가 적용될 수도 있음을 규정하고 있다. 이처럼 투자유치국이 중재판정을 이행하지 않을 경우 투자자의 모국인 다른 쪽 협정당사국이 개입하여 공식적인 법적 분쟁해결절차를 밟을 수 있도록 하는 것이다.

그러나 중재판정 결과는 실제로는 강력한 집행력을 가진다. 패소한 투자유치국이 판정을 무시하고 이행하지 않을 경우, 세계은행의 국가신인도 평가 저하 등 악영향을 받을 우려가 있으므로 최종판정을 자발적으로 이행할 유인이 있기 때문이다.[15]

앞에서 투자자 모국이나 투자유치국 중 한 나라가 ICSID 협약의 당사국이 아닐 경우 ICSID 추가 절차규칙에 따라 중재절차가 진행된다고 설명한 적이 있다. ICSID 추가 절차규칙은 ICSID 중재규칙과 매우 유사하지만, 중재판정의 집행과 관련하여 두어 가지 중요한 차이점이 있다.[16] ICSID 추가 절차규칙에 따라 진행된 결과 내려진 중재판정은 ICSID 중재규칙에서와 같은 취소절차가 따로 없고 중재지 국가의 국내 법원에 그 중재판정에 대한 재심을 요청할 수 있다. 또한 최종적으로 내려진 중재판정은 ICSID 협약상의 자동집행력이 없고 '외국 중재판정의 승인 및 집행에 관한 유엔 협약'(1958년 뉴욕협약)에 의해서 집행된다. 이 협약의 당사국들은 국제중재판정을 승인하고 집행할 의무가 있고 엄격한 조건이 충족되었을 경우에만 법원이 그 집행을 거부할 수 있다.

# 맺는 말

    이 책으로 들어오면서 이 시대의 세계경제질서는 최근 수년간 대변혁의 전조를 목도하고 있다고 하였다. 코로나19와 기후변화의 영향에 추가하여 러시아의 우크라이나 침공의 여파로 식량, 에너지, 금융 위기가 발생하고 있다. 수년 전부터는 미국과 중국 간의 패권경쟁의 와중에 자국 우선주의에 기초한 공급망 재편 움직임이 본격화되고 있다. 기술패권을 장악하기 위한 경제안보가 강조되면서 반도체 등 전략물자에 대한 수출통제제도가 강화되고 있다. 해외투자를 장려하는 종전의 정책에서 이제는 해외 투자 기업의 본국 복귀를 유인하기 위한 여러 정책들이 강도 높게 시행되고 있고, 민감 분야를 중심으로 외국인 투자의 유입에 대한 안보심사가 강화되고 있는 추세이다. 우리 기업들에게 그동안 익숙해진 자유무역 통상질서와 글로벌 생산 네트워크가 도전을 받고 있는 셈이다.

    돌이켜 보건대, 국제경제체제는 지난 수십년간 빠른 속도로 진행된 세계화 속에서 지속적으로 통합의 길을 걸어 왔다. 각국의 기업들이 정보통신기술 발달에 힘입어 생산·유통의 효율화를 지상목표로 하여 생산 공정의 분업화로 특징되는 글로벌 생산네트워크를 구축하여 왔다. 기업의 생산, 판매, 부품 및 중간재 조달, 마케팅, 연구개발 등의 다양한 기업 활동이 초국경적으로 이루어졌다. 그 결과, 생산 공정이 수직적으로 분화하여 이제는 단순한 완제품의 수출·수입의 구조에서 나아가 무역과 투자가 유기적으로 연결되는 복합적인 구조로 변화되었다. 이러한 구조 속에서 무역과 함께 해외 투자가 급격히 늘어났다. 특히 직접투자는 기업 활동의 글로벌화를 떠받치는 가장 중요한 기제가 되었다. 우리나라의 경우도 예외가 아니다. 우리 기업인들도 대거 해외로 투자 진출을 해 왔다. 우리 기업의 투자활동 반경은 개발도상국과 선진국을 모두 포괄하고 있다. 단순한 인건비 절약 차원에서가 아니라 각 생산단계의 효율화를 지향하는 생산방식과 이를 기초로 한 글로벌 공급망 구축이라는 큰 그림 속에서 해외 투자활동을 전개해 왔던 것이다.

기업활동의 초국경화 추세는 그간 특히 선진국들을 중심으로 세계 각국들에게 자국 기업의 해외투자가 원활하게 이루어질 수 있도록 정책적 지원을 강화할 것을 요구해 왔다. 또한 투자가 투자유치국의 경제 발전에 기여하는 긍정적인 역할이 강조되면서 투자 인센티브 부여와 투자 보호 장치를 통해 외국인 투자를 유치하려는 각국의 경쟁도 심화되어 왔다. 이러한 연유로 각국이 체결하는 투자협정의 수도 급속도로 늘어나고 그 내용에 있어서도 지속적으로 발전해 왔다. 한편으로는 투자자의 권리를 강화해 나가면서도 투자유치국의 정책 자율성을 보전하기 위한 메커니즘도 보강되면서 이제는 전세계적으로 체결되는 투자협정이 서로 닮아가는 모습을 띠고 있다. 투자협정이 기본적으로 양자 협정의 형식을 띠고 있으나 내용면에서는 보편성을 갖추게 된 것이다.

우리 정부도 우리 기업들의 활발한 국제무대 진출 동향에 맞춰 지역 무역 자유화에 적극적인 자세로 임하면서 우리 기업들의 권익을 보호하기 위해 기존의 투자보장협정은 물론, 1990년대부터는 미국, EU 등을 포함한 거대 선진 경제권과 FTA도 활발히 체결해 왔다. 최근에 우리 정부가 체결하는 투자보장협정과 FTA 투자 장은 내용면에서도 세계 최첨단의 규정을 지향하고 있다. 이 책에서 살펴본 대로 우리 정부가 체결하는 투자협정은 다양한 투자유치국의 의무를 규정하고 있다. 상대적 기준에 따른 의무로 내국민대우 의무와 최혜국대우 의무가 있으며, 절대적 기준에 따른 의무로 공정·공평 대우 의무와 충분한 보호 및 안전 제공 의무를 비롯하여 이행요건 부과 금지 의무, 고위경영진 및 이사회 국적 제한 금지 의무, 송금 보장 의무가 규정되고 수용 시 보상하도록 하는 의무가 포함되어 있다. 투자협정상의 투자유치국 의무는 우리 해외 투자자의 입장에서 보면 권리가 된다. 투자협정은 투자유치국의 이러한 실체적 의무사항을 규정함과 동시에, 투자유치국이 협정 등을 위반하여 우리 투자자들에게 손실을 입혔을 때 우리 투자자가 투자유치국의 국내 구제절차에만 의존하지 않고 투자유치국을 상대로 직접 국제중재를 청구할 수 있는 절차를 규정하고 있다.

그런데 최근의 국제경제 환경의 급격한 변화는 해외로 투자 진출한 우리 기업들에게는 새로운 형태의 불확실성을 안겨다 주고 있다. 수면 위로 이미 떠오르기 시작한 국제경제체제의 패러다임의 변화와 이에 대한 각국의 대응은 필연적으로 해외진출 투자에 대한 리스크를 높이게 될 것이다. 더군다나, 투자협정도 내용면에서 변화를 겪고 있다. 애초에 외국인 투자자와 투자의 보호를 지상목표로 하여 탄생한 투자협정은 환경·보건 등 비경제적 정책 수요 확대에 따라 투자유치국의 공공정책 공간을 계속 확대하는 방향으로 진화하고 있다. 예컨대, NAFTA를 대체하여 2020년 7월 발효된 미국-멕시코-캐나다 협정(USMCA)의 투자 장(제14장)을 보면,[1] 투자유치국 정부의 정당한 정책 권한을 명확히 하는 방향으로 수정이 이루어진 가운데, ISDS 중재절차도 미국-멕시코 간에만 유지하고 그 대상이 되는 협정상의 의무를 내국민 대우, 최혜국대우, 직접수용 등 세 가지 의무 위반만으로 한정하여 대우의 최소기준(공정·공평 대우, 충분한 보호 및 안전 제공 포함), 이행요건, 송금 보장, 간접수용 등을 ISDS 대상에서 제외하였다. 그리고 NAFTA 에는 없던 국내 구제절차 선행 요건을 새로이 부과하였다. 물론 당장은 USMCA에서 나타난 이러한 변화들이 종전에 NAFTA가 세계 여러 나라의 투자협정 체결에 미친 것과 동일한 파급력과 전파력을 가지고 영향을 미칠 것으로 생각되지는 않는다. 그러나 투자협정상 투자유치국의 공공정책 공간 확대와 ISDS 중재제도의 축소는 장기적 추세가 될 가능성이 크다고 할 것이다. 이는 투자협정의 역할이 더욱 요구되는 상황에서 외국인 투자자와 투자의 권리 보호를 위한 투자협정의 힘은 오히려 축소되는 결과로 나타날 것으로 우려된다.

그럼에도 불구하고, 해외 투자자에게 있어서 투자유치국의 자의적 조치에 대한 법적 방패막으로서의 투자협정의 효용성은 여전히 유효하게 남아 있을 것이다. 해외에 진출한 우리 기업들이 아무리 투자유치국의 정치·경제적 환경에 익숙하다고 하여도 그 활동무대가 우리나라의 주권이 미치지 않는 외국이라는 근본적인 한계가 있다. 선진국과 후진국을 막론하고 예상치 못한 정치·경제적 환경변화는 언제든지 일어날 수 있다. 이때에 해외에 진출한 우리 기업이 의지할 수 있는 곳이 우리 정부이고 활용할 수 있는 법적 수단이 투자협정이다. 정부가 아무리 좋은 내용으로 투자협정을 여러 나라와 체결해 두어도 실수요자인 해외 투자 기업이 이를 활용할 줄 모른다면 무용지물이 될 것이다. 미래의 투자협정이 어떤 모습으로 진화할지 현재의 시점에서 단정하기는 어렵다. 그러나 끊임없이 진행되고 있는 영업환경 변화에 대처하기 위해 고심하고 있는 우리 기업들에게 투자협정은 여전히 유용한 도구임을 부인할 수 없다. 우리 기업들이 투자협정으로 무장하고 세계무대에서 활발한 투자활동을 지속할 수 있도록 정부와 민간 기업이 2인3각으로 협력해 나가는 것이 세계경제라는 망망대해를 항해하는 대한민국 호의 대외경쟁력을 높이는 길이 될 것이다.

# APPENDIX

부록

# 주요용어 해설

**강제실시권(compulsory licensing):** 특허권은 일정한 정신적 노력에 의해 발명 등 창작을 한 자가 그 창작물을 일정기간 동안 독점적으로 사용하여 수익을 얻을 수 있도록 함으로써 창작과 혁신을 통한 경제발전에 기여하도록 하기 위하여 부여하는 권리이다. 그런데, 특허권자가 자신이 갖고 있는 권리를 성실히 수행하지 않을 경우, 공공의 이익보호와 특허권의 남용 방지 등과 같은 일정한 조건이 성립되는 경우 국가가 특허권자의 의사와 관계없이 제3자에게 특허를 사용할 수 있게 하는데, 이것을 특허권의 '강제실시'라고 한다. 특허 권리 남용에 대한 법적 구제 또는 제재수단의 하나이다.

**건전성 조치(prudential measure):** 예금자를 보호하고 금융시스템의 완결성과 안정성을 확보하기 위해 금융감독당국이 취하는 조치를 말한다. 금융감독당국이 취하는 건전성 조치는 국내 금융시스템 전체의 불안을 방지하기 위한 안전판 역할을 한다.

**공기업(state-owned enterprise):** 정부가 직·간접적으로 출자한 기업으로서 정부가 소유권을 갖거나 통제권을 행사하는 기업이다.

**관세양허(tariff concession):** 세계무역기구(WTO)의 다자무역체제나 자유무역협정(FTA)의 양자무역체제에서 국가 간 상품무역 협상을 통해 특정 품목의 수입에 대한 관세를 일정수준 이상으로 부과하지 않겠다고 약속하는 것을 말한다. 관세부과를 국가의 주권적 권리로 보아 이를 양보한다는 것이 본래 의미이다.

**국가신인도:** 한 나라에 대한 종합적인 신뢰성·장래성 등을 나타내는 지표이다. 국제신용평가기관들이 국가위험도, 국가신용도, 국가경쟁력, 국가부패지수, 인간개발지수, 경제자유도, 정치권리 자유도 등 다양한 분야의 평가를 통해 한 나라의 신인도를 주기적으로 측정 및 발표하고 있다. 해외차입, 외국인 투자 등 경제활동뿐만 아니라 국가신용등급에도 직·간접적으로 영향을 미친다. 국가신용등급은 투자자들에게 매우 중요한 기준이 된다.

**국내구제절차 소진(exhaustion of local remedies) 원칙:** 한 국가가 타 국가로 인하여 피해를 입은 자신의 국민을 위하여 국제법상 외교적 보호권을 행사하거나 국가 대 국가 분쟁해결절차를 제기하기 위해서는 그 이전에 그 국민이 해당 타 국가의 국내구제절차를 모두 소진해야 한다는 원칙을 말한다. 이 원칙은 주권평등의 원칙에 따라 타 국가의 주권을 존중하는 차원에서 그 국가가 국내의 행정적·사법적 구제수단을 통해 스스로 문제를 해결할 수 있는 기회를 준다는 취지에서 나온 원칙이다.

**국제관습법(customary international law):** 국제 사회에서 보편적으로 승인되며 지속적으로 반복되어 온 행위로서 각국의 묵시적인 합의에 의하여 구속력이 있다고 믿어지는 관행(불문법)을 말한다. 성문법인 조약과 함께 국제법을 이루는 두 가지 주요한 법원(法源)이다.

**국제법위원회(ILC, International Law Commission):** 유엔헌장에 명기된 국제법의 점진적 발전 및 법전화(progressive development of international law and its codification)를 위해 1948년 설립된 유엔총회 보조기관이다. 정부대표가 아닌 독립성을 지닌 국제법 전문가로 구성되며, 매 5년마다 총회에서 지역별 배분에 따라 총 34인의 위원이 선출된다. '조약법에 관한 비엔나 협약', '국제위법행위에 대한 국가책임 협정', '국제형사재판소 규정' 초안 작성 등 국제법의 발전 및 성문화 과정에 기여하였다.

**국제사법재판소(ICJ, International Court of Justice):** 유엔헌장에 근거하여 1945년에 설립된 사법기관으로서 유엔의 6개 주요 기관 중의 하나이다. 네덜란드 헤이그에 소재하고 있으며, 독립적인 15인의 법관으로 구성되어 있다. 법관의 임기는 9년이며 재선될 수 있다. 국가 간 분쟁을 국제법에 따라 재판하는 것을 임무로 하는데, 분쟁 당사국들이 합의하여 국제사법재판소에 요청하여야 관할권을 행사할 수 있다. 또한 유엔 총회 또는 안전보장이사회는 법적 문제에 대해 국제사법재판소에 유권 해석을 내려줄 것을 요청할 수 있다.

**국제통화기금(IMF, International Monetary Fund):** 제2차 세계대전 후 국제 금융·경제질서를 수립하기 위한 브레튼우즈 체제가 출범하면서 세계은행과 함께 창설된 국제기구로서 미국 워싱턴 D.C.에 본부가 있다. 환율과 국제수지를 감시함으로써 국제 금융 체계를 감독하는 임무를 띠고 있다. 개발도상국을 포함한 세계 각국에서 일정량 기금 형태로 출자해 기금을 조성한다. 주로 유동성 위기로 달러화 부족을 겪는 국가들이 IMF에 구제 금융을 요청하면 정책 조언 및 금융 지원을 제공한다.

**국제투자분쟁해결센터(ICSID, International Center for the Settlement of Investment Dispute):** 1965년 ICSID 협약에 따라 설립된 상설적인 국제 투자분쟁 해결기구로서 미국 워싱턴 D.C.에 본부를 두고 있는 세계은행(World Bank) 내에 소재하고 있다. 투자자 모국이나 투자유치국이 ICSID 회원국이 아니라면 ICSID 중재규칙에 따른 절차를 활용할 수 없다. 투자자 모국이나 투자유치국 중 한 나라가 ICSID 협약의 당사국이 아닐 경우 ICSID 추가 중재규칙을 활용할 수 있다.

**규제적 수용(regulatory taking):** 재산권에 대한 정부의 규제가 지나친 경우에 이를 수용으로 간주하여 이에 대한 보상을 법원에 직접 청구할 수 있다는 미국 법리를 말한다. 이러한 규제적 수용이론은 FTA상의 간접수용에 관한 규범으로서 국제적인 규범으로 자리를 잡아가고 있다. 1978년 Penn Central Transportation Co. 사건에서 미국 연방대법원이 규제적 수용여부를 판단하기 위해 제시한 세 가지 기준은 한-미 FTA상 간접수용에서 규정하고 있는 세 가지 기준과 거의 동일하다.

**내국민대우(NT, national treatment):** 상대국의 국민, 상품 등에 대해 자국의 것과 비교할 때 불리하지 않은 대우를 제공하는 것을 의미한다.

**냉각기간(cooling period):** 대부분의 투자협정은 분쟁이 발생한 후 일정기간이 지나야만 투자자가 중재판정부에 의한 중재절차를 청구할 수 있도록 규정하고 있는데, 이 기간을 '냉각기간'이라고 부른다. 일반적으로 6개월이 설정된다.

**Nottebohm 사건(Liechtenstein 대 과테말라 사건, 국제사법재판소(ICJ), 1955. 4.6. 판결):** 리히텐슈타인 국적을 취득한 독일 태생의 과테말라 거주 기업인 Fridriech Nottebohm에 대해 리히텐슈타인이 외교적 보호권을 행사하려고 하였으나 동인과 리히텐슈타인 간에 진정한 유대 관계가 없어 리히텐슈타인은 외교적 보호권을 행사할 자격이 없다고 국제사법재판소(ICJ)가 확인한 사건이다.
Nottebohm은 1881년 독일 함부르그에서 태어나 1905년 과테말라로 이민한 독일 국적자이다. Nottebohm은 제2차 세계대전이 발발한 직후인 1939년 리히텐슈타인 국적을 취득하였다. 과테말라는 1941년 12월 독일에 대해 선전포고를 하고 참전하였다. 미국이 라틴 아메리카에 거주하고 있는 독일 국적자들을 미국 내로 이송하여 수용소에 억류시키는 조치를 개시하자, 과테말라는 Nottebohm의 리히텐슈타인 국적을 무시하고 그를 독일 국적자로 취급하여 1943년 그를 적성국 국민이라는 이유로 체포하여 미국에 인도하였고 재산을 몰수했다. Nottebohm은 1946년 종전되고서야 석방되어 리히텐슈타인으로 귀국하였다. 1951년 리히텐슈타인은 Nottebohm의 구금 및 재산 몰수에 대해 과테말라가 배상해야 한다고 주장하며 ICJ에 제소하였다. 재판부는 국내법상의 국적 부여 요건은 각국이 임의로 규정할 수 있으나 자국 법규에 의해 부여된 국적을 외국에게 인정하도록 강요할 수 없다고 보고, 외국에게 그 국적을 인정하도록 요구하기 위해서는 해당자를 위해 외교적 보호권을 행사할 수 있을 정도의 진정한 유대(genuine connection)가 있어야 한다고 판정하였다.

**단기 세이프가드(safeguard) 조치:** 국제수지 및 국제금융상 심각한 어려움이 처해 있거나 그러한 우려가 있을 경우 등 외환위기가 발생하였을 때 국가가 긴급하게 취하는 자본거래 통제 등의 조치를 말한다.

**대위변제(subrogation):** 채무자가 아닌 다른 사람(제3자 또는 공동채무자 등)이 채무자 대신 채무를 변제하고 구상권을 취득함으로써 채권자의 채권이 그 사람에게로 넘어가는 것을 말한다. 투자협정에서는 투자보험공사가 투자자와 체결한 보험계약에 따라 투자자가 해외 투자에서 입은 비상업적 손실을 먼저 보상해주고 손실에 대한 투자자의 권리를 취득하여 그 회복을 추구하는 것을 말한다.

**무역관련 투자조치(TRIMs, trade-related investment measures):** 외국인 투자와 관련하여 무역의 흐름을 제한하거나 왜곡시키는 효과를 가져오는 규제나 인센티브 제공 조치를 말한다. 투자의 이행요건이 이에 속한다. '무역관련 투자조치에 관한 WTO 협정'은 무역과 관련된 제조업분야에서 이행요건을 금지시킨 협정이다.

**법정 쇼핑(forum shopping):** 투자자가 협정에 정한 구제절차나 투자유치국의 여러 국내절차를 오가면서 자신에게 유리한 절차를 선택하는 것을 말한다. 투자협정에서는 이러한 법정 쇼핑을 막기 위한 여러 가지 장치를 마련하고 있다.

**북미자유무역협정(NAFTA, North America Free Trade Agreement):** 미국, 캐나다, 멕시코 등 북미 3개국이 자유무역지대를 창설하기 위해 1994년 출범시킨 자유무역협정(FTA)이다. 인구 5억, 국민총생산(GDP) 26조 달러를 포괄하여 EU 다음으로 큰 자유무역지대를 형성하고 있다. 미국 트럼프 대통령에 의해 NAFTA 개정 작업이 추진되어 2020년 7월 USMCA(미국·멕시코·캐나다 협정)으로 대체되었다.

**생존조항(survival clauses):** 투자협정에서 '생존조항'이란 투자협정이 만료되거나 종료되었을 때에도 협정의 유효기간 동안 이루어진 투자에 대해서는 투자유치국의 의무와 투자자-국가 분쟁해결절차(ISDS)에 관한 규정이 협정 종료일로부터 일정기 간, 예컨대 10년이나 15년 동안 유효하도록 하는 규정을 말한다. 투자협정이 종료 되기 전에 이루어진 투자에 대해서는 협정 종료 이후에도 일정한 시점까지는 보호 를 제공하기 위한 규정이다.

**서비스 무역에 관한 WTO 일반협정(GATS, General Agreement on Trade in Services):** 1970년대 이후 급증하는 서비스 무역에 대한 국제규범의 필요성에 대 한 인식이 높아지게 되어 1995년 WTO가 출범하면서 서비스 무역이 WTO 다자규 범으로 포함되었다. 서비스 무역에 관한 일반협정은 서비스 교역을 다루는 최초이 자 유일한 다자 무역규범이다. 상품 무역에 관한 일반협정(GATT), 지적재산권 보 호에 관한 협정(TRIPS)과 함께 WTO의 대표적인 협정이다.

**세계무역기구(WTO, World Trade Organization):** 국제무역을 규율하고 촉진하 기 위한 정부 간 기구로서 스위스 제네바에 본부를 두고 있다. 1948년에 성립된 '관세 및 무역에 관한 일반협정'(GATT)을 대체하여 1995년에 출범하였다. 상품 무 역, 서비스 무역, 무역관련 지식재산권 보호 등을 관장한다. 새로운 국제 무역 규범 을 제정하고 각국의 기존 무역규범 집행을 모니터링하며 회원국 간 무역 분쟁을 해결하는 기능을 가지고 있다. 현재 164개국이 회원국이다. 보통 2년마다 열리는 각료회의가 최고의 의사결정기구이다. 현재는 선진국과 개발도상국 간의 첨예한 의견대립에 따라 새로운 무역규범 창출을 하지 못하고 있고 분쟁해결절차가 마비 되어 있어 WTO의 무력화에 대한 우려의 목소리가 크다.

**수용(expropriation):** 국가가 공공목적을 위하여 사인이나 기업 등의 물건 또는 그 소유권, 기타 권리를 강제적으로 취득하거나 소멸시키는 것을 말한다. 재정상의 목적에 의한 조세징수, 형사과정에 따른 몰수, 국방상의 목적에 따른 징발과는 구별된다. 투자협정의 맥락에서 수용은 투자유치국에 투자한 자산에 대한 투자자의 소유권이 투자유치국 정부의 행위에 의해서 실질적이고 항구적으로 박탈당하거나 소유권 행사가 심각하게 방해를 받는 것을 말한다. 대부분의 투자협정은 '직접수용'(direct expropriation)뿐만 아니라 '간접수용'(indirect expropriation)도 수용의 범위에 포함하여 규정하고 있다. 직접수용은 해당 투자를 명시적으로 몰수하거나 명의를 공식적으로 이전하는 것을 말한다. 간접수용은 정부 조치가 투자를 물리적으로 박탈하는 것은 아니지만 외국인 투자 자산에 대한 경영·사용·통제의 실질적인 상실이나 가치의 중대한 박탈의 결과가 항구적으로 발생하는 것을 말한다.

**양자투자조약(BIT, bilateral investment treaty):** 외국인 투자의 보호와 증진을 위해 2개 국가 간에 체결된 조약을 말한다. 투자유치국이 자국 내 외국인 투자를 보호하도록 다양한 의무를 규정하고 이러한 의무를 위반했을 때 투자자가 투자유치국을 상대로 국제중재를 제기할 수 있는 절차를 규정하고 있다. 가끔 예외적으로 투자자유화 요소까지 포함한 투자보장협정을 특별히 가리키는 좁은 의미로 사용되는 경우가 있으나, 일반적으로는 투자보장협정과 자유무역협정(FTA)의 투자 장을 포괄하는 개념으로 '투자협정'이라는 용어와 같이 사용된다.

**양허계약(concession agreement):** 외국인 투자자가 투자유치국 현지에서 공익사업을 하거나 천연자원을 개발할 목적으로 또는 장기간에 걸친 설비투자를 행할 목적으로 투자유치국 정부 또는 국영기업과 체결하는 계약을 말한다. '실시협약'이라고도 한다.

**외국인직접투자(FDI, foreign direct investment):** 다른 나라에 있는 기업에 대한 경영참여 등과 같은 영속적인 이익을 취득하기 위해 행하는 투자를 말한다. 주식·채권·파생금융상품 등의 매입 등을 통해 단기적인 투자이익을 얻고자 하는 투자(간접투자, 포트폴리오 투자)와 구별된다. 투자유치국의 입장에서 보면, 외국인직접투자는 가장 안정적인 외자확보의 수단이라 할 수 있다. 차입과는 달리 상환부담이 없고, 외국 투자자가 국내에서의 경영활동에 직접 참여하고자 유입되는 자본이므로 일시·단기적인 자본유출의 위험이 적다. 또한 외국인 직접투자는 투자유치국 내에서 신규 고용창출 효과가 있을 뿐만 아니라 연관 산업의 활성화에도 기여하며, 외국의 모기업이 국내에 설립된 자회사에 직접적으로 기술을 제공하거나 자본재 및 설비의 도입을 통해 이들 재화에 채화된 기술을 간접적으로 제공함으로써 투자 유치국에 기술을 이전하는 효과도 있다. 외국인 직접투자는 이러한 여러 가지 긍정적인 역할을 통해 장기적으로 투자유치국의 안정적인 경제성장에 기여하므로 각국은 외국인직접투자를 유치하기 위해 외국인투자 환경을 개선하고 인센티브를 제공한다.

**외부조언자(amicus curiae):** 재판 과정에서 당사자가 아니면서 제3자로서 재판부에 의견 등을 제출하는 자를 말한다. 영미법계에서 발달한 제도이며, '법정의 친구'라고도 불린다. 자발적으로 자신의 의견을 제출하여 재판부가 판단하는 데 도움을 주기 위한 목적으로 참여하며, 재판 당사자 가운데 어느 쪽을 지지하기도 한다.

**우호통상항해조약(treaty on friendship, commerce and navigation):** 특정 국 간에 통상에 있어서 유리한 환경조성을 상호 보장하기 위한 조약으로서 19세기와 20세기 전반부에 미국과 일부 유럽 국가들이 체결하던 양자조약이었다. 대체로 통상의 자유, 화물·선박의 왕래, 개인의 입국 및 거주 영업활동, 과세·재산취득·재판권 등에 관한 규정을 담고 있었다. 단순히 '통상조약'이라고도 불렸다. 지금은 체결되는 예가 드물다.

**유럽연합(EU, European Union):** 유럽의 정치·경제 통합체를 말한다. 1952년 독일, 프랑스, 이태리, 베네룩스 3국 등 6개국으로 구성된 유럽석탄철강공동체가 그 효시로서 1967년 유럽공동체(European Community)로 유럽통합이 본격화되었다. 이후 영국, 덴마크, 아일랜드, 그리스, 스페인, 포루투갈이 차례로 가입하여 회원국이 12개국으로 늘어났다. 1993년 마스트리히트 조약이 발효되면서 새로이 유럽연합(European Union)으로 탄생하면서 경제통합뿐만 아니라 공동외교안보정책, 공동내무치안정책, 경제화폐동맹을 통한 광범위한 정치·경제 통합체로 발전하였다. 1990년대 중반에 오스트리아, 핀란드, 스웨덴이 가입한데 이어 냉전종식으로 2000년대 중반에 동구권 국가들이 대거 가입함으로써 회원국이 모두 28개국이 되었다. 2020년 초 영국이 탈퇴함으로써 현재는 회원국이 27개국이다. EU 집행위원회(Commission)가 행정부 역할을 한다.

**유엔국제상거래법위원회(UNCITRAL, United Nations Commission of International Trade Law):** 국가 간 상거래에 관한 국제적 규칙의 틀을 점진적으로 조화시키고 현대화하기 위한 목적으로 1966년 유엔 총회에 의해 창설된 기구로서 오스트리아 비엔나에 본부를 두고 있다. 이 위원회가 1976년에 제정한 중재규칙은 ICSID처럼 중재기관을 상설화하지 않고 임시 중재판정부를 구성하여 중재절차를 진행하도록 하고 있다.

**유엔무역개발회의(UNCTAD, United Nations Conference on Trade and Development):** 개발도상국의 경제개발촉진과 개발도상국과 선진국 간의 경제격차를 좁히기 위한 목적으로 1964년 창설된 유엔의 정부간 상설 협의체로서 사무국은 스위스 제네바에 있다. UNCTAD는 개발도상국들이 세계화의 혜택을 보다 공정하고 효과적으로 누릴 수 있도록 지원하고 경제통합에 따른 잠재적인 문제점에 대처해 나가도록 지원하기 위해 국제경제동향 분석, 개발도상국의 경제발전에 영향을 미치는 이슈에 대한 국가 간 컨센서스 형성, 개발도상국에 대한 기술 지원을 그 활동의 중심에 두고 있다. UNCTAD는 특히 투자협정을 포함하여 국제 투자 문제에 대해 고도의 전문성을 갖고 국제 투자 동향을 모니터링하고 분석하는 발간물을 내고 있다. 매년 발간하는 World Investment Report는 투자분야에 관한 권위 있는 분석으로 받아들여지고 있다. 우리나라는 2021년 UNCTAD에서 개발도상국에서 선진국으로 지위가 변경되었는데, 이렇게 개발도상국이었다가 선진국으로 인정받은 것은 UNCTAD 설립 이래 한국이 처음이다.

**이중과세방지협정(tax treaty, double taxation treaty, double tax avoidance treaty):** 당사자국 간 과세 관할권과 과세대상 소득 및 세율을 협정으로 규정하여 동일 소득이 거주지국과 원천지국에서 이중으로 과세되는 것을 방지하여 국가 간 자본과 투자의 이동을 원활히 하고, 당사국 관세당국 간 협력을 통해 국제적 탈세를 방지하기 위해 체결되는 협정을 말한다. '조세조약'이라고도 불린다.

**이행요건(performance requirement):** 유치국 정부가 외국인 투자기업에 대하여 일정한 조건과 의무를 부과하는 것을 말한다. 원래 이행요건의 부과는 국내산업 보호 등 직접적으로 투자와 무관한 다른 경제·사회적 정책 목적을 달성하기 위해 개발도상국이 외국투자기업에게 생산량의 일정비율 이상을 수출하도록 요구하거나 제품을 생산할 때 일정비율 이상의 국산원료를 사용토록 의무화한 것으로부터 출발하였다. 지금은 투자협정의 규율대상이다.

**자유무역위원회(free trade committee):** 자유무역협정(FTA)의 집행과정을 감독하는 최고 의사결정기구로서 자유무역협정 당사국들의 대표(주로 통상장관)로 구성되어 주기적으로 회합한다.

**자유무역협정(FTA, free trade agreement):** 국가 간 상품이나 서비스, 투자의 이동을 자유롭게 하여 특혜적 시장접근을 상호 부여하기 위한 협정이다. 세계무역기구(WTO)가 모든 회원국 간 최혜국대우를 부여하도록 한 원칙의 예외로서 복수의 국가끼리 특혜무역을 할 수 있도록 일정한 조건하에 허용하였다. 자유무역협정은 투자에 대하여도 별도의 장(chapter)을 두어 투자의 자유화와 투자의 보호에 관한 규정을 포함하는 것이 일반적이다.

**자유사용가능통화(freely usable currency):** 국제통화기금(IMF)이 IMF 협정 제30(f)조에 따라 IMF가맹국의 통화로서 국제거래의 지급에 광범위하게 사용되고 있고 주요 외환시장에서 광범위하게 거래되고 있다고 IMF가 판단, 결정하는 통화를 말한다. 미국 달러, 영국 파운드, 유럽의 단일통화인 유로화, 일본 엔화가 여기에 해당된다.

**제척기간(limitation period):** 대부분의 투자협정은 투자자가 국제중재 청구를 야기한 사건을 인지한 후 일정기간이 초과된 경우에는 중재청구를 제기할 수 없도록 규정하고 있는데, 이러한 중재 제기 가능 시한을 말한다. 일반적으로 3년 내지 5년의 기간이 설정된다.

**조약법에 관한 비엔나 협약(VCLT, Vienna Convention on the Law of Treaties):** 국제법의 중요한 부분을 차지하게 되는 조약이 어떻게 체결·적용·해석되어야 하는지에 관하여 국가들 간 통일된 규칙이 있어야 하겠다는 문제의식에 따라, 국제법위원회(ILC, International Law Commission)의 조약관계법 성문화 작업이 구체화되었고, 그 노력의 결실로 1969년에 '조약법에 관한 비엔나 협약'이 채택되었다. 조약법에 관한 비엔나 협약은 조약에 관한 원칙과 규칙을 모두 망라하고 있으며, 주요내용으로 조약의 체결절차, 조약의 효력, 조약의 적용·해석·개정·수정·무효·종료 및 정지 등을 담고 있다. 우리나라도 이 협약의 당사국으로서 다른 국가와의 조약업무를 이에 근거하여 행하고 있다. 이 책에서도 투자협정문 해석의 준거로 조약법에 관한 비엔나 협약 제31조가 자주 언급되고 있다.

**지식재산권(IPR, intellectual property right):** 일반적으로 산업·과학적 발명과 문학·예술적 창작 등 인간의 정신적 창작활동의 결과로 발생하는 지적 무형재산권에 대한 배타적인 권리를 총칭한다. '지적재산권'으로도 불린다. 전통적인 특허권, 상표권, 저작권 등과 함께 정보화의 가속화와 첨단기술의 발달에 따라 컴퓨터 소프트웨어, 반도체 칩 설계, 영업상의 비밀 등도 보호대상으로 포함된다. 지식재산권을 국제적으로 보호하기 위한 협약이 분야별로 있으며, WTO에서는 무역관련 지적재산권 협정(TRIPS, Agreement on Trade-Related Intellectual Property Rights)이라는 포괄적인 협정이 있다.

**최혜국대우(MFN, most favored nation treatment):** 양국 간 관계에서 다른 나라에 부여하는 대우보다 불리하지 않은 대우를 해주는 것을 의미한다. 내국민대우와 함께 무역·투자 분야에 있어서 차별금지 원칙의 2개 기둥이다.

**택일방식(fork-in-the-road approach):** 투자협정에서 국내절차와 국제중재 절차의 이중 진행을 방지하는 장치의 하나인데, 투자자로 하여금 분쟁초기에 국내 절차 또는 국제중재 중 하나를 선택하도록 하고 일단 한 절차를 이용하기 시작하면 다른 절차를 이용하지 못하도록 하는 방식을 말한다. '갈림길 조항'이라고도 한다.

**투자보장협정(investment protection agreement):** 민간의 해외투자를 보호하고 촉진하기 위해 정부 간에 체결하는 협정으로서 외국인 투자자와 투자를 보호하기 위해 투자유치국이 부담할 각종 의무를 규정하고 투자유치국이 이러한 의무를 위반하였을 경우 외국인 투자자가 직접 국제중재를 제기할 수 있는 절차를 규정하고 있다. '투자촉진·보호협정'(IPPA, investment promotion and protection agreement)으로도 불린다.

**외국인투자 옴부즈맨제도:** 외국인 투자환경 개선 및 투자 활성화에 기여할 목적으로 외국인 투자 전담 전문인력을 배치하여 외국 투자자 및 외국인투자 기업의 애로사항을 효율적으로 해결하도록 하는 제도를 말한다. 우리나라에서는 1990년 대한무역투자진흥공사 주도하에 설립되었다. 원래 '옴부즈맨'(Ombudsman)이라는 용어는 스웨덴어로 '남의 일을 대신해서 해 주는 대리인(agent)'이라는 뜻을 가지고 있다. 옴부즈맨제도(Ombudsman System)는 1800년대 초 스웨덴 의회에서 창설되어 위법부당한 행정행위로 인해 국민의 인권 혹은 이익이 침해되었을 때 정부나 의회에서 임명된 대리인이 국민을 대신하여 신속하게 민원을 해결해 주는 제도였는데, 이후 광범위한 영역에서 민간의 이익을 보호하는 제도로 자리 잡았다.

**투자자-국가 분쟁해결절차(ISDS, investor-state dispute settlement):** 외국에 투자한 투자자가 투자유치국이 자신의 모국과 체결한 투자협정(투자보장협정이나 FTA의 투자 장) 등을 위반하여 취한 조치로 피해를 입었을 경우 투자유치국의 법원을 통해 구제를 추구하지 않고 제3자에 의한 중재절차를 직접 제기할 수 있도록 한 제도이다. 이 책에서 상세하게 다루고 있다.

**포기방식(waiver approach):** 투자협정에서 국내절차와 ISDS 중재절차의 이중 진행을 방지하는 장치 중 하나인데, 분쟁을 국내법원에서 다투던 도중에도 확정판결이 나오기 전 이를 중단하고 국내절차 이용권을 명시적으로 포기하면 ISDS 절차를 이용할 수 있도록 하는 방식을 말한다.

**한자 동맹(die Hanse, Hanseatic League):** 중세시대인 13~17세기에 독일 북쪽과 발트해 연안에 있는 여러 도시 사이에서 해상교통의 안전보호, 공동 방어와 상권 확장을 목적으로 상인 조합들과 시장도시들이 연합한 무역공동체이다. 한자동맹 소속 상인들은 법적·정치적으로 신변안전을 보장받았고 자신의 소유물과 교역품에 대한 면세 특권도 받았다.

# 중재판정례

ISDS 중재사건의 개요는 아래 UNCTAD link를 참조할 수 있다. 국가별, 부문별, 이슈가 된 의무 등에 대한 사건 목록을 검색할 수 있다.
https://investmentpolicy.unctad.org/investment-dispute-settlement

ICSID 중재판정의 진행과 판정문을 참조하려면 아래 link에서 검색하면 된다.
https://icsid.worldbank.org/cases/case-database

판정문은 케이스에 따라 위의 검색으로 찾을 수 없는 경우도 있는데, 이때에는 대개 아래 link에서 검색하면 찾을 수 있다. 이 link는 캐나다 University of Victoria 법대의 Andrew Newcombe 교수가 편집인으로 있는 web site이다.
https://www.italaw.com/

**Chapter 01 투자협정이란?**

SPP(ME) 대 이집트 사건 (ARB/84/3) (1992.5.20 판정)

Maffezini 대 스페인 사건 (ARB/97/7) (2000.11.13. 판정)

Tulip 대 튀르키예 사건 (ARB/11/28) (2014.3.10. 판정)

## Chapter 02 투자와 투자자의 정의

**(투자의 정의)**

Inceysa 대 엘살바도르 사건 (ARB/03/26) (2006.8.2. 판정)

**(투자자의 정의)**

Waste Management 대 멕시코 2차 사건 (ARB(AF)/00/3) (2004.4.30. 판정)

Pac Rim 대 엘살바도르 사건 (ARB/09/12) (2012.6.1. 관할권 판정)

**(설립 전 투자와 설립 후 투자)**

Mihaly USA 대 스리랑카 사건 (ARB/00/2) (2002.3.15. 판정)


## Chapter 03 일반적 대우 의무 / 상대적 기준

**(보호기준)**

ADF 대 미국 사건 (ARB(AF)/00/1) (2003.1.9. 판정)

**(내국민대우)**

Renée Rose Levy de Levi 대 페루 사건 (ARB/10/17) (2014.2.26. 판정)

ADM & TLIA 대 멕시코 사건 (ARB(AF)/04/5) (2007.11.21. 판정)

**(최혜국대우)**

Parkerings 대 리투아니아 사건 (ARB/05/8) (2007.9.11. 판정)

Metal-Tech 대 우즈베키스탄 사건 (ARB/10/3) (2013.10.4. 판정)

Tecmed 대 멕시코 사건) (ARB(AF)/00/2) (2003.5.20. 판정)

Maffezini 대 스페인 사건 (ARB/97/7) (2000.1.25. 관할권 판정)

Telenore 대 헝가리 사건 (ARB/04/15) (2006.9.13. 판정)

Ansung 대 중국 사건 (ARB/14/25) (2017.3.9. 판정)

# Chapter 04 일반적 대우 의무 / 절대적 기준

**(공정·공평 대우 의무)**

Bridgestone 대 파나마 사건 (ARB/16/34) (2020.8.14. 판정)

Loewen 대 미국 사건 (ARB(AF)/98/3) (2003.6.26. 판정)

Tecmed 대 멕시코 사건 (ARB(AF)/00/2) (2003.5.29. 판정)

Micula 대 루마니아 사건 (ARB/05/20) (2013.12.11. 판정)

El Paso 대 아르헨티나 사건 (ARB/03/15) (2011.10.31. 판정)

EDF (Services) Limited 대 루마니아 사건 (ARB/05/13) (2009.10.8. 판정)

Toto Construzioni 대 레바논 사건 (ARB/07/12) (2012.6.7. 판결)

Gramercy 대 페루 사건 (UNCT/18/2) (2022.12.6. 판정)

Inmaris 대 우크라이나 사건 (ARB/08/8) (2012.3.1. 판정)

Metalclad 대 멕시코 사건 (ARB(AF)/97/1) (2000.8.30. 판정)

Renée Rose Levy de Levi 대 페루 사건 (ARB/10/17) (2014.2.26. 판정)

MTD Equity 대 칠레 사건 (ARB/01/7) (2004.5.25. 판정)

**(충분한 보호 및 안전제공 의무)**

Global Telecom Holding S.A.E.(GTH) 대 캐나다 사건 (ARB/16/16) (2020.3.27. 판정)

Eskosol S.p.A in liquidazione 대 이태리 사건 (ARB/15/50) (2020.9.4. 판정)

AAPL 대 스리랑카 사건 (ARB/87/3) (1990.6.27. 판정)

# Chapter 05 특정적 대우 의무

**(이행요건 부과 금지)**

ADM & TLIA 대 멕시코 사건 (ARB(AF)/04/5) (2007.11.21. 판정)

**(자유로운 송금 보장)**

Rusoro 대 베네수엘라 사건 (ARB(AF)/12/5) (2016.8.22. 판정)

**(물적 관할: 투자)**

Salini 대 모로코 사건 (ARB/00/4) (2001.7.23. 관할 판정)

Seo 대 대한민국 사건 (HKIAC No. 18177) (2019.9.24. 판정)

**(인적 관할: 청구인과 피청구국)**

Westmoreland 대 캐나다 사건 (UNCT/20/3) (2022.1.31. 판정)

**(시적 관할: 분쟁)**

Micula 대 루마니아 사건 (ARB/05/20) (2008.9.25. 관할권 판정)

LSF-KEB Holdings 대 대한민국 사건 (ARB/12/37) (2022.8.30. 판정)

Empresas Lucchetti 대 페루 사건 (ARB/03/4) (2005.2.7. 판정)

Maffezini 대 스페인 사건 (ARB/97/7) (2000.1.25. 관할권 판정)

**(준거법)**

Wena Hotels Limited 대 이집트 사건 (ICSID ARB/98/40) (2002.2.5. 판정취소위원회 결정)

## Chapter 09 중재의 절차

Rusoro 대 베네수엘라 사건 (ARB(AF)/12/5) (2016.8.22. 판정)

Ansung 대 중국 사건 (ARB/14/25) (2017.3.9. 판정)

Pantechniki 대 알바니아 사건 (ARB/07/21) (2009.7.30. 판정)

Gramercy 대 페루 사건 (UNCT/18/2) (2022.12.6. 판정)

Phoenix 대 체코 사건 (ARB/06/5) (2009.4.15. 판정)

Philip Morris Asia Ltd. 대 호주 사건 (PCA No. 2012-12) (2015.12.17. 관할권 판정)

# 미주

## Chapter 01 투자협정이란?

1) UNCTAD, International Investment Agreements: Key Issue (Volume I), United Nations, 2004, p. xxi.

2) WTO의 Cancun 각료회의 이후 DDA 협상 작업계획에 관한 일반이사 회 결정 (2004.8.1.)
https://www.wto.org/english/tratop_e/dda_e/draft_text_gc_dg_31july 04_e.htm

3) 한찬식, 이원희, 유영준, 「한일 투자협정 해설」, 산업연구원, 2003. p. 24; 법무부 국제법무과, 「한국의 투자협정 해설서: BIT와 최근 FTA를 중심으로」, 법무부, 2010, p. 14.

4) 한찬식, 이원희, 유영준, 「한일 투자협정 해설」, 산업연구원, 2003, p. 9.

5) UNCTAD, International Investment Agreements: Key Issue (Volume I), United Nations, 2004, p. 1; 법무부 국제법무과, 「한국의 투자협정 해설서: BIT와 최근 FTA를 중심으로」, 법무부, 2010, pp. 4~5.

6) 한찬식, 이원희, 유영준, 「한일 투자협정 해설」, 산업연구원, 2003, p. 57.

7) 법무부 국제법무과, 「한국의 투자협정 해설서: BIT와 최근 FTA를 중심으로」, 법무부, 2010, p. 8.

8) 예컨대, 한찬식, 이원희, 유영준, 「한일 투자협정 해설」, 산업연구원, 2003에서는 투자 자유화까지 포함하는 협정을 투자보장협정과 구별하여 '투자협정'이라고 부른다. 법무부 국제법무과, 「한국의 투자협정 해설서: BIT와 최근 FTA를 중심으로」, 법무부, 2010에서는 이를 '협의의 투자협정'이라고 부른다.

9) UNCTAD, Key Terms and Concepts in IIAs: A Glossary, UNCTAD

Series on Issues in International Investment Agreements, United Nations, 2004, p. 13.

10) UNCTAD Investment Policy Hub,
https://investmentpolicy.unctad.org/international－investment－agree ments

11) 외교부 ＞ 외교정책 ＞ 경제 ＞ 경제협정 ＞ 경제협정체결현황,
https://www.mofa.go.kr/www/brd/m_4059/view.do?seq＝365930&pa ge＝1

12) UNCTAD Investment Policy Hub,
https://investmentpolicy.unctad.org/international－investment－agr eements

13) 통상산업자원부 FTA 포털, https://www.fta.go.kr/main/situation/fta/term/

14) 예컨대, 한－인도네시아 CEPA 제1.4조(다른 협정과의 관계)는 "이 협정에 규정된 것보다 더 유리한 대우를 규정하는 양 당사국 간의 어떠한 국제법적 의무로부터 이탈하는 것으로 해석되지 않는다."라고 규정하고 있다.

15) Jeswald W. Salacuse, The Law of Investment Treaties (Third Edition), Oxford University Press, 2021, pp. 8~12.

16) UNCTAD, Investor－State Dispute Arising from Investment Treaties: A Review, UNCTAD Series on International Investment Policies for Development, United Nations, 2005, p. 3; 한찬식, 이원희, 유영준, 「한일 투자협정 해설」, 산업연구원, 2003, pp. 221~222.

17) UNCTAD, Scope and Definition, UNCTAD Series on Issues in International Investment Agreements, United Nations, 1999, pp. 3, 5; 한찬식, 이원희, 유영준, 「한일 투자협정 해설」, 산업연구원, 2003, p. 13.

18) 새로운 투자협정을 체결할 경우, 투자유치국은 협정 체결 후의 투자만 보호하려는 유인이 있는 반면, 투자송출국의 입장에서는 협정 체결 이전의 투자도 투자유치국이 보호해 주는 것이 유리하다. 기존의 투자에

도 투자협정을 소급적용하는 것은 투자유치국에는 부담이 될 수 있고 기존 투자자에서 종전에 없던 혜택을 안길 수 있으나 우호적인 외국인 투자 환경 조성 차원에서 기존의 투자에도 새로운 투자협정이 적용되도록 하는 사례가 많다. 장성화, "양자간 투자협정의 적용범위," 통상법률 통권 제41호, 법무부, 2001, p. 146; Jeswald W. Salacuse, The Law of Investment Treaties, Third Edition, Oxford University Press, 2021, pp.229~230

## Chapter 02 투자와 투자자의 정의

1) UNCTAD, Scope and Definition, UNCTAD Series on Issues in International Investment Agreements, United Nations, 1999, p. 9.

2) UNCTAD, Scope and Definition, UNCTAD Series on Issues in International Investment Agreements, United Nations, 1999, p. 6; UNCTAD, International Investment Agreements: Key Issue (Volume I), United Nations, 2004, p. 23.

3) 한찬식, 이원희, 유영준, 「한일 투자협정 해설」, 산업연구원, 2003, p. 80.

4) UNCTAD, Key Terms and Concepts in IIAs: A Glossary, UNCTAD Series on Issues in International Investment Agreements, United Nations, 2004, p. 93.

5) 장성화, "양자간 투자협정의 적용범위," 통상법률 통권 제41호, 법무부, 2001, p. 146.

6) UNCTAD, Key Terms and Concepts in IIAs: A Glossary, UNCTAD Series on Issues in International Investment Agreements, United Nations, 2004, p. 94.

7) UNCTAD, Key Terms and Concepts in IIAs: A Glossary, UNCTAD Series on Issues in International Investment Agreements, United Nations, 2004, pp. 94~96.

8) UNCTAD, Key Terms and Concepts in IIAs: A Glossary, UNCTAD Series on Issues in International Investment Agreements, United Nations, 2004, p. 94.

9) UNCTAD, Scope and Definition, UNCTAD Series on Issues in International Investment Agreements, United Nations, 1999, p. 43.

10) UNCTAD, Scope and Definition, UNCTAD Series on Issues in International Investment Agreements, United Nations, 1999, p. 10; 한찬식, 이원희, 유영준, 「한일 투자협정 해설」, 산업연구원, 2003, p. 67; 법무부 국제법무과, 「한국의 투자협정 해설서: BIT와 최근 FTA를 중심으로」, 법무부, 2010, p. 531.

11) UNCTAD, Scope and Definition, UNCTAD Series on Issues in International Investment Agreements, United Nations, 1999, pp. 33~34.

12) UNCTAD, Scope and Definition, UNCTAD Series on Issues in International Investment Agreements, United Nations, 1999, p. 34; 한찬식, 이원희, 유영준, 「한일 투자협정 해설」, 산업연구원, 2003, p. 67.

13) 예컨대, 독일-이스라엘 투자협정에는 이스라엘 투자자에 대해서는 이스라엘에 영주할 것을 요구하고 있다(제1(3)(b)조). UNCTAD, Scope and Definition, UNCTAD Series on Issues in International Investment Agreements, United Nations, 1999, p. 35.

14) UNCTAD, Scope and Definition, UNCTAD Series on Issues in International Investment Agreements, United Nations, 1999, p. 35.

15) UNCTAD는 국제관습법상 국가는 자연인이 자신이 주장하는 국적국과 진정한 유대를 가지고 있지 않는 한, 해당 자연인의 그 국적을 인정하여야 할 의무가 없으나, 대부분의 투자협정은 최소한 자연인의 경우, 그러한 유대를 요건으로 하고 있지 않다고 지적하고 있다. UNCTAD, Scope and Definition, UNCTAD Series on Issues in International Investment Agreements, United Nations, 1999, p. 35. 다만, 본문에서 설명하고 있다시피, 이중국적자의 경우에는 하나의 국적으로 결정한 필

요성이 있을 때에는 지배적이고 유효한 국적 원칙이 요구된다고 할 것이다.

16) UNCTAD, Scope and Definition, UNCTAD Series on Issues in International Investment Agreements, United Nations, 1999, p. 37.

17) UNCTAD, Scope and Definition, UNCTAD Series on Issues in International Investment Agreements, United Nations, 1999, pp. 37~38.

18) UNCTAD, Key Terms and Concepts in IIAs: A Glossary, UNCTAD Series on Issues in International Investment Agreements, United Nations, 2004, p. 33.

19) UNCTAD, Scope and Definition, UNCTAD Series on Issues in International Investment Agreements, United Nations, 1999, p. 12; 한찬식, 이원희, 유영준, 「한일 투자협정 해설」, 산업연구원, 2003, pp. 72~74.

20) UNCTAD, Scope and Definition, UNCTAD Series on Issues in International Investment Agreements, United Nations, 1999, p. 39.

21) UNCTAD, Key Terms and Concepts in IIAs: A Glossary, UNCTAD Series on Issues in International Investment Agreements, United Nations, 2004, p. 3.

22) 한찬식, 이원희, 유영준, 「한일 투자협정 해설」, 산업연구원, 2003, p. 25.

23) 현재 조치에 대한 유보에 적용되는 원칙으로서 전문용어로는 '자유화후 퇴방지 메커니즘'(ratchet mechanism)이라고 한다.

## Chapter 03 일반적 대우 의무 / 상대적 기준

1) UNCTAD, International Investment Agreements: Key Issue (Volume I), United Nations, 2004, p. 25; 한찬식, 이원희, 유영준, 「한일 투자협정 해설」, 산업연구원, 2003, p. 14; 법무부 국제법무과, 「한국의 투자

협정 해설서: BIT와 최근 FTA를 중심으로」, 법무부, 2010, p. 211.

2) UNCTAD, Key Terms and Concepts in IIAs: A Glossary, UNCTAD Series on Issues in International Investment Agreements, United Nations, 2004, pp. 87~88.

3) UNCTAD, National Treatment, UNCTAD Series on Issues in International Investment Agreements, United Nations, 1999, pp. 7~8.

4) UNCTAD, National Treatment, UNCTAD Series on Issues in International Investment Agreements, United Nations, 1999, pp. 8~9.

5) 김승호, 「ICSID 중재판정례 해설」, 법무부, 2018, p. 249.

6) UNCTAD, Investor-State Dispute Arising from Investment Treaties: A Review, UNCTAD Series on International Investment Policies for Development, United Nations, 2005, p. 33.

7) Marvin Roy Feldman Karpa 대 멕시코 사건(ICSID ARB(AF)/99/1, 2002.12.16. 판정)에서 내국민대우와 관련, 투자유치국이 국적에 따라 차별하고자 하는 의도가 있었다는 점을 청구인(투자자)이 입증해야 하는 것은 아니며, 차별에 따른 결과, 즉 유사한 상황에서 외국 투자자가 국내 투자자보다 불리한 대우를 받았다는 점만 입증하면 충분하다고 판정하였다. UNCTAD, Investor-State Dispute Arising from Investment Treaties: A Review, UNCTAD Series on International Investment Policies for Development, United Nations, 2005, p. 33.

8) UNCTAD는 투자협정에 따라서는 내국민대우나 최혜국대우의 혜택을 받는 대상으로 투자자만 규정하거나 투자만 규정하는 경우도 있음을 지적하고 있다. UNCTAD, National Treatment, UNCTAD Series on Issues in International Investment Agreements, United Nations, 1999, p. 18. 우리나라가 최근에 체결한 투자협정은 투자자와 투자, 모두를 그 대상으로 규정한다.

9) 1990년대 후반에 OECD를 중심으로 진행된 다자투자협정(MAI) 제정을 위한 협상에서 일부 국가들은 내국민 대우의 개념상 어떤 조치가 외국

인 투자를 부당하게 대우하는지를 결정하기 위해서는 비교를 전제로 하고 있으므로 '동종의 상황'이라는 문구를 굳이 포함할 필요가 없고 그럴 경우 오히려 남용의 소지가 있다는 의견을 제시하여 이 문구를 해당 조항에 포함할지에 대해 합의가 이루어지지 못했다. UNCTAD는 투자 협정문에 '동종의 상황'이라는 문구가 없는 경우에도 내국민대우나 최혜국대우는 일정한 비교 기준을 두고 적용되어야 하며, 이는 내국민대우나 최혜국대우에 내재된 구성요건이라고 지적하였다. UNCTAD, National Treatment, UNCTAD Series on Issues in International Investment Agreements, United Nations, 1999, p. 34; UNCTAD, Most-Favored-Nation Treatment, UNCTAD Series on Issues in International Investment Agreements II, 2010, p. 54.

10) UNCTAD는 '유사한 상황'이라는 용어의 사용에 있어 차별이 있는 경우 최소한 그 차별의 동기가 해당 기업이 외국 기업이라는 사실에 의해 발생한 것인지를 평가하는 것이 관건적 요소라고 지적하였다. UNCTAD, National Treatment, UNCTAD Series on Issues in International Investment Agreements, United Nations, 1999, p. 33; UNCTAD, Investor-State Dispute Arising from Investment Treaties: A Review, UNCTAD Series on International Investment Policies for Development, United Nations, 2005, p. 34.

11) UNCTAD, National Treatment, UNCTAD Series on Issues in International Investment Agreements, United Nations, 1999, p. 11; UNCTAD, Key Terms and Concepts in IIAs: A Glossary, UNCTAD Series on Issues in International Investment Agreements, United Nations, 2004, p. 5.

12) 한찬식, 이원희, 유영준, 「한일 투자협정 해설」, 산업연구원, 2003, p. 32, p. 110; 법무부 국제법무과, 「한국의 투자협정 해설서: BIT와 최근 FTA를 중심으로」, 법무부, 2010, p. 36.

13) UNCTAD, Investor-State Dispute Arising from Investment Treaties: A Review, UNCTAD Series on International Investment Policies for Development, United Nations, 2005, p. 36.

14) 입법론적 관점에서 포럼쇼핑 방지를 위한 최혜국대우 배제 조항의 규

정방안에 대한 연구는 허난이, "ISDS 포럼쇼핑 방지를 위한 투자협정상 MFN 배제조항", 중재연구 제28권 제4호, 한국중재학회, 2018를 참조하기 바란다.

15) 한찬식, 이원희, 유영준, 「한일 투자협정 해설」, 산업연구원, 2003, p. 122.

16) 한찬식, 이원희, 유영준, 「한일 투자협정 해설」, 산업연구원, 2003, p. 116.

## Chapter 04 일반적 대우 의무 / 절대적 기준

1) UNCTAD, National Treatment, UNCTAD Series on Issues in International Investment Agreements, United Nations, 1999, p. 7.

2) UNCTAD는 공정·공평 대우 기준은 이제 대부분의 투자협정에 포함되는 규정으로서, 외국인 직접투자자와 투자유치국 간의 관계를 평가할 수 있는 잣대가 되고 있다고 지적하였다. UNCTAD는 동 조항이 투자유치국이 외국인 투자자의 이익을 공정하고 공평하게 배려하겠다고 하는 투자유치국의 의지를 나타내는 시그널로서의 역할을 한다고 하면서, 투자유치국이 만약 동 조항을 수용하는 데 주저한다면 이는 외국인 투자에 대한 그 국가의 일반적인 태도에 대해 즉각적인 의문을 제기하게 될 것이라고 하였다. UNCTAD, Fair and Equitable Treatment, UNCTAD Series on Issues in International Investment Agreements, United Nations, 1999, p. 1.

3) 김승호, 「ICSID 중재판정례 해설」, 법무부, 2018, p. 217; 예컨대, ADF 대 미국 사건에서 중재판정부는 2001년 NAFTA 공동위원회의 해석과 관련, 국제관습법이라는 관념은 시간 속에 동결되어 있는 것이 아니고 대우의 최소기준도 진화할 수 있다는 협정당사국의 입장에 유념하는 것이 중요하다고 지적하였다. ADF 대 미국 사건, ICSID ARF(AF)/00/1, 2003.1.9. 판정, para. 179.

4) UNCTAD, Fair and Equitable Treatment, UNCTAD Series on Issues in International Investment Agreements, United Nations, 1999, p. 33;

법무부 국제법무과, 「한국의 투자협정 해설서: BIT와 최근 FTA를 중심으로」, 법무부, 2010, p. 252.

5) UNCTAD, Fair and Equitable Treatment, UNCTAD Series on Issues in International Investment Agreements, United Nations, 1999, pp. 22~41; 법무부 국제법무과, 「한국의 투자협정 해설서: BIT와 최근 FTA를 중심으로」, 법무부, 2010, pp. 212~214.

6) UNCTAD는 이렇게 다양하게 해석될 수 있는 공간을 품고 있는 공정 · 공평 대우에 실체성을 부여하기 위해 (i) 보다 더 구체적인 의무들로 공정 · 공평 대우에 관한 조항 자체를 대체하거나, (ii) 공정 · 공평 대우의 정의 속에 구체적인 판단요소들을 나열하는 방법 등을 고려할 수 있을 것이라고 지적하였는데, 전자의 방식을 채택한 사례는 아직 발견되지 않으며, 후자의 방식은 공정 · 공평 대우를 국제관습법의 일부로 규정하거나 사법부인을 구체적인 하나의 요소로 규정하는 것이 그 예라고 할 수 있을 것이다. UNCTAD, Fair and Equitable Treatment, UNCTAD Series on Issues in International Investment Agreements Ⅱ, United Nations, 2012, p. 35.

7) 김승호, 「ICSID 중재판정례 해설」, 법무부, 2018, p. 934.

8) 예컨대, El Paso 대 아르헨티나 사건의 중재판정부의 판례. ICSID ARB/03/15, 2011.10.31. 판정, para. 357.

9) 예컨대, Rumeli & Telsim 대 카자흐스탄 사건에서 중재판정부는 공정 · 공평 대우 기준은 무엇보다도 투자유치국이 투명성 있게 행동할 것, 신의성실 원칙을 준수할 것, 자의성, 심한 부당성, 차별성, 부당한 절차가 없는 행동을 할 것, 절차적 정당성을 준수할 것 등 구체적인 원칙을 포함하는 것으로 해석하였다. ICSID ARB/05/16, 2008.7.29. 판정, para. 609.

10) UNCTAD, Investor-State Dispute Settlement and Impact on Investment Rulemaking, United Nations, 2007, p. 45.

11) 법무부 국제법무과, 「한국의 투자협정 해설서: BIT와 최근 FTA를 중심으로」, 법무부, 2010, p. 214.

12) UNCTAD, Investor-State Dispute Arising from Investment Treaties:

A Review, UNCTAD Series on International Investment Policies for Development, United Nations, 2005, pp. 40~41.

13) UNCTAD, International Investment Agreements: Key Issues (Volume I), United Nations, 2004, p. 136.


## Chapter 05 특정적 대우 의무

1) 한찬식, 이원희, 유영준, 「한일 투자협정 해설」, 산업연구원, 2003, p. 173.

2) 한찬식, 이원희, 유영준, 「한일 투자협정 해설」, 산업연구원, 2003, pp. 173~174.

3) 한찬식, 이원희, 유영준, 「한일 투자협정 해설」, 산업연구원, 2003, p. 174.

4) UNCTAD는 이러한 방식을 NAFTA 방식이라고 부른다. UNCTAD, Key Terms and Concepts in IIAs: A Glossary, UNCTAD Series on Issues in International Investment Agreements, United Nations, 2004, p. 103.

5) 한찬식, 이원희, 유영준, 「한일 투자협정 해설」, 산업연구원, 2003, p. 180; 법무부 국제법무과, 「한국의 투자협정 해설서: BIT와 최근 FTA를 중심으로」, 법무부, 2010, p. 363.

6) 한찬식, 이원희, 유영준, 「한일 투자협정 해설」, 산업연구원, 2003, pp. 204~205.

7) UNCTAD, Scope and Definition, UNCTAD Series on Issues in International Investment Agreements, United Nations, 1999, p. 48.

8) 한찬식, 이원희, 유영준, 「한일 투자협정 해설」, 산업연구원, 2003, pp. 207~209.

9) 1997년 외환위기를 경험한 우리나라는 경제 위기시 외환의 급격한 유출을 막기 위한 목적으로 일시적으로 국내 외국인 투자자의 해외 송금을

제한할 수 있는 장치를 투자협정에 규정할 필요성을 강하고 느끼고 투자협정 협상시 단기 세이프가드 조항을 포함하는 것을 기본 방침으로 하고 있다. 김승호, 「ICSID 중재판정례 해설」, 법무부, 2018, p. 508.

## Chapter 06 수용 및 보상

1) 수용의 위험은 과거사로만 치부할 수 없다. 해외 투자는 본질적으로 외국의 입법적·행정적 통제의 대상이 되기 때문에, 정부교체, 경제민족주의 발흥, 금융위기 등 투자유치국의 정치·경제적 조건이 변화할 수 있어 수용을 포함하여 투자유치국의 외국인 투자에 대한 내부정책의 변화 가능성은 항상 존재하기 마련이다. 물론 애초에 투자 진출 결정 시 도출한 위험분석이 부정확하였을 수도 있다. UNCTAD, Taking of Property, UNCTAD Series on Issues in International Investment Agreements, United Nations, 2000, p. 3.

2) UNCTAD, Key Terms and Concepts in IIAs: A Glossary, UNCTAD Series on Issues in International Investment Agreements, United Nations, 2004, p. 67; UNCTAD, Taking of Property, UNCTAD Series on Issues in International Investment Agreements, United Nations, 2000, p. 4.

3) 김승호, 「ICSID 중재판정례 해설」, 법무부, 2018, p. 506.

4) UNCTAD, National Treatment, UNCTAD Series on Issues in International Investment Agreements, United Nations, 1999, p. 59; 한찬식, 이원희, 유영준, 「한일 투자협정 해설」, 산업연구원, 2003, p. 16.

5) UNCTAD는 이 4가지 요건을 국제관습법의 일부로 본다. UNCTAD, Taking of Property, UNCTAD Series on Issues in International Investment Agreements, United Nations, 2000, pp. 5~6.

6) 다만, 무엇이 공공의 이익에 부합하는 것인지를 결정하는 것은 그러한 결정이 합리적인 근거가 명백히 결여된 경우를 제외하고는 투자유치국의 몫으로 존중하는 것이 원칙이다. UNCTAD, Taking of Property,

UNCTAD Series on Issues in International Investment Agreements, United Nations, 2000, pp. 13, 16.

7) UNCTAD, Taking of Property, UNCTAD Series on Issues in International Investment Agreements, United Nations, 2000, p. 13; 법무부 국제법무과, 「한국의 투자협정 해설서: BIT와 최근 FTA를 중심으로」, 법무부, 2010, p. 273.

8) UNCTAD, Taking of Property, UNCTAD Series on Issues in International Investment Agreements, United Nations, 2000, pp. 14, 27.

9) UNCTAD, Taking of Property, UNCTAD Series on Issues in International Investment Agreements, United Nations, 2000, pp. 28~31.

10) UNCTAD, Taking of Property, UNCTAD Series on Issues in International Investment Agreements, United Nations, 2000, pp. 16, 32.

11) 수용에 있어서의 '적법절차'의 법리는 공정·공평 대우 의무에서의 '사법부인' 회피 법리와 크게 다르지 않다. 적법절차 요건은 과거 대규모의 국유화 조치를 취하면서 보상에 대한 사법적 검토를 명시적으로 부인하는 사례가 있어 이후 많은 투자협정에서 외국 투자자에 대한 보상은 투자유치국의 독립적인 사법기관의 심사를 받도록 한데서 유래한다. 이런 측면에서 적법절차는 수용과정에서도 중요하지만, 수용 이후에 적용되는 절차적 요건으로서 중요성이 크다고 할 수 있다. UNCTAD, Taking of Property, UNCTAD Series on Issues in International Investment Agreements, United Nations, 2000, pp. 16, 32.

12) UNCTAD, Taking of Property, UNCTAD Series on Issues in International Investment Agreements, United Nations, 2000, pp. 5~6.

13) 법무부 국제법무과, 「한국의 투자협정 해설서: BIT와 최근 FTA를 중심으로」, 법무부, 2010, p. 286.

14) UNCTAD, Key Terms and Concepts in IIAs: A Glossary, UNCTAD

Series on Issues in International Investment Agreements, United Nations, 2004, p. 69.

15) 간접수용과 정당한 규제조치를 나누는 구분선이 모호하기 때문에 특히 투자유치국의 입장에서는 자국 규제조치의 정당성 여부에 대한 심사를 자국법원이 아닌 국제중재에 맡기는 것에 대한 저항감이 있는 것이 사실이다. 이러한 이유로 투자협정을 체결하는 국가로서는 협정문상 간접수용의 범위를 최대한 축소하고 명확화하려는 노력을 계속하게 된다. UNCTAD, Taking of Property, UNCTAD Series on Issues in International Investment Agreements, United Nations, 2000, p. 24.

16) 법무부 국제법무과, 「한국의 투자협정 해설서: BIT와 최근 FTA를 중심으로」, 법무부, 2010, p. 305.

## Chapter 07 예외

1) 국가안보에 대한 국가의 자기결정적 성격에 대한 관점을 중심으로 GATT 이후 국가안보예외 규정의 변천을 3단계로 나누어 고찰한 서적으로 Sebastian Mantilla Blanco and Alexander Pehl, National Security Exceptions in International Trade and Investment Agreements: Justiciability and Standards of Review, Springer, 2020를 참조하기 바란다.

2) 엄준현, "위기상황 관련 국제투자분쟁사례 연구: 조약의 안보예외 규정과 국제관습법의 필요성 규정," 통상법률 통권 제148호, 법무부, p. 122.

3) 특이하게도 한-케냐 투자보장협정(2017년 5월 발효)에는 안보예외 조항(제15조)에서 "자의적이거나 정당하지 아니한 차별 또는 위장된 투자제한의 수단을 구성하는 방식으로 적용되지 아니할 것을 조건으로 한다"는 규정이 포함되어 있다.

4) 한찬식, 이원희, 유영준, 「한일 투자협정 해설」, 산업연구원, 2003. pp. 114, 266.

5) 조세법률주의에 따라 징수되는 조세의 부과 문제는 당해 투자자와 조

세당국 간의 문제만이 아니라 당해 조세의 부과대상이 되는 대부분의 투자자와 관계될 수 있는 사안이므로 조세당국 간 협의를 통해 제도적 해결을 모색할 수 있는 기회를 주기 위한 목적으로 해석된다. 법무부 국제법무과, 「한국의 투자협정 해설서: BIT와 최근 FTA를 중심으로」, 법무부, 2010, p. 328.

6) 한찬식, 이원희, 유영준, 「한일 투자협정 해설」, 산업연구원, 2003, p. 256.

7) 한찬식, 이원희, 유영준, 「한일 투자협정 해설」, 산업연구원, 2003, p. 254.

## Chapter 08 중재의 요건

1) UNCTAD, Investor-State Dispute Settlement, UNCTAD Series on Issues in International Investment Agreements II, United Nations, 2014, p. 23.

2) 한찬식, 이원희, 유영준, 「한일 투자협정 해설」, 산업연구원, 2003, p. 221.

3) ISDS로 인한 규제권 제한에 대한 각국의 대응 태도에 대해서는 강병근. "ISDS로 인한 규제권 제한 관련 주요 쟁점과 각국의 대응 태도에 관한 연구", 통상법률 통권 147호, 법무부, 2020을 참조하기 바란다.

4) ISDS 제도에 대해 비판적인 관점에서 고찰한 서적으로 홍기빈, 「투자자-국가 직접소송제」, 녹색평론사, 2006을 참조하기 바란다.

5) ISDS 제도가 도입된 1960대부터 약 20여 년간 실제 제소사례가 많지 않다가 1990년대에 들어서면서 제소사례가 대폭 증가하였다. 이러한 제소사례의 증가는 국제투자흐름의 증가에 따른 투자분쟁의 자연스러운 증가, 투자협정 체결 증가에 따른 ISDS 제도 활용 가능성 확대, 투자협정 내용의 복잡성으로 인해 협정시행 단계에서 분쟁 발생 가능성 증대, ISDS 승소사례에 따라 ISDS제도의 유용성에 대한 인식 제고 등이 그 원인으로 분석된다. UNCTAD, Investor-State Dispute

Arising from Investment Treaties: A Review, UNCTAD Series on International Investment Policies for Development, United Nations, 2005, p. 6.

6) UNCTAD Investment Policy Hub,
https://investmentpolicy.unctad.org/investment－dispute－settlement

7) 여기에 기술된 ISDS 중재사건 수는 2020.8.20자 금융위원회 보도자료 "ISDS 전담조직 신설 및 대응 현황"의 첨부 자료를 토대로 여타 공개 정보를 참고하여 2023년 초 기준으로 현재화한 수치이다.
https://www.fsc.go.kr/no010101/744999

8) UNCTAD는 국가들이 종전에 체결된 투자협정하에서 실제 ISDS 중재 과정을 거치면서 겪게 된 문제들에 대응하기 위해 점차 관련 규정을 보다 정교하고 복잡하게 규정하는 경향을 나타내 보였다고 하면서, 중재 절차에 대한 국가의 통제 강화, 사법 경제성 증진, 중재판정부의 권한 명료화, ISDS의 정당성 강화 등을 추구해 왔다고 지적한다. UNCTAD, Investor-State Dispute Arising from Investment Treaties: A Review, UNCTAD Series on International Investment Policies for Development, United Nations, 2005, p. 12; UNCTAD. Investor-State Dispute Settlement, UNCTAD Series on Issues in International Investment Agreements II, United Nations, 2014, p. 20.

9) 법무부 국제법무과, 「한국의 투자협정 해설서: BIT와 최근 FTA를 중심으로」, 법무부, 2010, p. 482.

10) UNCTAD, Investor-State Dispute Settlement, UNCTAD Series on Issues in International Investment Agreements II, United Nations, 2014, pp. 60~62.

11) 예컨대, ICSID 협약 제34조 제1항은 조정관들의 의무가 "당사자 간에 분쟁중인 문제를 명확히 하고 상호간에 수락할 수 있는 조건으로 당사자 간의 합의를 설립시키도록 노력하는 것"이라고 규정하고 있다.

12) UNCTAD, Investor-State Dispute Settlement, UNCTAD Series on Issues in International Investment Agreements II, United Nations, 2014, p. 32; 오현석, 이재우, 장석영, 「국제투자중재실무」, 법무부,

2022, p. 48.

13) UNCTAD, Key Terms and Concepts in IIAs: A Glossary, UNCTAD Series on Issues in International Investment Agreements, United Nations, 2004, p. 51.

14) 대한민국 정책 브리핑,
https://www.korea.kr/news/policyNewsView.do?newsId=148721632

15) 한찬식, 이원희, 유영준, 「한일 투자협정 해설」, 산업연구원, 2003, p. 225.

16) 오현석, 이재우, 장석영, 「국제투자중재실무」, 법무부, 2022, p. 74.

17) Katia Yannaca-Small (ed.), Arbitration Under International Investment Agreements: A Guide to the Key Issues, Oxford University Press, 2010, para. 1.43.

18) UNCTAD, Investor-State Dispute Arising from Investment Treaties: A Review, UNCTAD Series on International Investment Policies for Development, United Nations, 2005, p. 15; 한찬식, 이원희, 유영준, 「한일 투자협정 해설」, 산업연구원, 2003, p. 223.

19) 법무부 국제법무과, 「한국의 투자협정 해설서: BIT와 최근 FTA를 중심으로」, 법무부, 2010, pp. 551~552.

20) Mavrommatis Palestine Concessions 사건(1924)에서 Permanent Court of International Justice 판시(Judgment No.2, 1924, PCIJ, Series A, No 2, 11.)

21) Interpretation of the Peace Treaties with Bulgaria, Hungary and Romania, Advisory Opinion, 1950.3.30, p. 13.

22) Maffezini 대 스페인 사건, ICSID ARB/97/7, 2000.1.25. 관할권 판정, para. 96.

23) Maffezini 대 스페인 사건, ICSID ARB/97/7, 2000.1.25. 관할권 판정, para. 97; Gramercy 대 페루 사건, ICSID UNCT/18/2, 2022.12.6. 판정, paras. 316~330.

24) UNCTAD, Investor-State Dispute Arising from Investment Treaties: A Review, UNCTAD Series on International Investment Policies for Development, United Nations, 2005, p. 19; UNCTAD, Key Terms and Concepts in IIAs: A Glossary, UNCTAD Series on Issues in International Investment Agreements, United Nations, 2004, p. 137; 법무부 국제법무과, 「한국의 투자협정 해설서: BIT와 최근 FTA를 중심으로」, 법무부, 2010, p. 440.

25) ISDS에서 준거법으로서의 국제법과 국내법 간의 상호작용에 대해서는 Hege Elisabeth Kjos, Applicable Law in Investor-State Arbitration: The Interplay Between National and International Law, Oxford University Press, 2013를 참조하기 바란다.

26) Tarcisio Gazzini, Interpretation on International Investment Treaties, Hart Publishing, 2016, pp. 3~11.

27) Tarcisio Gazzini, Interpretation on International Investment Treaties, Hart Publishing, 2016, p. 12.


## Chapter 09 중재의 절차

1) 한찬식, 이원희, 유영준, 「한일 투자협정 해설」, 산업연구원, 2003, p. 230.

2) 법무부 국제법무과, 「한국의 투자협정 해설서: BIT와 최근 FTA를 중심으로」, 법무부, 2010, pp. 473~476.

3) 국내법원에 제기된 청구가 투자협정에 따라 중재 사건에 제기된 청구와 동일한 것인지를 판단하는 기준으로 종전 중재판정례에서는 (i) 동일한 당사자, (ii) 동일한 목적, (iii) 동일한 청구원인이라는 것이 확인될 때 양자가 동일한 청구로 본다는 입장을 밝힌 바 있는데, 이를 '3중 동일성 원칙'(triple identity test)이라고 한다. 법무부 국제법무과, 「한국의 투자협정 해설서: BIT와 최근 FTA를 중심으로」, 법무부, 2010, p. 62.

4) 법무부 국제법무과, 「한국의 투자협정 해설서: BIT와 최근 FTA를 중심

으로」, 법무부, 2010, p. 465.

5) UNCTAD, Investor-State Dispute Settlement, UNCTAD Series on Issues in International Investment Agreements II, United Nations, 2014, p. 80.

6) 법무부 국제법무과, 「한국의 투자협정 해설서: BIT와 최근 FTA를 중심으로」, 법무부, 2010, p. 469.

7) Gramercy 대 페루 사건, ICSID UNCT/18/2, 2022.12.6. 판정, para. 361.

8) https://icsid.worldbank.org/about/arbitrators-conciliators/database-of-icsid-panels

9) 실제로 텔레비전 방송 사업에 대한 자신의 투자에 체코 공화국 정부가 부당하게 관여했음을 이유로 2명의 투자자가 서로 다른 협정에 근거하여 국제중재를 각각 청구한 사건에서 각각 구성된 중재판정부들은 한 청구인에 대해서는 패소 판정을 내리고 또 다른 청구인에 대하여는 승소 판정을 내린 사례가 있다. Ronald S. Lauder 대 체코 공화국 사건 (미국-체코 공화국 간 투자보장협정, UNCITRAL, 2001.9.3. 판정), CME Czech Republic 대 체코 공화국 사건(네덜란드-체코 공화국 간 투자보장협정, UNCITRAL, 2001.9.13. 판정)

10) 한-미 FTA 제11.20조 제10항은 이를 명문화하고 있다.

11) UNCTAD, Investor-State Dispute Arising from Investment Treaties: A Review, UNCTAD Series on International Investment Policies for Development, United Nations, 2005, pp. 22~23.

12) 법무부 국제법무과, 「한국의 투자협정 해설서: BIT와 최근 FTA를 중심으로」, 법무부, 2010, p. 493; 백지열, "한국 투자협정상 중재절차의 투명성 연구", 통상법률 통권 152호, 법무부, 2021, p. 36.

13) 우리나라가 종전에 체결한 투자협정상 ISDS 중재 절차의 투명성 규정 현황과 투명성 증진 방안에 대해서는 백지열, "한국 투자협정상 중재절차의 투명성 연구", 통상법률 통권 제152호, 법무부, 2021을 참조하기 바란다.

14) UNCTAD, Key Terms and Concepts in IIAs: A Glossary, UNCTAD Series on Issues in International Investment Agreements, United Nations, 2004, p. 54.

15) 법무부 국제법무과, 「한국의 투자협정 해설서: BIT와 최근 FTA를 중심으로」, 법무부, 2010, p. 481.

16) UNCTAD, Investor-State Dispute Settlement, UNCTAD Series on Issues in International Investment Agreements II, United Nations, 2014, p. 67.

## 맺는 말

1) USMCA의 전반적인 내용에 관한 설명은 U.S.-Mexico-Canada (USMCA) Trade Agreement, IN FOCUS, Congressional research Service, January 2023을 참조하기 바란다.

# 참고문헌

## 서적

강병근. 「ICSID 중재제도 연구」. 법무부. 2006

국제경제법학회. 「신국제경제법(제4판)」. 박영사. 2022

김관호, 이성봉. 「투자협정 바로알기」. 2001

김승호. 「ICSID 중재판정례 해설」. 법무부. 2018

김보연. 「국제투자협정의 예외조항 연구: 규제권한과의 균형을 위한 예외조항 모색」. 서울대학교 대학원 박사학위 논문. 2018

김윤일. 「국제통상협정상 간접수용의 인정기준에 관한 연구」. 동아대학교 대학원 박사학위 논문. 2020

법무부 국제법무과. 「한미 FTA 투자분야 연구」. 법무부. 2008

법무부 국제법무과. 「한국의 투자협정 해설서: BIT와 최근 FTA를 중심으로」. 법무부. 2010

법무부 국제법무과. 「한국의 투자협정 해설서(개정판)」. 법무부. 2018.

신희택, 김세진 (편). 「국제투자중재와 공공정책: 최신 국제중재 판정례 분석」. 서울대학교 출판문화원. 2014

이재민, 문준조. 「최근 투자분쟁 사례를 중심으로 살펴본 ISD 분쟁의 주요 법적 쟁점」. 한국법제연구원. 2012

오현석, 이재우, 장석영. 「국제투자중재실무」. 법무부. 2022

한찬식, 이원희, 유영준. 「한일 투자협정 해설」. 산업연구원. 2003.

홍귀빈. 「투자자-국가 직접소송제」. 녹색평론사. 2006

# 논문

강병근. "외국인 투자의 간접수용과 국가의 규제권한." 통상법률 통권 제67
호. 법무부. 2006

강병근. "ISDS로 인한 규제권 제한 관련 주요 쟁점과 각국의 대응 태도에 관
한 연구." 통상법률 통권 제147호. 법무부. 2020

고준성. "양자투자협정상 외국인투자대우의 일반적 기준에 관한 연구." 국제
법학회논총. 제46권 제3호. 대한국제법학회. 2001

공수진. "한-미 FTA의 MFN 적용에 관한 연구: 투자분야를 중심으로." 국제
법학회논총 제59권 제1호. 대한국제법학회. 2014

김갑유, 조아라, 김다애. "ISDS의 최신 판정 동향: 적법절차를 중심으로." 통
상법률 통권 제147호. 법무부. 2020

김관호. "한국의 투자협정 50년: 평과와 과제." 국제통상연구 제22권 제2호.
한국국제통상학회. 2017

김상만. "해외직접투자에서 투자유치국의 정치적 위험과 대처방안에 대한 법
적 고찰." 법학연구 제22집 제3호. 인하대학교 법학연구소. 2019

김석호. "국제투자조약상 '최혜국대우 조항'의 적용범위: 분쟁해결조항에서의
적용여부를 중심으로." 법학연구 제50집. 국제법학회. 2013

김석호. "국제투자협정상 '국내법 부합규정'에의 위반성." 통상법률 통권 제
135호. 법무부. 2017

김석호. "국제투자중재상 투자가의 '정당한 기대이익'의 보호 : FET 규정의 적
용가능성 여부 및 그 적용기준에 대하여." 통상법률 통권 제141호. 법무부.
2018

김여선. "양자간 투자협정의 우산조항에 관한 연구." 국제거래법연구 제18집
제1호. 국제거래법학회. 2009

김여선. "국제투자정의의 국내법 부합규정 고찰." 통상법률 통권 제97호. 법
무부. 2011

김여선. "ICSID협약의 준거법에 관한 고찰." 법학논총 제34집 제1호. 한양대

학교 법학연구소. 2017

김용일. "ICSID 중재판정의 '취소절차'에 관한 고찰." 무역상무연구 제69권. 한국무역상무학회. 2016

김용일, 홍성규. "국제투자협정상 공정하고 공평한 대우에 관한 연구." 중재연구 제22권 제3호. 한국중재학회. 2012

김인숙. "국제투자규범상 최소기준대우에 관한 연구." 서울국제법연구 제16권 제2호. 2009

김채형. "양자간 투자협정에 의한 투자보호와 공익상의 예외조치." 통상법률 통권 제93호. 법무부. 2010

김채형. "투자협정에서 긴급상황과 외국 투자자의 보호에 관한 연구." 부경법학 제7권. 부경대학교 법학연구소. 2016

박지희, Sherwood Shadikhodjaev. 「투자자-국가간 분쟁해결절차(ISD)관련 주요 분쟁사례 및 시사점」. KIEP 오늘의 경제. Vol. 11, No. 30.국제경제연구원. 2011

백지열. "한국 투자협정상 중재절차의 투명성 연구." 통상법률 통권 제152호. 법무부. 2021

서철원. "투자보장협정에서의 내국민대우 분석: GATT에서의 내국민대우와 비교하여." 국제법학회논총 제52권 제3호. 대한국제법학회. 2008

서철원. "투자보장협정상 투자자보호와 경제위기에 대응하는 조치와의 관계에 관한 연구 – 아르헨티나의 가스 산업 사건들을 중심으로." 서울국제법연구 제18권 제1호. 서울국제법연구원. 2011

신희택. "국제투자협정상 투자자의 정의와 정책적 고려사항." 통상법률 통권 133호. 법무부. 2017

엄준현. "위기상황 관련 국제투자분쟁사례 연구: 조약의 안보예외 규정과 국제관습법의 필요성 규정." 통상법률 통권 제148호. 법무부. 2020

유준규. "최근 국제투자환경과 국제투자협정(FTA/BIT)상 ISD 현황과 쟁점." 주요국제문제분석(2012.11.2). 외교안보연구소

윤석준. "국제투자중재에서의 자연인 투자자 관련 인적 관할: 국적 판단 및 다중국적 관련 주요 판정례의 법리 분석." 통상법률 통권 제123호. 법무부. 2021

이성봉. "국제투자규범의 현황 및 수렴 가능성." OECD FOCUS 2003년 3월 호. 대외경제정책연구원. 2003

이재민. "지방자치단체의 국제투자유치와 투자분쟁." 국제법학회논총 제55권 제2호. 대한국제법학회. 2010

이재민. "투자법원, 투자분쟁해결절차의 합리적 개선방안인가? : 상설법원 도입 움직임의 제도적 함의 및 법적 쟁점." 통상법률 통권 제132호. 법무부. 2016

이재우, 임재욱. "국제투자협정상 혜택부인조항에 관한 고찰." 통상정보연구 제23권제4호. 한국통상정보학회. 2021

이재형. "자유무역협정에서의 외국인 투자에 대한 간접수용의 기준에 관한 연구." 국제법평론 통권 제30호. 국제법평론회. 2009

이재형. "국제투자협정상 '대우의 최저기준'에 관한 연구." 고려법학 제73호. 고려대학교 법학연구원. 2014

장성길. "국가안보 측면에서의 투자분쟁 검토 및 대응 방안 모색." 통상법률 통권 제152호. 법무부. 2021

장승화. "양자간 투자협정의 적용범위." 통상법률 통권 제41호. 법무부. 2001

정찬모. "Kiliç 중재판정과 투자협정상 국내절차선행요건의 최혜국대우 조항을 통한 회피가능성." 국제경제법연구 제12권 제2호. 한국국제경제법학회. 2014

정찬모. "투자협정상 최혜국 대우 조항의 적용범위: ILC 보고서의 관점과 최근 사례의 함의." 국제경제법연구 제16권 제3호. 한국국제경제법학회.

조희문. "국제투자법상 '필수안보이익'의 해석과 적용에 관한 연구." 국제법학회논총 제57권 제2호. 대한국제법학회. 2012

진 칼리츠키, 김재훈. "한국의 해외투자기업의 국제투자중재 활용전략." 통상

법률 통권 제100호. 법무부. 2011

한창완. "국제투자중재에서의 관할권: 국가의 동의란 무엇인가." 국제거래법
연구 제30집 제1호. 국제거래법학회. 2021

허난이, 허형도. "BIT와 FTA 투자챕터의 비교 및 시사점: 한국의 양자투자규
범 협상을 위한 정책적 분석." 통상법률 통권 제122호. 법무부. 2015

허난이. "ISDS 포럼쇼핑 방지를 위한 투자협정상 MFN 배제조항." 중재연구
제28권 제4호. 한국중재학회. 2018

## 영문 서적

Blanco, Sebastian Mantilla and Pehl, Alexander. National Security
Exceptions in International Trade and Investment Agreements:
Justiciability and Standards of Review. Springer. 2020

De Mestral, Armand and Levesque, Celine (ed.). Improving International
Investment Agreements. Routledge. 2013

Islam, Rumana. The Fair and Equitable Treatment (FET) Standard in
International Investment Arbitration: Developing Countries in Context.
Springer. 2018

Gazzini, Tarcisio. Interpretation on International Investment Treaties. Hart
Publishing. 2016

Kjos, Hege Elisabeth. Applicable Law in Investor-State Arbitration: The
Interplay Between National and International Law. Oxford University
Press. 2013

Paparinskis, Martins. The International Minimum Standard and Fair and
Equitable Treatment. Oxford University Press. 2013

Resar, Alexander W. And Cheng, Tai-Heng. Investor State Arbitration in a
Changing World Order. Brill. 2020

Salacuse, Jeswald W. The Law of Investment Treaties. Third Edition.

Oxford University Press. 2021

UN ESCAP. Towards Coherent Policy Frameworks: Understanding Trade and Investment Linkages. United Nations. 2007

UNCTAD. Scope and Definition. UNCTAD Series on Issues in International Investment Agreements. United Nations. 1999

UNCTAD. National Treatment. UNCTAD Series on Issues in International Investment Agreements. United Nations. 1999

UNCTAD. Fair and Equitable Treatment. UNCTAD Series on Issues in International Investment Agreements. United Nations. 1999

UNCTAD. Taking of Property. UNCTAD Series on Issues in International Investment Agreements. United Nations. 2000

UNCTAD. Dispute Settlement : Investor-State. UNCTAD Series on Issues in International Investment Agreements II. United Nations. 2003

UNCTAD. Key Terms and Concepts in IIAs: A Glossary. UNCTAD Series on Issues in International Investment Agreements. United Nations. 2004

UNCTAD. International Investment Agreements: Key Issue. Volumes I. II. And III. United Nations. 2004

UNCTAD. Investor-State Dispute Arising from Investment Treaties: A Review. UNCTAD Series on International Investment Polities for Development, United Nations. 2005

UNCTAD. Investor-State Dispute Settlement and Impact on Investment Rulemaking. United Nations. 2007

UNCTAD. Bilateral Investment Treaties 1995-2006: Trends in Investment Rulemaking. United Nations. 2007

UNCTAD. Most-Favoured-Nation Treatment. UNCTAD Series on Issues in International Investment Agreements. United Nations. 2010

UNCTAD. Most-Favoured-Nation Treatment. UNCTAD Series on Issues in

International Investment Agreements II. United Nations. 2010

UNCTAD. Fair and Equitable Treatment. UNCTAD Series on Issues in International Investment Agreements Ⅱ. United Nations. 2012

UNCTAD. Investor-State Dispute Settlement. UNCTAD Series on Issues in International Investment Agreements II. United Nations. 2014

UNCTAD. World Investment Reports (published each year with a thematic focus). United Nations.

Woolcock, Stephen (ed.). Trade and Investment Rule-making: The Role of Regional and Bilateral Agreements. United Nations University Press. 2006

Yannaca-Small, Katia (ed.). Arbitration Under International Investment Agreements: A Guide to the Key Issues. Oxford University Press. 2010

# 찾아보기

해외투자자를 위한 투자협정 길라잡이

| | |
|---|---|
| 초판발행 | 2023년 6월 30일 |
| 지은이 | 이태호 |
| 펴낸이 | 안종만·안상준 |
| 편 집 | 전채린·조영은 |
| 기획/마케팅 | 노 현 |
| 표지디자인 | Ben Story |
| 제 작 | 고철민·조영환 |
| 펴낸곳 | (주)**박영사** |
| | 서울특별시 금천구 가산디지털2로 53, 210호(가산동, 한라시그마밸리) |
| | 등록 1959. 3. 11. 제300-1959-1호(倫) |
| 전 화 | 02)733-6771 |
| f a x | 02)736-4818 |
| e-mail | pys@pybook.co.kr |
| homepage | www.pybook.co.kr |
| ISBN | 979-11-303-1789-2   93320 |

정 가    17,000원